새로운

교 직 실 무

강봉규 · 강명희

태영출판사

머리말

이 책은 학교현장에서 교직실무를 직접 담당하는 교사들이 꼭 알아야 할 실무내용 중심으로 구성하여 학교업무처리에 유용한 지침서내지 안내서 역할을 하도록 집필되었다.

특히 이 책은 예비교사들이나 교직에 첫발을 내딛는 새내기 교사들이 교사로서의 복무과정에서 어려움을 지혜롭게 극복하고 가능한 빠른 기간 내에 교직실무에 적응하도록 돕기 위한 책이다. 따라서 이 책은 이들에게 학교에서 이루어지는 교직실무를 종합적으로 안내함으로써 전문직으로서의 교직생활을 원만하게 수행할 수 있도록 하는데 필요한 지식과 정보를 제공하는데 목적을 두었다.

이 책은 한학기용의 강의 교재로 적절하게 내용분량을 조절하여 집필되었다. 특히 교수와 학습의 효율성을 높이기 위해 긴 문장으로 서술하기보다는 내용단위를 분절하여 핵심적인 내용으로 요약 · 집약화하는 서술방식을 택하였다.

이 책은 11장으로 구성되어 있는 바 이 중, 학급경영의 월별지도사항, 보직교사의 업무내용, 생활기록부의 전산처리요령, 학교의 폭력예방과 대책, 학생의 출결관리, 학적관리, 성적 및 평가관리, 조기진급 및 조기졸업시행 관리사항 등 학교학사실무 내용은 가능한 구체적으로 진술하였으나 집필과정에서 미쳐 착안하지 못한 미흡한 점은 독자여러분의 지적과 편달을 통하여 계속 수정 · 보안할 것입니다.

끝으로 집필과정과 자료수집에 큰 도움을 주신 강승범 박사와 안상영 교장 그리고 이 책의 출판을 쾌히 승낙해 주신 태영출판사의 김현태 사장님과 편집과 교정 일을 맡아 주신 오세복 선생님께 깊이 감사를 드리는 바이다.

저자 씀

차 례

제 1장

교직의 본질

1. 교사의 개념과 역할
2. 교직의 전문성과 자질
3. 교사의 윤리
4. 교직단체
5. 사회변화와 교육

1. 교사의 개념과 역할

1) 교직의 개념

교직이란 '교원이 몸담아 일하는 교사직'이다. 즉 검찰직, 법무직, 생산직 등에 상응하는 개념으로서 '교육현장에서 학생들을 가르치는 임무를 수행하는 직종'을 의미한다.

2) 교사의 개념

법률 용어로서의 교원은 '각 학교에서 학생을 직접 지도 교육하는 자'이다. 교원이란 각 학교에서 근무하는 자를 말하며 그 종별에 따른 자격을 가진 자로서 법령이 정하는 일정한 합법 절차에 의하여 임명되거나 승인된 자를 말한다. 교원의 하위 개념인 교사의 개념적 특성은 다음과 같다.

① 교사라 함은 교육법에 의하면 교원자격의 한 종류로 되어 있다.
② 교사는 교장 · 교감 등 학교 관리직에 대한 개념이다.
③ 한편으로는 대학의 교수 직급에 대한 초 · 중 · 고등학교 교원의 개념이다.
④ 교사는 국 · 공 · 사립을 불문하고 통용되는 법률 용어이다.
⑤ 교사는 자격증에 따라 정교사(1급 · 2급) · 준교사 · 특수학교교사 · 상담교사 · 실기교사 · 보건교사 · 사서교사로 나눈다.
⑥ 교사는 국 · 공 · 사립을 막론하고 교원 자격 검정령에 의하여 교육부장관이 수여하는 자격증을 가진 자이다.
⑦ 교직원이라 함은 교원과 사무 직원을 혼합하여 사용하는 것으로, 사무직은 학교의 관리 운영에 관한 사무를 담당한다. 사무직에는 일반 행정과 잡부 및 노역을 담당하는 기능직, 고용원이 있다.

3) 교사의 기본직무

교사가 교직을 수행해 나가기 위해서 해야 할 직무 중에서 중요한 것을 들어 보면 다음과 같다.

① 교수활동 : 교사의 직무 중에서 가장 중요한 것이며 가장 많은 시간을 보내는 활동이다.

② 교육과정의 계획 : 교사는 복잡하고 방대한 학습내용 자료 중에서 무엇을 선택하고 그것을 어떤 방식으로 학생들에게 제공할 것인가를 계획하여야 한다.

③ 학습활동의 평가 : 교육목표 달성여부와 학생들의 학습성과를 검증하고 확인하기 위해서 필요로 하는 활동이다.

④ 생활지도 : 학습지도 못지않게 큰 비중을 차지하고 있는 학생지도 활동이다.

⑤ 학교 및 학급사무의 처리 : 교사는 학생지도에 직접 · 간접으로 관계되는 사무로서 학교 전체의 분장 사무와 담임한 학급에 국한된 사무를 처리하여야 한다.

⑥ 학교 행정에의 참여 : 직원회, 분과위원회 또는 분담한 직무에 따라서 학교의 행정에 참여하게 된다.

⑦ 지역사회 및 학부모와의 연락 : 교사는 학생들의 교육을 위해서 학부모나 지역사회 인사 또는 사회단체와 학교를 연결짓는 일을 하게 된다.

⑧ 교사는 자신이 하나의 전문적 연구 영역을 갖고 진지하게 이것을 연구해 나가야 한다.

4) 교사의 기능

(1) 산파로서의 기능

일찍이 Socrates는 '나는 지식을 낳는 것이 아니라 지식을 낳게 하는 산파이다.'

라고 했고, 그 제자 Platon은 교육은, '장님에게 외부에서 시력을 주입하는 것 같은 것이 아니라 학습자가 가지고 있는 것을 끄집어 내는 것이다.'라고 말함으로써 교육을 산파술에 비교한 것이다. 새 교육사상은 근자에 와서 부르짖는 일종의 유행이 아니라, 교육의 원리나 또는 교육을 담당하는 교사의 중요성은 실로 그 옛날에 이미 간파되었던 것이다.

(2) 국민성 계도자로서의 기능

흔히 교사를 국가의 주형공(鑄型工 : the molder of the nation)이라고 한다. 국가에서 제일 주요한 것이 국민임은 말할 나위도 없거니와 어린이들이 국민다운 국민이 되도록 도와 주는 사람은 교사 이외에는 없는 것이다. '주형'이라는 말은 전통적 교육에서 씀직 하나, 교사의 역할이 그 만큼 중요하다는 것을 의미하는 점에서 일고의 가치가 있는 말이다.

(3) 학생 행동변화의 촉진 · 조성자로서의 기능

원시 혹은 미개사회의 교육은 비조직적으로 부지불식간에 생활을 통해서 이루어지는 것이었으나, 현대교육은 매우 조직화되어 종소리로 시작하고, 종소리로 끝마치게 되었다. 교육을 효과적으로 하기 위해 극도로 형식화한 것은 학교교육의 특색이며, 이와 같이 형식화되고 조직화된 교육에 있어서는 교사는 계획적으로 학생들에게 최대의 영향을 줄 수 있는 유일한 존재이다.

(4) 학생행동의 원형으로서의 기능

교사의 성격이나 정서는 직접 · 간접으로 좋든 나쁘든 간에 학습자들에게 영향을 주기 마련이다. 즉, 흥분하기 쉽고 긴장한 교사는 긴장이 풀리지 않는 학생을 양성해 내며 침착성이 없고, 변덕이 많으며 잔소리가 심한 교사는 시끄럽고 침착성이 없으며, 무질서한 학생을 만들어 내고 만다. 또 근심 많고, 자신 없고, 불안정한 교사는 비겁하고, 당황하고 불안정한 학생을 길러 내게 된다. 지치고 흥미없는 교사는 기운 없고, 생기 없는 학생을 기르게 되며 자진해서 일을 하는 성격을 함양할 수 없다. 학생을 강압하는 전제적인 교사는 공격적인 행동을 많이 하고, 남에게 해를 끼치는 학생을 만들게 되든지, 강압의 정도가 심하면 겁많고 무서움을 많이 타는 사람을 만들어 내게 되거나 되도록이면 무사주의로 처세하는 우유부단한 학생을 만들고 만다.

그와 반대로 남을 생각해 주고 협동심이 많은 교사는 친절하고, 타인의 인격을 존중해 주고, 협조성이 많은 학생들을 만들어 내게 된다. 그리고 침착하고, 모가 나지 않고 자제력이 강하며, 자신이 있고, 명랑하고, 호감을 주고, 낙관적이며, 근면하고, 열정적이며, 진지하고, 공평무사하며, 정답게 하는 교사는 그의 학생들도 자연 그러한 특성을 획득하게 한다.

교사의 성격이나 정서는 이와 같이 학생의 성격이나 정서발달에 미치는 영향이 크기 때문에 전인교육을 주장하는 현대교육에서는 교과목에 대한 전문적인 지식보다도 바람직한 교사로서 갖추어야 할 자질로서 더 중요시 한다.

5) 교사의 역할

위와 같은 교사의 기능에 비추어 다음과 같은 구체적인 역할들이 기대된다.

① 교사는 인간형성자로서의 역할을 가진다.
② 교사는 유익한 지식과 학문을 전달하는 역할을 가진다.
③ 교사는 학습지도자로서의 역할을 가진다.
④ 교사는 계속적으로 연구를 할 학습자의 역할을 가진다.
⑤ 교사는 피교육자의 동일시 대상자로서의 역할이 요구된다.
⑥ 교사는 부모 대리자로서의 역할을 한다.
⑦ 교사는 사랑의 실천가로서의 역할이 기대된다.
⑧ 교사는 공동체 안에서의 도덕의 수호자이며 사회개조자로서의 역할이 요구된다.
⑨ 교사는 교육의 알파요 오메가이다.
⑩ 교사는 미성숙자들에 대한 인생의 안내자로서 역할을 갖는다.

⑪ 교사는 여러 가지 심리적 역할을 수행하게 된다.
⑫ 교사는 교육적인 지도자로서의 역할을 갖게 된다.

2. 교직의 전문성과 자질

1) 교직관

(1) 교직의 특성

교직이 갖는 일반적 특성은 다음과 같다.
① 교직은 가르치는 것을 업으로 하는 교사의 직업이다.
② 직업인으로서의 교사는 학교의 성립과 때를 같이 하여 출현하였으므로 교직도 학교의 출현과 더불어 등장하였다.
③ 교직은 인간을 대상으로 하는 직업이다.
④ 교직은 주로 사람의 정신생활을 계발하는 직업이다.
⑤ 교직은 미성년자를 상대로 하는 직업이다.
⑥ 교직은 봉사직이다.
⑦ 교직은 국가와 민족 번영에 지대한 영향을 미치는 직업이다.
⑧ 교직은 사회진보에 있어 중대한 역할을 맡아야 할 직업이다.

(2) 교직관의 변천

교직관이란 교직의 본질을 어떻게 보고 생각하느냐의 문제, 즉 교직이라는 직업 내지 교원이라는 직무의 기본성격을 어떤 관점에서 파악하느냐의 문제와 관련되는 개념이다.

'교직관'은 교직에 대한 지각을 의미하게 되지만, 거기에는 인지적인 측면과 기능적인 면에서는 물론 교직에 대한 태도나 가치관도 함께 수반되는 넓은 개념으로 보아야 한다. 그리고 교직에 대한 관점은 사람마다 약간씩 다르다.

교원들 자신이 교직에 대해서 생각하는 가치관 이외에도 학생과 학부모가 생각하는 교직관, 나아가서 사회인사 및 교육행정가 등이 교직을 어떻게 지각하고 그에 대하여 어떠한 태도와 가치관을 가지게 되느냐의 문제는 교직관의 형성에 있어서 매우 중요하다. 또 교원의 사회적 지위향상이나 교권의 확립 및 신장을 위해서도 중대한 의의를 가지게 된다.

뿐만 아니라, 교원들 개개인 자신을 비롯하여 주위에서 교육에 관련을 가지고 여러 모로 관심을 쏟고 있는 각계 각층의 사람들이 교직에 대하여 건실한 관념을 가지며, 올바른 교직관을 정립한다는 것은 교육의 총체적 발전을 위해서 중요한 조건 중 하나이다.

1 전통적 교직관

① 군사부일체(君師父一體)로서 만민의 사표(師表)로 자처하였다.

② 성직자적(聖職者的) 기대가 높았고 천직(天職)이니 하는 성직의식(聖職意識)이 지배적이었다.

③ 다소의 학식만 있으면 누구나 교사가 될 수 있다는 생각에서 학문, 학식, 지식의 전달 기능의 입장에서 교직의 전문성을 부정하였다.

④ 교사에게 금욕적 청교도적인 청빈한 생활의식을 강요하는 등 윤리적 기대수준이 높아 교사의 사회성이 부정되었었다.

⑤ 三尺 떨어져 스승의 그림자를 밟지 않는다 할 만큼 교사의 직무와 역할이 신성시 되고 존경의 대상이 되어 인간적으로 소외된 상태에서 언제나 고독한 존재로 생활해 왔다.

⑥ 직업적 교사상을 부정시 하였다.

2 현대적 교직관

① 오늘날 교직은 국가와 국민의 봉사자로서의 사명감을 갖게 되었다.

② 교직을 사회생활을 영위해 나가는 방편으로서의 직업 또는 노동직으로 간주

하게 되었다.

③ 교사를 사회개조의 기수 또는 민주적 지도자로 인식하게 되었다.

④ 교직을 하나의 전문직으로 인식하게 되었다.

⑤ 교사를 인적자원(人的資源)을 개발하는 역군으로 간주하고 국가가 교사양성과 대우에 적극적인 관심을 갖게 되었다.

2) 교직의 전문성

(1) 전문성의 특성

전문직(profession)은 그 직업수행에 고도의 이론적 배경을 필요로 한다. 이에 반하여 범속직(occupation)일수록 별로 이론적 훈련이나 배경이 필요 없게 된다. 즉 전문직은 이론적 배경을 필요로 하기 때문에 직전 그리고 직후의 장기적이고 계속적인 훈련을 필요로 하며 또한 어느 정도의 기초적인 이론적 소양 없이는 그 직무수행이 불가능하기 때문에 초직자(初職者)에 엄격한 표준을 요구한다.

그리고 전문직에서는 표준 이상의 능력신장은 주로 계속적 이론 구명에 의존하며, 범속직에서는 주로 경험숙달에 의존한다. 그리고 전문직일수록 그 자격을 국가로부터 직접 수여받는다.

직장에서의 승급제도는 전문직일수록 실력본위(merit system), 범속직일수록 연공제(seniority system)를 많이 취하게 된다.

전문직에는 강력한 자율적인 전문직 단체가 수반되고 그 전문직의 표준의 유지 향상을 위한 자체 통제와 자체 육성에 힘쓴다. 범속직은 주로 이권(利權) 옹호에 힘쓴다.

(2) 교직의 전문성

1 교직이 전문직이 되어야 할 필요성

교육을 한낱 지식의 전달에서 벗어나서 인간의 자아실현과 사회개조의 과정으로 볼 때, 그 규정에 맞는 업무의 수행에는 비상한 이론적 배경이 필요하다. 이러한 이론적 필요도를 충족하지 못하면 교직은 범속직에 머물 수밖에 없다.

인격도야, 전인교육의 말들처럼 교육은 인간의 행동을 바람직한 방향으로 변화시키는 작용이다. 이러한 일에 관계하는 교사가 범속직에 빠져 있는 한 교육의 생산성과 그 성과는 기대될 수 없는 것이다. 인간의 잠재적 능력은 전문가에 의해서 의도적으로 계발될 때 그 결실이 기대되는 것이다.

교사는 그 활동을 분석해 보면 가르치는 일 이외에도 교육과정계획, 평가, 집단활동지도, 사례연구, 정신위생지도, 상담 등 여러 가지 영역에 관계되고 있으며 이러한 활동들은 심리학적, 사회학적, 통계학적인 소양이 필요하게 된다. 교직이 범속직에 빠져 있는 한 이러한 활동들은 원만히 이루어질 리가 없는 것이다.

교육은 유난하게 인간지사(人間之事)이다. 특히 '인간을 만든다'라고 말하지만 인간을 만들고 길러내는 교직자 자신이 훌륭한 인간이 못되거나 전문적인 소양이 없이는 이러한 일은 성공될 수 없다. 교육은 인간을 대상으로 한 것이기에 교육은 범속직에 머물러 있을 수 없는 것이다.

2 교직의 전문성이 요구하는 조건

첫째, 교직은 고도의 이론적 배경(전공교양, 일반교양, 교직교양)을 필요로 하며 교직은 적어도 대학교육 이상의 교육기간이 필요하다.

둘째, 교육부장관이 발행하는 교원자격증을 소지하고 있지 않는자는 교직에 종사할 수 없다.

셋째, 교직의 전문성을 연마하고 교직의 표준을 유지 향상시키기 위해 교사들에게 현직교육이 계속적으로 실시될 것이 요구된다.

넷째, 교직의 특수성과 전문성을 유지하기 위해 교사답지 않은 교사를 추방하기까지 해서라도 자체의 표준 향상에 노력하는 전문직 단체를 필요로 한다.

3) 교사의 자질

바람직한 교사로서 요구되는 자질은 인간성과 전문성의 두 가지 기본적 요소를 생각할 수 있다.

(1) 바람직한 인간으로서의 자질

교사이기 전에 하나의 인간으로서 다음과 같은 자질이 함양되고 구비된 자가 교사가 되어야 한다.

① 교사는 한 사람의 교사이기 이전에 먼저 인간다운 인간이어야 한다.
② 교사는 사람을 사랑할 줄 알아야 한다.
③ 교사는 어느 정도의 희생과 봉사를 즐길 줄 아는 사람이어야 한다.
④ 교사는 자유인이면서 민주인이어야 한다.
⑤ 교사는 원만한 대인관계를 유지할 수 있어야 한다.
⑥ 교사는 진보적이어야 한다.
⑦ 교사는 사회의 개조자가 되어야 하고 가치의 창조자가 되어야 한다.
⑧ 교사는 용기가 있어야 한다.
⑨ 교사는 명랑하고 쾌활한 성격을 가져야 한다.
⑩ 교사에게는 열성적으로 지도하는 자세가 필요하다.
⑪ 교사는 공평무사하게 학생들을 대하여야 한다.
⑫ 교사는 부모 이상으로 학생에 대한 관심과 이해심이 있어야 한다.
⑬ 유머가 풍부하고 심신이 건강해야 한다.

(2) 전문직인으로서의 자질

교직이란 전문직에 종사하는 사람으로서는 다음과 같은 전문적 자질이 함양되고 구비된 자가 요구된다.

① 학과목에 대한 완전무결에 가까운 지식을 가져야 한다.
② 학과목에 대한 설명과 질문에 대한 대답을 명료하고 납득할 수 있게 해 주어야 한다.
③ 학습시간에 학생들의 기분을 잘 이해 파악할 수 있어야 한다.
④ 학생들의 관심을 무시하지 말아야 한다.

⑤ 투철한 교육관을 지니고 있어야 한다.
⑥ 학생을 편애하지 않으며 공정하게 평가하여야 한다.
⑦ 학생들이 필요할 때 언제든지 자진해서 도와 주어야 한다.
⑧ 사실에 근거를 둔 인정과 칭찬을 할줄 알아야 한다.
⑨ 까다롭거나 잔소리를 하지 말아야 한다.
⑩ 학생에게 친절하며 호감을 줄 수 있어야 한다.
⑪ 숙제를 간결하게 잘 내줄 수 있어야 한다.
⑫ 학생 개개인의 특성을 잘 이해하고 개인적인 도움을 줄 수 있어야 한다.
⑬ 학생들의 의견과 제언을 존중할 줄 알아야 한다.
⑭ 학생들의 인격을 존중할 줄 알아야 한다.
⑮ 학생의 복지문제에 열의를 갖고 있어야 한다.
⑯ 학교 내외에서의 행동은 항상 학구적이며 협동적이어야 한다.
⑰ 평가 기술에 뛰어나야 한다.
⑱ 학생에 대한 언동은 일관성이 있어야 하며 언행이 일치되어야 한다.

4) 이상적인 교사상

(1) 교사의 학생지도 태도 유형

1 학생들이 친근감과 애착을 느끼지 못하는 교사

이 유형은 교육기술이 미숙하다. 학생들이 볼 때, 잔소리가 많고, 웃음이 별로 없으며 짜증스럽고 신경질적이며 강제적이고 지도방법이 시원찮은 교사로 인지되고 있다. 성격특성은 보통 내성적이며 열등감이 많다.

2 여학생은 친근·애착을 느끼나 남학생은 싫어하는 교사

매우 열심히 지도하지만 융통성이 없고 내성적이고 대단히 강제적이어서 지도가 엄격하고 일방적이다. 남자는 무서워하거나 반발을 하는 데 비해 여자는 존경하고 순종적, 복종적이다.

③ 학생들로부터 친근과 애착의 대상이 되는 교사

성격특성에 차이가 있지만, 열심히 가르치고, 애정이 깊으며, 관용적인 태도가 높고 학생에게 무리한 일을 시키지 않으며 강제성이 없는 점이 공통적이다.

교사와 학생 사이에 욕구의 대립이 생겼을 경우, '이기는 법', '지는 법', '비기는 법'(no-lose method)의 세 가지 문제해결법이 있다. '이기는 법'은 교사가 권력적으로 학생들을 일방적으로 명령, 설득, 통제하는 법이고, '지는 법'이란 그들의 욕구에 양보해 주는 태도이다. 어느 경우라 할지라도 학생들에게는 교사에 대한 불만이 남아 있게 된다. 이에 비하여 승부가 없는 '비기는 법'은 양자가 의견을 제시하고 대화를 나누는 가운데 서로가 다같이 받아들일 수 있는 해결책을 생각해서 실행하는 것이다. 바람직한 교사의 지도 태도는, 바로 '비기는 법'에 숙달한 태도라 하겠다.

(2) 학생이 바라는 이상적 교사상

Hart는 고등학생 10,000명에게 질문지를 이용 '가장 좋아하는 교사상'과 '가장 싫어하는 교사상'의 이유를 분석한 바 중요 내용은 다음과 같다.

① 좋아하는 이유

① 학교 공부에 도움이 되고 교과나 과제를 명료하고도 충분히 설명하고 실제적인 예를 많이 든다 ··············1,950

② 유쾌하고 행복스럽고 온후하며 쾌활하고 유머가 있고 농담할 줄 안다 ··············1,429

③ '학급집단의 일원'으로서 인간적이고 사람 잘 따르고 친하기 쉽다 ··············1,024

④ 학생에게 흥미가 있고 이해심이 많다 ··············937

⑤ 공부를 흥미 있게 가르치고 공부에 대한 욕망을 일으키고 학급의 학습활동을 즐겁게 만든다 ··············805

⑥ 엄밀하게 학급경영을 잘 하며 학생에 대한 관심이 많다 ··············735

2 싫어하는 이유

① 지나치게 빗나가고, 짓궂고, 까다롭고, 웃음이 없고, 말이 많고, 비꼬고, 화내고, 자제를 상실한다 ……………………………………………………1,708
② 학교 공부에 도움이 없고, 교수에 명백한 설명이 없고, 작업은 계획이 없다. ……………………………………………………………………1,205
③ 잘난척 하고 초연히 있고, 불손하고, 건방지고, 뽐내며, 실외에서는 모르는 척 한다 ……………………………………………………………………775
④ 불공평하고 학생을 편애하고 착실한 학생의 흠을 찾는다 …………859
⑤ 초라하고, 불합리하고, 엄격하고, 꽁하고, 버릇없고, 지나치게 꼼꼼하고, 인생을 비참하게 만든다 …………………………………………………652

(3) 성공적인 교사의 행동특성

미국교육연구협의회(American Council on Education Studies)에서 조사 · 분석한 성공적인 교사들의 일반적인 행동특성을 살펴보면 다음과 같다.

① 학생의 발달에 관심을 가지고 있으며, 학생들이 좋아하는 학습 지도방법을 분별있게 제시한다.
② 친절성, 허용성, 명확성, 공정성이 돋보인다.
③ 교만하거나 도량이 부족하거나 편협하지가 않다.
④ 훌륭한 교사는 인간을 결점위주로서가 아니라 장점위주로 보며, 타인을 평가함에 있어서 너그럽게 수용함을 나타낸다.
⑤ 교직에 만족을 표시한다(물론 교원의 봉급에 대해서도), 전업을 하지 않고 교직에 계속 봉직한다.
⑥ 대부분의 교사가 교사가 되고자 하는 결정을 대학 재학 이전에 굳혔다. 즉 비교적 연령적으로 어렸을 때, 교사가 되고자 계획했다.
⑦ 성공적인 교사 대다수가 그들 자신이 학생시절에 학교생활을 재미있게 보냈다.
⑧ 학교 재학시절에 학업 성적이 우수했다.

⑨ 그들의 부모와 친척 중에 다수의 교사가 있었음이 보고되었다.
⑩ 종교활동에 참여하고 있었음이 드러났다.
⑪ 친우들과 어울려 활동하는 것을 즐겨했으며, 소속집단을 좋아했다. 빈번히 클럽의 성원이 되거나 요원이었던 경험을 갖고 있다.
⑫ 그들 다수가 결혼을 하였다(이 집단 중 85%가 기혼자였다).
⑬ 문필업무(시의 창작, 도서출판, 논문작성 등)에 관심을 갖고 있고 적극적으로 활약하고 있다.
⑭ 보통 성인보다도 정서적으로 매우 안정되어 있다.
⑮ 평범한 성인보다도 더욱 친절하고 협조적이며 상냥하다.
⑯ 평범한 성인보다는 더욱 신중하고 객관적이며 관용적이다.
⑰ 보통 성인보다는 훌륭한 인상을 풍기려고 노력하는 경향이 있고, 사회활동에 더욱 관심을 기울인다.
⑱ 사무적 활동과 계산적 활동에 보통 성인보다 관심이 덜하다.

(4) 우수한 교사들의 자아상

Combs는 「교사의 전문성 교육」(The Professional Education of Teachers)이란 저서에서 여러 연구 결과를 인용, 우수한 교사들의 자아에 관한 전형적인 지각특성을 다음과 같이 설명하고 있다.

첫째, 자신이 타인으로부터 멀어지거나 배척되며, 소외되고 있다고 보지 않고 자기 자신을 정상적인 다른 사람들과 동일시 한다.

둘째, 자신을 부적합한 인간으로 보지 않고 자기는 적절한 인간이라고 지각한다. 따라서 자신이 어떤 문제에 부딪쳤을 때 그 일의 해결이 자력으로 가능하다고 본다.

셋째, 스스로를 불신하지 않고 자신을 믿을 만한 인간이라고 생각한다. 또 어떤 문제사태가 발생하든지간에 이것을 해결할 잠재능력을 구비하고 있는, 즉 신뢰하고 의지할 만한 인간으로 자신을 지각하고 있다.

넷째, 자기가 타인에게 쓸모 없는 인간이 아니고 필요한 인간이라고 자신을 믿는다. 또한 자신이 무시당하고 배척받는다고 생각하기보다는 남이 자신을 좋아하고 인간적인 매력이 있다고 지각하고 있다.

다섯째, 자신이 덕망을 갖춘 인간이라고 본다. 자신의 행동결과에 책임을 지고 위엄이 있으며 신용이 있고 또 성격적으로 균형잡힌 인간이라고 본다.

3. 교사의 윤리

1) 법규적인 윤리

(1) 헌법상에 비추어 본 교원의 윤리

헌법 제7조 1항은 '공무원은 국민 전체에 대한 봉사자이며, 국민에 대하여 책임을 진다.'라고 하여 공무원의 헌법상의 지위를 규정하고 있다. 이것은 헌법 제1조의 민주공화국과 국민주권주의에 관한 규정에서 오는 당연한 귀결이라고 할 수 있다. 그리고 제 33조 2항에서는 '공무원인 근로자는 법률이 정하는 자에 한하여 단결권, 단체교섭권 및 단체행동권을 가진다.'라고 하여 공무원의 노동3권을 법적으로 제한하고 있다. 교원 역시 이러한 제한에서 자유로울 수 없다.

(2) 국가공무원법에 비추어 본 교원의 윤리

대한민국정부가 수립된 이듬해인 1949년에 법률 제44호로 국가공무원법이 제정, 공포되었다. 국가공무원법을 제정하게 된 동기는 일제 식민지하의 절곡에서 벗어나 새 국가를 건설하기 위해서는 무엇보다도 국정을 수행하는 공무원에게 적용해야 할 근본기준을 확립하여 인사행정의 공정성을 기하는 동시에 공무원으로 하여금 국민의 봉사자로서의 사명감을 인식하게 할 필요성에서 출발하였다. 국가공무원법에서 공무원의 법적 의무로 규정하고 있는 행동규범은 선서, 성실,

복종, 직장 내 근무, 친절 공정, 비밀엄수, 청렴, 외국정부의 영예허가, 품위유지, 영리 및 겸직금지, 정치활동의 금지, 집단행위의 금지 의무 등이 해당된다.

(3) 공무원 복무선언 및 복무규정상에 비추어 본 교원의 윤리

공무원 복무선언 그리고 복무규정에 따르면 역시 성실과 책임, 공익과 질서, 공정과 청렴의 의무적 실천을 미덕으로 삼을 것을 재삼 강조하고 있다. 국민의 편에 서서 정직과 성실로 직무에 전념하고 창의적 노력과 능동적 자세로 소임을 완수하며 법을 준수하고 상사의 직무 명령에 복종하며 정의의 실천자로서 부정의 발본에 앞장선다는 복무선언의 내용이 이를 말해 준다.

2) 우리나라의 교사의 윤리강령

한국교원단체총연합회에서 1958년 작성 발표한 교사 윤리강령의 요지를 진술하면 다음과 같다.

(1) 교사 자신의 수양

① 교사는 자신의 인격수양을 게을리해서는 안 된다.
② 교사는 국민의 사표이며 학생의 거울이어야 한다.
③ 교사는 높은 이상과 굳은 지조를 가지고 퇴폐적인 풍조에 물들지 말아야 한다.
④ 교사는 단란한 가정을 이룩하고 사회일반의 모범이 되어야 한다.
⑤ 교사는 민주적 가치를 신봉하고 실천하여야 한다.
⑥ 교사는 시민의 한 사람으로서 모든 권리와 의무를 명확히 인식하여 정당하게 실천하여야 한다.
⑦ 교사는 학식과 견문을 넓히는 것이 교육자의 의무임을 인식하여야 한다.
⑧ 교사는 국법을 준수하며 질서를 존중하고 동료간의 친목과 협조로서 건전한 학원 분위기 조성에 노력하여야 한다.

⑨ 교사는 임명 또는 승진에 또는 전임에 부정한 수단과 방법을 써서는 안 된다.
⑩ 교사는 교직을 이용하여 물질적인 이익을 도모하지 말아야 한다.

(2) 학생과의 윤리

① 교사는 학생의 심신의 발달이나 가정의 환경에 따라 차별을 두어서는 안 된다.
② 교사는 학생의 개성을 존중하며 그들의 개인차와 욕구에 맞도록 지도할 줄 알아야 한다.
③ 교사는 학생 개인의 결점이나 비밀을 공개하지 않고 언제나 품위있는 행동으로 그들을 지도해야 한다.
④ 교사는 학생의 인격을 존중하여 처벌을 가하거나 함부로 다루어서는 안 된다.
⑤ 교사는 학생들을 위해서 솔선수범을 보여주어야 한다.
⑥ 교사는 모든 학생에게 친절하게 대해야 한다. 사랑은 교육자의 생명이다.

(3) 교직원 상호간의 윤리

① 교사는 다른 교사를 그 직위에서 추방하기 위해서 모함하거나 학생을 선동해서는 안 된다.
② 교사는 함부로 다른 교사를 비판해서는 안 된다. 학교의 복지를 위해서는 정식으로 관계자에게 의견을 제출하여야 한다.
③ 교사는 결원이 아닌 다른 교사의 직위를 탐내어 운동해서는 안 된다.
④ 교사는 다른 교사와의 협동으로 교육사업을 발전시킬 수 있다는 것을 인식하여 실천할 수 있어야 한다.

(4) 지역사회와의 관계

① 교사는 사회의 미풍과 전통을 존중하며 그 순화와 개선에 노력할 줄 알아야

한다.

② 교사는 사회의 욕구를 교육계획에 반영시키어 학교의 활동을 널리 사회에 알릴 수 있어야 한다.

③ 교사는 편당적 · 편파적 활동에 참여하지 않으며 교육을 그 방편으로 삼지 말아야 한다.

④ 교사는 정치적으로 종교적으로 중립을 지킬 수 있어야 한다.

⑤ 교사는 학부모의 경제직 · 사회직 지위를 함부로 이용하지 않으며 이에 좌우되지 않는다.

⑥ 교사는 교직의 존엄성을 잠시라도 망각해서는 안 되며, 개인의 이익을 위하여 교육자로서의 지조를 팔아서는 안 된다.

⑦ 교사는 학생의 취직을 알선하고 보수를 기대해서는 안 된다.

⑧ 교사는 교육용 비품, 기타 시설의 구입에 있어서 개인적인 이익을 도모해서는 안 된다.

3) 교사에 대한 소망

교사들에게 많은 것을 시사하는 두 가지 소망을 소개하고자 한다.

(1) 무명교사 예찬

1953년 미국의 Henry Van Dyke가 읊은 '이름없는 교사들에게'(To the Unknown Teacher)의 내용을 소개하면 다음과 같다.

> 나는 무명교사를 애찬하는 노래를 부르노라.
> 전투를 이기는 것은 위대한 장군이로되
> 전쟁에 승리를 가져오는 것은 무명의 병사로다.
> 새로운 교육 제도를 만드는 것은 이름 높은 교육자로되
> 젊은이를 올바르게 이끄는 것은 무명의 교사로다.
> 그가 사는 곳은 어두운 그늘

간난을 당하되 달게 받도다.
그를 위하여 부는 나팔없고
그를 태우고자 기다리는 황금마차 없으며,
금빛 찬란한 훈장이 그 가슴을 장식하지 않도다.
묵묵히 어둠의 전선을 지키는
그 무지와 우매의 참호를 향하여 돌진하는 그 어머니,
날마다 날마다 쉴 줄도 모르고
청년의 원수인 악의 세력을 정복하고자 싸우며,
잠자고 있는 정기를 일깨우도다.
게으른 자에게 생기를 불어 넣어주고
하고자 하는 자를 고무하며,
방황하는 자에게 안정을 주도다.
학문의 즐거움을 가르침에서 옮겨 주며,
지극히도 값있는 정신적 보물을 젊은이들과 더불어 나누도다.
그가 켜는 수도 많은 촛불,
그 빛은 후일에 그에게 되돌아와 그를 기쁘게 하노니
이것이야말로 그가 받는 보상이로다.
지식은 서책에서 배울 수 있으되
지식을 사랑하는 마음은
오직 따뜻한 인간적 접촉에서만 얻을 수 있는 것이로다.
공화국을 두루 살피되
무명의 교사보다 찬사를 받아 마땅할 사람이 어디 있으랴.
민주사회의 귀족적 반열에 오를 자,
그 밖에 누구일 것인고,
'자신이 임금이요
인류의 머슴인저!'

(2) 교사의 기도

1952년 미국의 Glenn Frank가 '교사의 기도'라는 명목으로 교사가 지켜야 할 신조를 발표한 내용 전문이 Elmer Harrison Wilds의 「The Foundations of Modern Education」 책 속에 수록된 것을 여기에 소개하면 다음과 같다.

오! 학문과 학생의 주님이시여 우리들은 이 엄숙한 가르치는 사업에 있어서 다만 실패한 자들입니다.

우리들의 부족을 부끄럽게 생각합니다. 우리들의 잘못으로 우리들이 벌을 받을 뿐 아니라 우리들의 과오 때문에 잘못 인도된 많은 사람들의 마음에 영원한 슬픔을 가지게 했습니다.

우리들은 다가올 내일을 위해 지침이 되어야 할 때 죽어버린 어제를 파(賣)는데 만족해 왔습니다.

우리들은 우리들의 대상인 학생보다도 우리들의 과목을 더 많이 생각해 왔습니다. 우리들은 풍부한 삶의 예언자나 목자가 되었어야 할 때 조그마한 정확성을 파는 행상인이 되었습니다.

우리들은 있어야 할 세계를 만드는데 창의적인 협조자가 되도록 학생들을 도왔어야 할 때 오히려 학생들로 하여금 현실세계의 영리한 경쟁자가 되도록 가르쳐 왔습니다.

우리들은 우리들의 학교를 발전하는 사회를 위한 쓸모 있는 본이 되게 하지 못하고 기성사회를 위한 한 훈련장으로 생각해 왔습니다. 우리들은 지혜보다도 지식을 더 귀중한 것으로 생각했습니다. 우리들은 우리들의 학생에게 어떻게 생각할 것인가를 가르치는 대신에 무엇을 생각할 것인가를 가르치려고 노력해 왔습니다.

우리들은 우리들의 학생들에게 그들의 마음을 자유롭게 하기 위해 노력했어야 했을 때 오히려 그들 마음에 굴레를 씌우는 것을 우리들의 일로 생각했습니다.

그리고 우리들은 그 일이 용이했기 때문에 학급에서 죄를 범해 왔다고 고백합니다. 그것은 매일 아침 신선하게 배워야 할 움직이는 현재를 이해하는 데 학생과 같이 협조하기보다 우리는 움직이지 않는 과거에 대해서 학생들에게 가르치는 것이 더욱 용이했기 때문입니다.

우리들은 이러한 나태의 죄에서 해방되고자 원합니다. 우리들이 과거를 아는 것이 중요하다는 것은 현재에 살기 위함이라는 것을 알게 하소서.

우리들로 하여금 옛 성전의 영광을 학생들의 머리에 넣어 주기보다는 현대식 대가람의 건축가를 만드는 데 흥미를 가지도록 하여 주시옵소서.

학생의 기억이 보물상자가 되는 동시에 또한 도구가 되지 않으면 안 된다는 것을 깨닫게 하여 주시옵소서.

우리들로 하여금 '하지 마라'는 말보다 더 많이 '하라'는 말을 자주 하도록 도와 주시옵소서.

우리들은 그렇게 스스로 깨닫게 하므로 훈계가 점점 필요 없다는 것을 알게 하옵소서.

우리들은 엄격한 의미에서는 아무에게도 그 무엇을 가르칠 수 없다는 것을 깨닫게 해 주시고 다만 우리들이 할 수 있는 일이란 그들이 스스로 배우게 도와주는 것 밖에 없는 것을 알게 합소서.

우리들로 하여금 우리들의 특수한 방면의 결실을 맺게 하는 우리들의 자료를 소중히 하도록 하여 주시옵소서. 그러나 모든 사실은 그들이 다른 나머지 지식과 생활에 연관될 때까지는 무가치하다는 것을 알게 하여 주시옵소서.

우리들로 하여금 결국 교육이라는 것은 현대세계를 살아가기 위한 한 탐험이라는 것을 알게 하여 주시옵소서.

우리들로 하여금 마음의 교사인 동시에 영혼의 목자가 되게 하옵소서.

오! 교사의 주님이시여 우리들의 하는 일의 거룩함을 깨닫게 하옵소서.

아멘.

4. 교직단체

1) 우리나라의 교직단체

교육기본법에 입각한 전문직 교원단체와 교원의 노동조합설립 및 운영 등에 관한 법률에 따른 노동조합 형태의 교원단체로 나눌 수 있다. 전문직 교원단체로는 한국교원단체총연합회가 있으며 노동조합 형태로는 전국교직원노동조합 등 3개 노조가 설립되어 활동하고 있다.

(1) 한국교원단체총연합회(한국교총)

한국교원단체총연합회(한국교총)는 「교육기본법」과 「민법(비영리 법인의 설립과 허가)」, 「교원지위향상을 위한 특별법(교원지위향상을 위한 교섭 · 협의)」에 의해 설립된 사단법인체이다. 설립목적은 '회원 상호 간의 강력한 단결을 통하여 교원의 사회적 · 경제적 지위 향상과 교직의 전문성 확립을 기함으로써 교육의 진흥과 문화의 창달에 기여함'을 목적으로 하고 있다고 정관에 명시하고 있다.

주요 활동으로는 회원의 상호간 협동 · 단결, 교권의 옹호확대, 교원의 처우 및 복지 증진과 근무조건의 개선에 관한 일, 교직의 전문성 확립과 민주적 발전, 교육정책에의 참여, 국제교원단체와의 협력 및 교류, 정기간행물의 발간과 보급 등이다. 1947년에 처음 설립된 '조선교육연합회'를 모태로 1948년에 '대한교육연합회'로 개칭한 후 1989년 '한국교원단체총연합회'로 개칭하여 오늘에 이르고 있다.

(2) 전국교직원노동조합

전국교직원노동조합(전교조)은 1999년 7월 1일 설립한 이래 전국단위의 노동조합 형태의 교원단체로는 가장 크고 가장 활발한 활동을 전개하고 있다. 설립의 목적은 '교육노동자로서의 기본 권익을 적극 옹호하고 민주교육 발전에 기여한다'라고 규약에 명시하고 있다.

현재는 노동 3권 중에서 단체행동권을 제외한 단체교섭권과 단결권 등 노동 2권을 확보하여 활발하게 활동하고 있다. 조직은 중앙집행위원회, 시 · 도 본부, 상설위원회, 특별위원회, 전문산하기구 등과 각급 학교에는 지회를 두고 있다.

(3) 한국교원노동조합(한교조)

한국교원노동조합(한교조)은 '교원의 노동조합 설립 및 운영 등에 관한 법률'에 근거하여 1999년 7월 1일 한국교원노동조합 설립을 전국단위로 신고하였다. 설립목적은 '푸른 교육을 구현하고 교원으로서 존엄성을 유지하며 교직의 전문성 확립을 기함으로써 창조적이고 민주적인 교육문화 창달에 기여한다'라고 규정하고 있다.

(4) 자유교육조합(자교조)

자유교육조합(자교조)은 '교원의 노동조합 설립 및 운영 등에 관한 법률'에 근거하여 2006년 3월 31일 자유교육조합 설립을 전국단위로 신고하였다. 설립의 목적은 '자유민주주의의 이념을 교육운동으로 실천하고 교원의 사회적 · 경제적 지위 향상 및 제 권리를 획득하며 합리적, 평화적인 상생의 노동조합운동을 한다'라고 밝혔다.

이상의 교직단체를 구체적으로 비교하면 다음과 같다.

구분	교원단체 (한국교총)	교원노조 (전교조, 한교조)
설립근거	◦ 교육기본법	◦ 교원의 노동조합 설립 및 운영 등에 관한 법률
가입대상	◦ 전 교원 대상(학교장 포함)	◦ 초 · 중등교육법 제19조 제1항에서 규정하고 있는 교원(교장 · 교감 등 제외)
교섭 · 협의당사자	◦ 교육과학기술부장관 및 교육감	◦ 교육과학기술부장관, 교육감, 시립학교를 설립 · 경영하는 자

구분	교원단체 (한국교총)	교원노조 (전교조, 한교조)
교섭 · 협의구조	◦ 중앙단위 : 교육과학기술부 장관 ◦ 시 · 도단위 : 교육감 ※ 국 · 공 · 사립 구분 없음	◦ 국 · 공립의 경우 – 전국 교섭 : 교육과학기술부 장관 – 시 · 도 교섭 : 교육감 ◦ 사립의 경우 – 설립 · 경영자가 전국 또는 시 · 도 단위로 연합하여 교섭
교섭 · 협의대상	◦ 처우개선, 근무조건 및 복지후생과 전문성 신장에 관한 사항 ※ 교원 지위향상을 위한 특별법 제12조(교섭 · 협의사항) 참조	◦ 임금 · 근무조건 · 후생복지 등 경제적 · 사회적 지위향상과 관련된 사항 ※ 노동법 해석상의 단체교섭대상이 적용됨(의무적, 임의적, 교섭 제외 사항)
교섭 · 협의 시기	◦ 연 2회 및 특별히 필요하다고 판단된 때 당사자 협의에 의해	◦ 최소 2년에 1회
합의사항 (규범적 부분)의 법적 성격	◦ 노사간 계약으로서의 성격보다는 정부와 교원단체가 교원의 지위향상을 위한 방안을 강구하고 공동의 목표를 도출하는 합의과정으로서의 성격이 강함	◦ 단체협약으로서 규범적 효력이 미침. 다만, 법령 · 조례 및 예산에 의하여 규정된 내용과 법령 또는 조례에 의한 위임을 받아 규정되는 내용은 단체협약으로서의 효력을 가지지 아니함

2) 미국의 교직단체

N · E · A(National Education Association)는 미국 교육협회의 약어이다. N · E · A는 1857년에 미국 교원협회(National Teachers Association)가 창설되었다가 1870년에 미국 사범학교 협회와 전국 교육감 협회를 합병하여 N · E · A라고 개칭하였으며 교육자의 질을 향상하고 교육에 대한 관심을 환기시키며, 미국 교육의 발전을 도모함에 목적을 두고 있다.

N · E · A 산하기관인 1935년에 발족한 '교육정책위원회'(E · P · C, Educational Polices Commission)는 미국 문교정책을 좌우하는 중요한 기관이 되었다.

3) 세계교원단체 : '교육인터내셔널'

정치적 이념과 교직관에 따라 41년 동안 양분돼 왔던 세계교원단체가 1993년 1월 26일 '교육인터내셔널'[약칭 EI(Education International)]로 역사적인 통합을 이룩했다.

한국교총은 1월 26일 스웨덴 스톡홀름에서 개최된 '세계교직단체총연합'(WCOTP, 1952년 창립)과 '국제자유교원조합연맹'(IFFTU, 1951년 창립)이 통합된 EI의 창립위원단체가 됐다.

그 동안 세계교원단체는 자유민주주의를 정치적 이념으로 하고 전문직 단체를 표방하는 WCOTP와 사회민주주의 이념과 교원의 노조운동을 지지하는 IFFTU로 양분되어 왔으나, 국제사회의 이념퇴조와 하나로 통합된 강력한 교원단체가 이루어진 셈이다.

한국교총은 1952년 WCOPT 창립당시부터 회원으로 가입해 세계총회(65년)와 아 · 태지역회의(84)를 서울에서 개최한 바 있고, IFFTU에는 1989년에 가입했었다.

5. 사회변화와 교육

1) 사회변화의 개념과 특성

(1) 사회변화의 개념

사회변화란 '일정한 시간적 간격을 두고 사회조직의 유형에 일어나는 중요한 변화'를 뜻한다.

(2) 사회변화의 일반적 특성

① 사회변화는 역동적이다. 사회를 구성하고 있는 행동은 물론이고 집단 · 사회기관 · 기술 · 문화형태 등 모든 것이 동적으로 변해 가고 있다.

② 현대사회는 급격하게 변화한다. 오늘의 과학적 발전은 과거 수십 세기의 변천 과정을 불과 수십 년 동안에 이룩하고 있다.

③ 사회 각 분야는 동일한 상태로 변화하지 않는다. 변화의 속도나 강도는 다르다. 사회변화는 일정하게 진행되는 것이 아니고 각 분야에 따라서 변화의 양상이 달라진다.

④ 사회변화는 복잡하고 연쇄적인 반응을 일으킨다. 한 지역 혹은 한 분야의 변화가 곧 다른 지역이나 다른 분야에 있어서의 연쇄적인 변화를 자극하게 된다.

⑤ 사회변화는 기성 질서의 변화를 가져온다. 변화에 의해서 기존의 관습 · 제도 · 도덕 · 가치관이 변모해 간다. 그리고 기성 계층구조의 유동이 생기게 된다.

⑥ 모든 진보는 변화에서 오지만 모든 변화가 필연적으로 진보가 될 수는 없다. 변화를 거쳐 가는 동안에 어떤 것은 좋게 개선되고 재구성되어 사회 발전에 도움을 주게 되지만, 어떤 것은 도리어 인간 생활에 해독을 끼치고, 따라서 사회진보를 저해하는 결과를 가져오게 된다.

2) 사회변화와 교육의 변화

(1) 사회의 변화는 교육의 변화를 요구한다.

현대사회는 가속도적으로 변화하고 있으므로 교육은 그 급변하는 사회의 환경에 부단히 적응을 해 나가야 할 필요가 있다. 현대사회에서는 지식의 양이 폭발적으로 팽창하고 인구가 급증하며, 공업화와 도시화가 급격히 일어남에 따라 직업구조가 변하고 새로운 사회제도나 가치관이 출현하고 여러 가지 사회분제가 속출하고 있다. 이러한 광범한 사회변화에 교육이 지체함이 없이 적응해야 할 필요가 있다는 것은 너무나 당연한 일이라고 보겠다.

만일 적응하지 못하는 교육하에서는 사회에 쓸모없는 인간이나 폐품화되기 쉬운 인간의 육성, 즉 비뚤어진 죽은 교육이 이루어지기 쉬운 것이다. 따라서 우리는 이러한 교육적 변화 또는 중요시 해야 하는 것이다.

(2) 교육의 변화는 사회변화를 촉진시킨다.

국가사회의 발전은 물론 새로운 문화를 창조하기 위한 사회적 추진력은 교육에 의해서 발생될 수 있다는 신념은 오랫동안 받아들여져 온 것이긴 하나 최근에 이르러 그 신념이 더욱 명확하게 받아들여졌다. '교육의 세계화', '선진 일등 국가 건설을 위한 교육', '조국 현대활르 위한 교육' 등의 말은 교육의 변화를 통해 새로운 사회를 창조해 보겠다는 의지가 함축되어 있다고 하겠다.

현대화된 사회를 이룩하기 위해서는 현대화된 인간을 길러야 하며 그러기 위해서는 교육의 목표, 내용, 제도 등도 국가의 발전과 번영을 가져올 수 있는 새로운 방향으로 다시 검토되고 또한 교육 변화를 위한 백년대계가 모색되어야 한다. 따라서 사회에 대한 교육의 진보적 · 창조적 기능의 발휘함이 없이는 전근대적 사회체제에서 탈피하기 힘들다고 보겠다.

(3) 사회변화에 초연한 교육 또한 필요하다.

교육은 한 민족의 역사와 문화적 전통을 계승할 수 있도록 하여야 한다는 점에서 교육이 전통사회에 밀착되어야 함을 주장할 수 있다. 사회변화의 속도가 빠를수록, 개혁의 소용돌이가 거셀수록, 그리고 외래문화의 수용을 강압당할수록 민족의 주체성을 굳건히 지키고 소중한 문화유산을 보존하려는 반작용이 더욱 강하게 나타나는 것이다.

가령, '한국적 인간상의 구현', '국적 있는 교육', '민족주체성의 확립' 등의 말은 바로 교육에 있어서 우리의 전통과 주체성을 강조하는 말이다. 사회변화와 발전을 위한 교육의 혁신적 기능 못지않게 사회의 존속과 균형 또는 계속성을 깨뜨리지 않고 사회의 안정과 결합을 가져오며 전통과 주체성을 강조하는 교육의 전통적 · 보수적 기능 또한 중요한 것이다.

3) 사회변화에 따른 교직의 당면과제

오늘날 세계 각국은 교육을 국가 발전의 가장 중요한 동력으로 규정하고, 교육개혀긔 성공을 위한 국가 차원의 각종 법적 · 제도적 혁신을 단행하고 전폭적인 교육투자를 아끼지 않고 있다. 그 이유는 두말할 필요 없이 교육을 통하지 않고서는 각 개인의 참다운 삶과 국가의 발전적 미래는 요원할 것이기 때문이다.

21세기 한국교육의 핵심은 변화와 혁신이다. 변화와 혁신으로 자기를 개발하고 원대한 비전을 가진 젊은이만이 미래사회의 주인공으로 자리매김할 수 있다는 사실은 아무도 부인하지 못할 것이다. 그러므로 미래의 희망인 우리의 학생들에게 가치 있는 비전을 심어 주고, 그것을 실현 가능하게 만들어 주는 일이야말로 교직에 몸담은 사람들이 피할 수 없는 당면 과제이며 의무라 할 수 있을 것이다.

현대사회의 변화에 발맞춰 교육도 하루가 다르게 변화하고 있다. 특히 교육과 관련된 각종 법규와 지침은 현대사회의 변화를 발 빠르게 수용해야 하기 때문에 수시로 변할 수밖에 없다. 그것은 시대적 요청과 국가 사회적 환경 변화, 그리고 학생과 학부모들의 요구를 올바르게 수용하기 위한 자연스러운 변화이다. 그러므로 교직에 종사하는 우리들이 이러한 내용을 제대로 인지하지 못하게 새롭게 변화하지 못한다면 학생과 학부모들에게 올바른 교육 서비스를 제공하기 어렵게 될 것이다.

제 2 장

교육법규의 이해

1. 교육관련 법규
2. 교원의 인사
3. 교원의 특권 및 징계
4. 교원의 복무
5. 초등교육법시행령 중 주요내용

1. 교육관련 법규

1) 교육법규의 위계

교육법규의 위계는 제정권자에 따라 다음과 같이 상하의 위계가 있다.

헌법	법률	명령	자치법규	기타
	• 교육기본법 • 초 · 중등교육법 • 교육공무원법 • 사립학교법 • 지방교육자치에 관한 법률	• 대통령령 • 총리령 • 부령 • 초 · 중등교육법시행령	• 조례 • 교육규칙	• 학칙 • 정관 • 행정규칙

교육에 관한 성문법으로는 헌법이 가장 상위법이고, 그 다음이 법률, 명령, 조례 및 교육규칙, 훈령 및 예규, 조약 등이 있다. 불문법에는 관습법, 판례(헌법재판소의 판례 및 각종 교육관계 판례), 조리 등이 있다.

우리나라의 교육법은 1949년 11월 31일 교육법이 제정 공포된 이래 단일 교육법으로 존속되어 오다가 1997년 12월에 교육기본법, 초 · 중등교육법, 고등교육법 등으로 세분되어 시행되어 오고 있다.

2) 헌법의 규정

(1) 학문의 자유

헌법 22조 1항에서 규정하고 있는 "모든 국민은 학문과 예술의 자유를 가진다"

는 규정은 학문의 자유권 보장은 개인의 학문연구와 단체의 학술연구에 어떠한 권력의 침해를 받지 않는 제도적 보장을 의미하는데, 연구의 자유, 연구발표의 자유, 교수의 자유를 내포하고 있다고 보겠다.

(2) 교육의 기회균등

헌법 31조 1항과 교육기본법 4조에 규정되어 있는 '교육의 기회균등' 개념은 모든 국민은 성별 · 종교 · 신앙 · 사회적 신분 · 경제적 지위 · 신체적 조건 등을 이유로 교육에 있어서 차별을 받지 아니하고 능력에 따라 균등하게 교육을 받을 권리를 가진다는 정신을 함축하고 있다.

(3) 무상의무교육

헌법 31조 2항과 3항에서는 "모든 국민은 그 보호하는 자녀에게 적어도 초등교육과 법률이 정하는 교육을 받게 할 의무를 지고, 의무교육은 무상으로 한다"고 규정하고 있다.

교육기본법 6조에서도 의무교육은 6년의 초등교육 및 3년의 중등교육으로 한다고 규정하여 의무교육의 기간과 무상교육개념 정신을 규정하고 있다. 이와 아울러 모든 국민은 의무교육을 받을 권리를 가진다고 규정하고 있다. 그러나 3년의 중등의무교육은 국가의 재정여건을 고려하여 순차적으로 실시하도록 되어 있다.

(4) 교육의 자주성(교육의 중립성)

헌법 33조에 규정된 '교육의 자주성'은 교육기구와 교육내용이 교육자에 의하여 자주적으로 결정되고, 행정권력에 의한 교육통제가 배제되어야 한다는 의미를 가지고 있다.

교육기본법 5조에서 국가 및 지방자치단체는 교육의 자주성, 전문성을 보장하여야 하며, 지역실정에 맞는 교육의 실시를 위한 시책을 수립 실시하여야 한다고 규정하고 있어 교육자치제의 실시의 배경이 되고 있다.

헌법과 교육기본법에 규정되어 있는 '교육의 중립성'은 교육은 교육 본래의 목적에 따라 그 기능을 다하도록 운영되어야 하며, 어떠한 정치적 · 파당적 또는 개인적 편견의 전파를 위한 방편으로 이용되어서는 안 된다는 것으로서, 교육의 본질에 위배되는 국가적 권력이나 정치적 · 사회적 · 종교적 세력 등의 부당한 영향을 배제하고, 특정 이념에 대한 편향교육이나 특정 정권, 특정 정당을 위한 교육이 되어서는 안 된다는 정신이 담겨져 있다. 국가 및 지방자치단체가 설립한 학교에서는 특정한 종교를 위한 종교교육을 하여서는 안 되도록 되어 있다.

(5) 학습자의 학습권

31조 1항에 규정되어 있는 "모든 국민은 능력에 따라 균등하게 교육을 받을 권리를 가진다"는 것에서 비롯된다고 볼 수 있다.

학습자의 교육권인 학습권은 교육권의 핵심이요 기본인데, "모든 국민은 평생에 걸쳐 학습하고 능력과 적성에 따라 교육받을 권리를 가진다"는 교육기본법 3조에 근거를 두고 있다. 이와 같은 학생의 학습권을 보장해 주어야 한다는 전제에서 학부모 · 교사 · 학교설립자(국가 혹은 재단)의 교육권이 발생한다고 볼 수 있다. 또한 학부모 등 보호자는 그 보호하는 자녀 또는 아동이 바른 인성을 가지고 건강하게 성장하도록 교육할 권리와 책임을 가지고 있다.

(6) 교사의 권리

헌법 31조에서는 학문의 자유와 교육 · 연구할 권리를 보장하고 있다. 또한 교육기본법 및 교육공무원법, 국가공무원법 등에서는 '의사에 반한 신분조치 금지의 권리', '불체포특권', '권고사직 당하지 아니할 권리', '직무집행권', '처분사유설명서 교부권 및 후임자 보충발령의 유예', '재심청구권' 등 신분상의 권리가 보장되어 있다. 이 밖에도 교원은 '봉급청구권', '수당청구권', '연금청구권', '실비변상청구권', '휴직 및 직위해제 기간 중의 보수지급 청구권' 등 재산상의 권리를 가지고 있다. 또한 교원에게는 단체결성 및 교섭 · 협의권이 보장되어 있다.

3) 헌법 외 교육관련 법규

(1) 법률

법률은 헌법의 정신 안에서 국회의 의결을 거쳐 제정 · 공포된 것으로서 교육기본법, 초 · 중등교육법, 고등교육법, 사립학교법, 평생교육법, 교육공무원법, 교육세법 등이 대표적이다. 이 중 교육기본법(법률 제7399호)의 주요내용을 살펴보면 다음과 같다.

1) 총칙

가) **목적(제1조)** : 교육에 관한 국민의 권리 · 의무, 국가 및 지방자치단체의 책임, 교육제도와 그 운영에 관한 기본적인 사항을 규정하고 있다.

나) **교육이념(제2조)** : 홍익인간의 이념 아래 인격 도야, 자주적 생활 능력, 민주시민의 자질을 갖추어 인간다운 삶, 민주국가의 발전, 인류공영의 이상을 실현하게 한다.

다) **학습권(제3조)** : 모든 국민은 평생 학습하고, 능력과 적성에 따라 교육받을 권리를 가진다.

라) **교육의 기회균등(제4조)** : 모든 국민은 성별, 종교, 신념, 사회적 신분, 경제적 지위, 신체적 조건 등을 이유로 교육에 있어서 차별을 받지 않는다.

마) **교육의 중립성(제6조)** : 교육의 정치적 · 종교적 중립 원칙을 말한다.

바) **의무교육(제8조)** : 6년의 초등교육과 3년의 중등교육이 있다.

사) **학교교육(제9조)** : 학교교육의 단계, 학교의 공공성, 문화의 유지 · 발전과 평생교육에 대한 학교의 책무, 창의력 개발, 인성의 함양 등 전인적 교육을 중시한다.

2) 교육 당사자(제12조~제17조) : 학습자, 보호자, 교원, 교원단체, 학교 등의 설립 · 경영자, 국가 및 지방자치단체로 규정하고 있다.

3) 교육의 진흥(제17조~제29조)

가) 국가와 지방자치단체는 남녀 평등정신을 적극적으로 실현할 수 있는 시책을 수립 · 실시한다(제17조 2항)

(2) 명령

명령은 법률의 위임에 의하여 행정관청이 필요에 의하여 제정되는 규범인데, 각종 교육법시행령, 평생교육법시행령, 사립학교법시행령, 교육공무원임용령, 교원자격검정령 등이 있다.

(3) 지방자치단체의 자치법규

1 조례

조례는 지방자치단체가 지방의회의 의결을 거쳐 제정한 지방의 교육자치에 관한 법규이다.

2 규칙

지방자치단체의 장이 그의 고유 권한에 속하는 사무에 관하여 법령이나 조례가 위임한 범위 내에서 규정한 법규를 규칙이라 한다.

(4) 교육규칙

교육감이 법령이나 조례가 허용하는 범위 내에서 제정하는 규칙을 교육규칙이라고 한다.

(5) 조약

국가간 또는 국가와 국제기관간에 문서를 통하여 이루어지는 합의를 조약이라 하는데, 국회서 비준 · 공포되게 되면 국내법과 동일한 효력을 발생하게 된다. 조약이라는 명칭 외에도 협약, 헌장 등의 표현으로도 쓰이고 있다. 조약의 예로서는 유네스코헌장이 있다.

2. 교원의 인사

1) 임용

임용은 공직의 결원을 충원하여 직위를 부여하는 법률행위인데, 임용의 종류에는 신규채용, 승진, 승급, 전직, 전보, 겸임, 파견, 강임, 휴직, 직위해제, 정직, 복직, 해임, 파면 등이 있다. 교사의 임용은 국가공무원법 28조, 교육공무원법 11조, 교육공무원임용령 9조 및 11조 등을 근거로 하고 있다.

(1) 교사임용의 결격 사유

① 금치산자 또는 한정치산자
② 파산자로서 복권되지 아니한 자
③ 금고 이상의 형을 받고 집행 종료 또는 집행유예가 확정된 후 5년 미경과자
④ 금고 이상의 형을 받고 집행유예 완료 후 2년 미경과자
⑤ 금고 이상의 형의 선고 유예자
⑥ 법원의 판결 또는 다른 법률에 의하여 자격 상실 또는 정지된 자
⑦ 징계에 의하여 파면 처분을 받은 때로부터 5년 미경과자
⑧ 징계에 의한 해임 처분을 받은 때로부터 3년 미경과자

(2) 신규임용

교사의 신규임용은 교원자격증을 가진 자를 대상으로 국 · 공립학교는 이른바 임용고사를 통하여 임용하며 사립학교는 해당 학교 나름의 선발 규정을 통하여 임용하고 있다. 임용고사의 경우 각 시 · 도별 1, 2, 3차에 걸쳐 전형이 실시되고 있다. 전공 교과별로 1차는 객관식 지필고사, 2차는 논술고사, 3차는 수업실기 및 면접의 형식으로 이루어지고 있다.

교원의 기산호봉은 2급 정교사는 8호봉, 1급 정교사는 9호봉으로 하고 있다.

(3) 부장교사

부장교사의 임용은 초등학교는 교무, 연구, 학년, 생활, 윤리, 환경, 체육, 지역사회교육, 과학, 분교부장교사, 기타 특수업무 또는 교과담당 부장교사로 하되, 종류 및 업무분장은 학교장이 정하도록 되어 있다. 한편, 중 · 고등학교는 교무, 연구, 학생, 윤리, 환경, 과학, 체육, 진로상담, 지역사회교육, 실과, 분교부장교사, 기타 특수업무 또는 교과담당 부장교사로 하되 종류 및 업무분장은 학교장이 정하도록 되어 있다.

(4) 기간제 교사의 임용

학교장은 교원이 휴직, 파견, 연수, 정직, 직위해제, 휴가, 파면, 징계재심 청구 등의 사유로 후임교사의 보충이 불가피할 경우, 특정교과의 한시적 필요시에 1년 이내에서 기간제 교사를 임용하게 되는데 필요한 경우에 3년 범위 안에서 이를 연장할 수 있도록 되어 있다.

(5) 교장의 중임

교장은 4년 임기로 1차에 한하여 중임할 수 있는데 1차 임기를 마치고 정년 잔여기간이 4년 미만인자는 특별한 결격 사유가 없는 한 교장으로 재임용하게 되며, 정년 전에 임기 만료 교장으로서 교사로 근무할 것을 희망하는 경우에는 수업능력 및 건강 등을 참작하여 원로교사로 임명할 수 있도록 되어 있다. 초빙교장제 또는 초빙교사제를 실시하려고 할 경우에는 학교운영위원회의 심의를 거쳐 임용권자에게 초빙을 요청하여야 한다.

2) 승진

승진은 동일 직렬 내에서 하위 직에서 상위 직으로 임용되는 것을 말하는데,

근무평정 대상은 교사, 교(원)감, 장학사, 연구사 등이다. 근무평정의 종류에는 경력평정, 근무성적 평정, 연수성적 및 가산점 평정 등으로 되어 있다.

① 경력평정은 기본경력(평정시기로부터 20년)과 초과경력(기본경력 전 5년 간)으로 구분하여 평정한다.

② 근무성적평정은 근무실적, 근무수행능력, 근무수행태도 등에 관해 평정하게 된다.

③ 연수성적평정은 교육성적평정과 연구실적평정으로 구분하여 평정한다.

④ 가산점평정은 교사들의 직무수행에 대한 동기부여를 하기 위하여 특별한 자격을 획득하거나 어려운 직무를 수행하였을 경우에 그 대가로 인사행정에 그 실적을 반영해 주는 것을 말한다.

3) 강임

동종의 직무 내에서 하위의 직위에 임명되는 것을 강임이라고 하는데, 강임은 직제 및 정원의 변경이나 예산의 감소 등으로 인하여 직위가 폐직되거나 강등되어 과원이 된 때 또는 본인이 동의한 경우에 이루어지는 것이 일반적이다.

4) 전보 및 전직

A학교 교사가 B학교 교사로 근무지가 바뀌는 것과 같이 동일 직위 또는 자격 내에서 근무기관이나 부서를 달리하여 임용되는 것을 전보라고 하는데, 교사는 5년 범위 내에서 매년 3월 1일과 9월 1일 자로 이루어지고 있다. 한편 교사 · 교감 · 교장이 장학사나 연구사와 같은 교육전문직으로 임용되는 것과 같이 종별과 자격, 또는 직렬을 달리하여 임용하는 것을 전직이라고 한다.

(1) 전보계획의 원칙

교원의 전보는 안정된 교직 수행과 장기 근무로 인해 침체를 방지하기 위하여

시행하는 것으로 임용권자는 합리적인 계획을 세워 신중하게 시행해야 하는데 그 원칙을 살펴보면 다음과 같다.

첫째, 임용권자는 소속 교원이 동일 직위에 있어서의 장기근무로 인한 침체를 방지하기 위하여 매년 전보계획을 수립하여 전보를 하여야 한다.

둘째, 임용권자는 교원의 생활근거지 근무 또는 희망근무지 배치를 최대한으로 보장하여 사기진작 및 생활안정을 도모하고 전보의 공정성을 확보하기 위하여 최대한 노력하여야 한다.

(2) 정기전보

첫째, 교원의 학교 간 전보는 임용권자가 정하는 기간 동안 동일 직위에 근속한 자를 대상으로 정기적으로 실시한다. 다만, 교육상 특히 필요하다고 인정할 때에는 임용권자가 정하는 기간 동안 전보를 유예할 수 있다.

둘째, 임용권자가 소속 교육공무원에 대하여 전보 희망자가 적은 지역에 장기근무를 하게 할 때에는 임용권자가 정하는 특별한 경우를 제외하고는 당해 교육공무원의 근무성적이 '우' 이상이어야 한다.

셋째, 교육과학기술부장관이 지정한 전문계 고등학교(종합고등학교를 포함)에 근무하는 교장 · 교감 및 전문교과 담당 교사에 대하여는 위의 규정에도 불구하고 근속기간에 제한을 두지 아니할 수 있으며, 당해 학교장의 추천에 의하여 전보할 수 있다.

(3) 비정기 전보

임용권자는 교육상 전보가 불가피하다고 인정할 때에는 동일 직위 근속기간이 정기 전보기간 이내라 하더라도 전보할 수 있으나 교권이 침해되지 않도록 신중해야 하며 전보기준에 비추어 보편타당한 사유가 있어야 한다.

3. 교원의 권리 및 징계

1) 교원의 권리

(1) 적극적인 권리

1 자율성 신장

모든 전문직은 그 전문직과 관련된 활동에 있어서 나름대로 권위를 인정받고 있다. 그리고 사회는 그들이 전문적 능력을 자율적으로 발휘할 수 있도록 제반 여건을 조성해 주고 그에 따르는 사회적 책임을 질 수 있도록 하고 있다. 우리 사회에서 교직을 전문직으로 보는 데에는 별다른 이견이 없을 것이다. 그렇다면 교육전문가들이 그 직무를 수행하는 데 따르는 권위와 자율성이 보장될 수 있는 여건이 조성되어야 하고 이 여건의 대부분은 교수 및 학문 연구의 자유와 관련된 것이라고 할 수 있다.

2 생활 보장

생활 보장이란 교원이 안정된 생활기반 위에서 가르치는 일에 몰두할 수 있는 여건을 마련해 주어야 함을 뜻한다. 교육기본법 제14조 1항의 '교원의 경제적 · 사회적 지위는 우대되고 그 신분은 보장되어야 한다.'는 규정과 교육공무원법 제34조의 '교육공무원의 보수는 우대되어야 한다.'는 규정은 자위권이 약한 교원에 대해서 타 직종보다 우대를 받도록 국가 · 사회가 특별한 배려를 한 것이라고 할 수 있다.

(2) 소극적인 권리

1 신분 보장

모든 교원은 국가공무원법(제68조~74조)에 나타나 있는 신분 보장은 물론이고 교육공무원법에 의하여 더 강력한 신분 보장의 권리를 인정받고 있다. 교육기본법 제14조에서는 '교원의 경제적 · 사회적 지위는 우대되고 그 신분은 보장된다.'고 밝히고 있고 교육공무원법 제7장에서도 교육공무원의 의사에 반한 신분조치를 금지하고 직권휴직, 정년퇴직 등 신분조치의 법적인 한계와 처분사유 설명서의 교부 및 절차를 명시하고 있다. 또한 권고사직 금지, 불체포특권 등의 규정에서 보는 바와 같이 일반 공무원보다 더 강력한 신분 보장을 규정하고 있는데 이것은 교직의 전문성과 특수성을 인정하는 법 제도의 표현이라고 할 수 있다.

2 쟁송제기권

교육공무원은 법에 어긋나는 부당한 처분을 받았을 때는 소청, 기타 행정상 쟁송제기권을 가질 수 있다. 소청은 징계처분에 대하여 재심을 청구할 수 있는 제도인데 이에는 징계처분권자가 징계위원회의 의결이 가볍다고 볼 때 재심을 청구하는 경우와 징계처분 대상자가 징계위원회의 의결이 너무 과중하다고 느낄 때 이에 불복하고 재심을 청구하는 두 가지 경우가 있다.

3 불체포특권

교육공무원법 제48조와 사립학교법 제60조를 보면 '교원은 현행범인 경우를 제외하고는 소속 학교장의 동의 없이 학원 안에서 체포되지 아니 한다.'라고 되어 있다. 이러한 교원의 불체포특권은 국회의원과 선거관리위원회의 위원 외의 여타 공무원에게는 인정되지 않는 권리이다. 교원에게 이러한 특권을 인정하는 것은 학원의 자유를 보장하고 교원으로 하여금 교육 및 연구 활동을 수행함에 있어서 권력기관의 부당한 압력을 배제하려는 데 그 목적이 있다.

4 교직단체 활동권

교원은 교원의 권리를 확보하고 교원으로서 직업을 효과적으로 수행하기 위한 단체 활동을 할 수가 있다. 다시 말해 교원들은 단체를 조직하고 그 적극적 운영을 통하여 회원들의 상호 유대 강화, 복지 향상, 자질 향상 등의 공동목표를 추구할 수 있다. 현행 법규상에는 교원들이 상호 협동하여 교육의 진흥과 문화의 창건에 진력하며 경제적 · 사회적 지위를 향상시키기 위해 각 지방자치단체 및 중앙에 교원단체를 조직할 수 있도록 규정하고 있다(교육기본법 제15조). '또한 교원은 교원의노동조합설립및운영등에관한법률에 의해 노동조합을 설립할 수 있으며(동법 제4조) 노동조합을 통해 교섭 및 체결 권한 등을 가지되(동법 제6조) 쟁의행위의 금지(동법 제8조) 및 정치활동의 금지(동법 제3조)를 규정하고 있다.'

2) 휴직

① 휴직(교육공무원법 제44, 45조)은 신분은 보유하나 직무에는 종사하지 못하는 것인데, 교원의 휴직에는 직권휴직과 청원휴직이 있다.

② 직권휴직에는 병(요양 · 공상)휴직, 생사소재불명 휴직, 기타 법률 규정에 의한 의무수행을 위한 직무이탈 등이 있다.

③ 청원휴직에는 해외유학(연구 · 연수), 외국기관 고용, 양육휴직, 국내연수, 가족간호, 배우자 동반 등이 있다.

④ 휴직기간 동안 원칙적으로 봉급(공무원 보수규정 제15, 28조)은 지급되지 아니하나 요양휴직일 경우에 70%(결핵성일 경우에는 80%), 공상휴직일 경우에는 전액지급을 하고 연구 · 연수를 위한 해외유학이나 국내연수일 경우에는 50%를 지급하도록 되어 있다.

⑤ 휴직사유가 소멸되면 30일 이내에 복직신고를 하여야 한다.

⑥ 휴직 사유 및 기간은 다음과 같다.

휴직 종류	휴직관련 호별 사유	휴직조건	휴직기간	경력인정 여부		봉 급	구비서류
				보수	승진		
직권 휴직	1. 병휴직 (요양)	· 신체 · 정신상의 장애로 장기요양	1년 이내	불인정	불인정	7할(결핵성 : 8할)	휴직원 진단서 (공상 증명서)
	(공상)	· 공상으로 장기요양	1년 이내	인정	인정	전액지급	
	2. 병역의무 (병역)	· 병역복무를 위한 징집 또는 소	복무기간	인정	인정	불지급	휴직원 입영증명서

휴직 종류	휴직관련 호별 사유	휴직조건	휴직기간	경력인정 여부		봉 급	구비서류
				보수	승진		
직권 휴직		집					
	3. 생사소재불명 (행불)	· 천재 · 지변 · 전시 · 사변 기타 사유로 생사 · 소재 불명	3월 이내	불인정	불인정	불지급	휴직원 증빙서류
	4. 법정의무수행 (의무)	· 법률의 규정에 의무수행을 위하여 직무이탈	복무기간	인정	인정	불지급	휴직원 증빙서류
	11. 교원노조 전임자	· 교원의 노동조합설립 및 운영 법률	전임기간	불인정	인정	불지급	휴직원 증빙서류
청원 휴직	5. 해외유학 (연구 · 연수)	· 학위취득 목적 해외유학, 1년 이상 외국에서 연구 또는 연수	3년 이내 (3년 연장 가능)	인정	인정 (5할)	5할	휴직원 입학허가서, 유학계획서 등
	6. 외국기관 고용	· 국제기구 · 외국기관 · 재외국민교육기관 임시고용	고용기간	인정 (상근 10할 비상근 5할)	인정 (상근 10할 비상근 5할)	불지급	휴직원 고용계약서
	7. 양육휴직	· 자녀(1세 미만) 양육이나 여교원이 임신 또는 출산하게 된 때	1년 이내 (여교원 2년 연장 가능)	인정	최초 1년 이내 인정	불지급	휴직원 진단서 주민등록등본
	8. 국내연구 (연수)	· 교육과학기술부 장관이 지정하는 국내연구기관 · 교육기관 등에서 연수	3년 이내	인정	인정 (5할)	불지급	휴직원 입학허가서
	9. 간병휴직 (간호)	· 사고 · 질병으로 장기요양을 요하는 부모, 배우자, 자녀 또는 배우자의 부모 간호	1년 이내 (재직기간 중 3년이내)	불인정	불인정	불지급	휴직원 진단서 간병확인서
	10. 배우자 동반	· 배우자 외국근무, 또는 제5호에 해당된 때	3년 이내 (3년 연장 가능)	불인정	불인정	불지급	휴직원 증빙서류

3) 직위해제 및 직권면직

교원은 '직무수행 능력이 부족하거나 근무성적이 극히 불량할 경우', '징계의결 요구 중인 경우', '형사사건으로 기소된 경우' 등의 사유가 있을 때 직위해제될 수 있다. 또한 다음과 같은 사유가 발생할 경우에는 직권면직 처분을 받게 된다.

첫째, 직제와 정원의 개폐, 예산 감소 등에 의하여 폐직 또는 과원이 발생할 경우

둘째, 휴직 만료, 휴직사유 소멸 후 직무복귀 불응 또는 직무감당 불능일 경우

셋째, 직위해제 되어 대기명령을 받은 자가 능력 또는 근무성적 향상이 어려운 경우

넷째, 전직시험에서 3회 이상 불합격자로 직무수행 능력이 부족할 경우

다섯째, 징병검사, 입영 또는 소집명령을 받고 정당한 이유 없이 이를 기피하거나 재영 중 군무를 이탈한 경우

4) 당연퇴직과 명예퇴직

교원은 62세 정년이 달한 날이 속하는 학기 말에 정년퇴직을 하게 되며, 20년 이상 근속한 교원이 정년퇴직부터 1년 이상 10년 이내에 자진 퇴직하는 경우에 예산의 범위 안에서 명예퇴직수당을 받을 수 있다.

5) 징계

① 교원은 국가공무원법, 사립학교법 및 교육관계법 등 제 법령에 의한 명령 위반, 직무상의 의무위반, 직무태만, 직무 내 · 외 불문 체면 또는 위신의 손상행위와 같은 품위손상 등이 있을 경우에 징계에 회부되게 된다. 따라서 교원의 징계는 국가공무원법 78조 1항과 사립학교법 61조 1항에 의거하여 국 · 공 · 사립학교의 교원들에게 동일하게 적용된다고 볼 수 있다.

② 징계를 요구하기 위한 구체적인 비위 유형을 살펴보면, 성실의무 위반(직무태만 또는 회계질서 문란), 복종의무 위반, 직장이탈금지 위반, 친절 · 공정의무 위반, 비밀엄수의무 위반, 청렴의무 위반, 품위유지의무 위반, 영리업무 및 겸직금지의무 위반, 집단행위금지 위반 등이 있다.

③ 징계요구 시기는 징계사유가 발생되는 당시부터이며, 징계사유의 시효는 징계사유 발생일로부터 2년(금품 및 향응수수, 송금횡령의 경우에는 3년)이 경과되면 징계의결 요구가 불가능하도록 되어 있다. 징계는 징계의결요구서가 접수된 날로부터 60일 이내에 징계의결을 끝내야 하며, 부득이한 경우에는 당해 징계위원회의 의결로 30일 연장이 가능하도록 되어 있다. 징계의결요구와 동시에 징계대상자에게 징계의결요구서 사본(사립의 경우에는 징계사유설명서)을 송부해야 한다.

④ 징계의결을 요구할 수 있는 사람은 국 · 공립학교의 경우에는 소속 교육기관의 장, 교육행정기관의 장, 교육연구기관의 장 등인데, 좀 더 구체적으로 살펴보면, 대학의 총 · 학장, 초 · 중등학교의 교장, 교육감, 교육장, 연구원장 등이다. 사립학교의 경우에는 당해 교원 임면권자인 학교법인의 이사장 또는 경영자, 정관에 의하여 위임된 경우에는 총 · 학장이 요구하게 된다. 또한 국 · 공립학교의 경우에는 관할 징계위원회에 징계를 요구하게 되며, 사립의 경우에는 자체 교원징계위원회에, 그리고 관할청은 임면권자에게 징계를 요구하게 된다.

⑤ 징계위원회는 징계의결 전에 징계 대상자의 진술을 반드시 들어야 하며 본인에게 진술기회를 주지 아니한 의결은 무효이다. 그러나 징계혐의자가 2회 이상의 출석 통지에도 불구하고 불응하는 경우에는 서면 심사로 징계의결이 가능하도록 되어 있다. 징계위원이 피징계자와 친족관계이거나 그 징계사건과 관계가 있는 경우에는 심의에 관여할 수 없도록 제척할 수 있으며, 피징계자는 불공정한 의결을 할 우려가 있는 징계위원에 대하여 기피를 신청할 수 있다. 만약에 기피 신청이 있으면 위원회의 의결로 기피 여부를 결정하게 된다. 징계위원회는 징계 사건을 의결할 때 징계 대상자의 소행, 근무성적, 공적, 개전의 정, 징계요구내용, 기타 정상을 참작하도록 되어 있다.

⑥ 징계위원회가 징계의결을 할 때에는 징계의결서를 작성하고 징계요구권자에게 지체없이 통고하여야 한다. 징계를 집행할 때에는 징계처분 사유설명서를 필히 교부해야 하며, 징계면직시에는 30일간 후임자 보충발령을 유예하여야 한다. 또한 징계에 의한 파면, 해임, 또는 근무성적 불량을 이유로 면직한 경우 임명권자는 그 처분일로부터 30일 이내에 후임자 보충 발령을 하지 못하도록 되어 있다.

⑦ 징계의 종류에는 파면, 해임, 정직 등과 같은 중징계가 있고, 감봉과 견책과 같은 경징계가 있다. 파면과 해임은 신분이 배제되는 것으로 파면은 5년간, 해임은 3년간 공무원에 임용될 수 없도록 되어 있다. 파면인 경우에 재직기간이 5년 미만인 자는 퇴직급여액의 1/4을, 5년 이상인 자는 1/2을 감액하여 지급하고, 해임인 경우에는 퇴직급여 전액을 지급하도록 되어 있다. 정직인 경우에는 보수의 2/3를 감액하고, 정직처분기간에 18개월을 합산하여 승급을 제한하게 된다. 감봉인 경우에는 보수의 1/3을 감액하고, 감봉처분기간에 12개월을 합산한 기간만큼 승급이 제한되게 된다. 견책의 경우에는 6개월간 승급이 제한되게 된다.

i) 징계의 종류와 효력

종 류 (국가공무언법 제79조, 교육공무원징계령 제1조의 2		기 간 (국가공무원법 제80조)	신 분 (국가공무원법 제33조) (공무원임용령 제32조)	보수, 퇴직급여 등 (국가공무원법 제80조, 공무원보수규정 제14조, 공무원연금법시행령 제55조)
중징계	파면	-	· 공무원 관계로부터 배제 · 5년간 공무원에 임용될 수 없음	· 재직기간 5년 미만자 퇴직급여액의 1/4, 5년 이상인자 1/2 감액 지급
	해임	-	· 공무원 관계로부터 배제 · 3년간 공무원에 임용될 수 없음	· 퇴직급여 전액 지급
	정직	1월~3월	· 신분은 보유하나 직무에 종사 못함 · 18월+정직처분기간 승진 제한 · 처분기간 경력평정에서 제외	· 18월+정직처분기간 승급 제한 · 보수의 2/3 감액
경징계	감봉	1월~3월	· 12월+감봉처분기간 승진 제한	· 12월+감봉처분기간 승급 제한 · 보수의 1/3 감액
	견책	-	· 6월간 승진 제한	· 6월간 승급 제한

ii) 징계양정의 기준(교육공무원징계양정 등에 관한 규칙)

비위의 도 및 과실 / 비위의 유형	비위의 도가 중하고, 고의가 있는 경우	비위의 도가 중하고 중과실이거나, 비위의 도가 경하고 고의가 있는 경우	비위의 도가 중하고 경과실이거나, 비위의 도가 경하고 중과실인 경우	비위의 도가 경하고, 경과실인 경우
1. 성실의무 위반 가. 직무태만 또는 회계질서 문란	파 면	해 임	정직-감봉	견 책
나. 기타	파면-해임	정 직	감 봉	견 책
2. 복종의무 위반	파 면	해 임	정직-감봉	견 책
3. 직장이탈금지 위반	파면-해임	정 직	감 봉	견 책
4. 친절 · 공정의 의무 위반	파면-해임	정 직	감 봉	견 책
5. 비밀엄수의무 위반	파 면	해 임	정 직	감봉-견책
6. 청렴의무 위반	파 면	해 임	정 직	감봉-견책
7. 품위유지의무 위반	파면-해임	정 직	감 봉	견 책
8. 영리업무 및 겸직금지의무 위반	파면-해임	정 직	감 봉	견 책
9. 집단행위금지 위반	파면-책임	정 직	감 봉	견 책

⑧ 징계위원회가 징계의결을 한 때에는 징계의결서를 작성하고, 징계요구권자에게 즉시 통고하여야 한다. 징계를 집행할 때에는 필히 징계처분사유 설명서를 교부하여야 한다. 징계처분권자는 징계의결서를 받은 날로부터 15일(사립은 7일) 이내에 이를 집행하여야 하며 징계처분사유 설명서에 징계의결서 사본을 첨부하여 교부함으로써 징계가 집행되게 된다. 징계에 의한 파면, 해임 또는 근무성적 불량을 이유로 면직된 경우 임면권자는 그 처분일로부터 30일 이내에 후임자의 보충 발령을 하지 못하도록 되어 있다.

⑨ 징계처분에 대한 불복이 있을 경우에 국 · 공립학교의 교원은 징계처분사유

설명서를 받은 날로부터 20일 이내에 재심청구를, 30일 이내에 행정자치부에 설치된 소청심사위원회에 소청심사청구서를 제출할 수 있다. 또한 의사에 반한 불리한 처분(면직, 대기명령, 전직 등)을 받았을 경우에는 그 처분이 있은 사실을 안 날로부터 30일 이내에 재심을 청구를 할 수 있다. 사립학교교원은 징계의결서를 받은 날로부터 10일 이내에 관할교육청이나 교육과학기술부 등 관할청에 설치된 재심위원회에 재심을 청구할 수 있다. 이와 같이 교원의 재심청구는 국 · 공 · 사립학교의 교원으로서 징계처분 기타 의사에 반하는 불리한 인사처분을 받았을 경우에 할 수 있도록 되어 있다.

⑩ 소청심사는 접수일로부터 60일(사립은 30일) 이내에 청구에 대한 심사를 하여야 하며, 불가피한 경우에 30일을 연장할 수 있다. 재심 결과에 불복이 있을 경우에 60일 이내에 관할 고등법원에 행정소송을 할 수 있도록 되어 있다. 사립학교 교원은 관할 지방법원에 민사소송을 제기할 수 있다.

6) 교원의 고충처리

교원은 누구나 인사 · 조직 · 처우 등 각종 직무조건과 기타 신상문제에 대하여 인사상담이나 고충의 심사를 청구할 수 있으며, 이를 이유로 불이익한 처분이나 대우를 받지 아니하도록 되어 있다. 교원의 고충을 심사하기 위하여 교육과학기술부에 교육공무원중앙고충처리위원회를, 임용제청권자 단위로 교육공무원보통고충처리위원회를 두도록 되어 있다. 고충처리의 청구를 받은 임용권자 또는 임용제청권자는 이를 고충처리위원회에 부의하여 심사하게 하거나 소속공무원으로 하여금 상담하게 하고, 그 결과에 따라 고충의 해소 등 공정한 처리를 위하여 노력하여야 한다.

4. 교원의 복무

1) 교원의 의무와 책임

(1) 의무

2 적극적인 의무

① 교육 및 연구활동의 의무

교육기본법 및 교육공무원법상 가장 중요한 교원의 의무는 항상 사표가 될 품성과 자질의 향상에 힘쓰며, 학문의 연찬과 교육의 원리 · 방법을 탐구 연마하여 교육에 전심전력하는 일이다.

② 선서, 성실, 복종의 의무

교육공무원법은 교원의 복무에 관한 사항을 동법에 모두 규정하지 않고 국가공무원법을 준용하도록 하고 있다. 따라서 교육공무원은 국가공무원법에 규정된 공무원의 모든 의무를 이행해야 한다. 그것은 선서의 의무(국가공무원법 제55조), 성실의 의무(국가공무원법 제56조), 복종의 의무(국가공무원법 제57조) 등이다.

③ 품위 유지의 의무

공무원은 국민 전체에 대한 봉사자로서 공무를 성실하게 집행하는 위치에 있으므로 직무의 내외를 불문하고 그 품위를 손상하는 행위를 해서는 안 된다고 규정하고 있다(국가공무원법 제63조).

또한 공무원은 국민 전체의 봉사자로서 친절하고 공정하게 집무해야 할 의무가 있다고 명시되어 있으며(국가공무원법 제59조), 그 밖에도 공무원은 직무상의 관계여하를 불문하고 그 소속 상관에게 증여하거나 소속 공무원으로부터 증여를 받아서는 안 된다고 규정하고 있다(국가공무원법 제61조).

④ 비밀 엄수의 의무

공무원은 재직 중은 물론 퇴직 후에도 직무상 알게 된 비밀을 엄수해야 한다(국가공무원법 제60조). 이러한 비밀 엄수의 의무를 위반할 경우 징계의 사유가 될 뿐만 아니라 형법상의 범죄를 구성한다.

2 소극적인 의무

① 정치활동의 금지

공무원의 신분과 정치적 중립성은 헌법에 보장되어 있고, 이와 관련하여 공무원의 정치활동 금지 및 정치적 행위의 범위를 규정하고 있다. 공무원의 정치적 중립성을 보장하는 것은 직업공무원제의 확립에 따라 행정기술의 향상과 능률을 기함과 아울러 국민 전체의 봉사자로서 공평성을 유지하여 정권 교체에 따른 행정의 혼란을 억제하고 지속성을 유지하는데 그 목적이 있다. 교육공무원도 일반직 공무원과 마찬가지로 정치활동에 관하여 중립을 지킬 것을 요구하고 있다.

② 집단행위의 제한

공무원은 노동운동, 기타 공무 이외의 일을 위한 집단행위를 해서는 안 된다고 규정하고 있다(국가공무원법 제66조). 이것은 공무원인 근로자는 법률이 정하는 자에 한하여 단결권, 단체교섭권, 그리고 단체행동권을 가진다고 규정한 헌법 제33조에 근거를 두고 있다. 그러나 교육공무원의 경우, 부분적으로 노동운동을 인정받고 있다. 즉, 교원들에게는 단체행동권을 제외한 단결권과 단체교섭권을 보장해 주고 있는데, 「교육기본법」에 의한 교원단체와 「교원의 노동조합설립 및 운영에 관한 법률」에 의한 노동조합이 현재 활동하고 있다.

③ 영리업무 및 겸직의 금지

공무원은 공무 이외의 영리를 목적으로 하는 사업에 종사하지 못하며 소속기관장의 허가 없이 다른 직무를 겸할 수 없다고 규정하고 있다(국가공무원법 제64조).

이것은 모든 국민의 자유와 권리는 국가의 안전보장, 질서 유지 또는 공공복리를 위하여 필요한 경우에는 법률로써 제한할 수 있다는 헌법 조항(헌법 제37조)에 근거를 두고 있다. 교원 역시 동일한 규제를 받지 않을 수 없다.

(2) 책임

교원은 국민 전체의 봉사자로서 창의와 성실하게 책임을 완수해야 하는데, 행정상의 책임, 변상책임, 형사상의 책임 등을 지고 있다. 교원은 품위를 유지할 수 있는 단정한 복장을 착용하도록 되어 있다(국가공무원 복무규정 8조의 2).

2) 근무시간

① 초 · 중등학교 교원의 근무시간은 09:00부터 17:00시까지로 되어 있고, 토요일은 13:00시까지 근무하도록 되어 있는데, 직무상의 성질 또는 학교의 특수성으로 교육활동을 위해 필요할 경우에 학교장은 소속 교원의 출 · 퇴근 시간을 변경, 지정할 수 있다.

② 특히 학교장은 보충수업, 자율학습지도, 등 · 하교 및 방과후의 생활지도, 학사 사무처리, 기타 필요하다고 인정하는 경우에 정규 근무시간 외 근무를 명할 수 있고, 특별한 사유가 발생할 경우에는 공휴일 근무를 명령하는 것이 가능하며 그 대신에 다음 정상 근무일을 휴무로 할 수 있도록 되어 있다.

③ 근무시간 외 근무자 및 휴일 근무자에 대하여 예산의 범위 내에서 수당을 지급할 수 있다.

3) 휴가

① 휴가에는 연가, 병가, 공가, 특별휴가 등이 있는데, 휴가는 원하는 시기에 법정 일수 및 업무 공백이 없는 범위에서 실시하게 된다. 연가와 장기근속 휴가는 학생들의 수업과 학교교육 활동에 지장이 없는 기간에 실시하여야

한다.

② 휴가는 미리 신청하여 허가를 받아야 하는데, 학교장의 휴가는 상급기관장의 허가를 받아야 한다. 휴가 기간 중의 공휴일은 그 휴가 일수에 산입하지 않으나 휴가일수가 연속하여 30일 이상인 경우에는 공휴일도 산입하도록 되어 있다. 휴가 중 수업 및 담당사무 등이 지장이 없도록 인계하여 업무의 연속성이 유지되어야 하고, 긴급 연락이 가능하도록 연락체계도 유지되어야 한다.

③ 교원의 연가는 재직기간이 최소한 3개월 이상이어야 하며 재직기간에 따라 최소 4일부터 23일까지 받을 수 있도록 되어 있는데, 1회당 6일 이내의 연가를 허가받을 수 있다.

④ 연가를 활용하여 국외여행을 하는 경우와 병가기간을 모두 사용한 후에도 직무를 수행할 수 없거나 계속 요양을 할 필요가 있는 경우, 방송통신대학교 출석수업에 참석하는 경우 및 기타 상당한 이유가 있다고 학교장이 인정하는 경우에는 본인의 법정 연가일수 안에서 필요한 기간에 대하여 허가할 수 있도록 되어 있다.

⑤ 또한 당해 연도에 결근 · 휴직 · 정직 · 직위해제 사실이 없고 병가를 활용하지 않았으며, 연가 실시 일수가 3일 미만인 경우에는 다음 해에 한해 1일의 연가를 더 가산하여 사용할 수 있다.

4) 병가

① 교원이 질병 또는 부상으로 인하여 직무를 수행할 수 없을 때. 전염병으로 다른 사람에게 영향을 미칠 우려가 있을 때, 연간 60일 범위 안에서 병가를 받을 수 있는데, 질병 · 부상으로 인한 조퇴 · 외출은 구분 없이 누계하여 8시간을 병가 1일로 처리하게 된다.

② 공무상 질병 또는 부상으로 직무를 수행할 수 없거나 요양을 요할 경우에는 연간 180일의 범위 안에서 병가를 받을 수 있도록 되어 있다. 병가일이 연속 7일 이상인 경우에는 진단서를 제출하여야 한다.

③ 공무상 병가기간이 만료 후에도 직무수행이 어렵거나 계속 요양을 요할 경우에는 일반 병가를 허가할 수 있는데, 일반 병가 허용기간 만료 후에는 법정 연가 일수 내에서 연가를 허가할 수 있으며 병가 · 연가를 모두 사용한 후에도 직무수행이 어려울 경우에는 휴직조치를 하여야 한다.

5) 공가 및 특별휴가

(1) 공가

병역법 기타 다른 법령에 의한 징병검사 · 소집 · 검열점호 · 동원훈련 등에 참가, 공무로 국가기관에 소환되거나, 법률의 규정에 의한 투표에 참가, 승진 · 전직 시험에 응시, 원격지간의 전보발령으로 인한 부임, 건강진단, 국가적 행사에 참가, 천재 · 지변 · 교통차단 기타의 사유로 출근 불가능한 경우 등에는 필요한 기간만큼 공가를 받을 수 있다.

(2) 특별휴가

1 경조사 휴가

경조사별 휴가일수(국가공무원복무규정 제20조 제1항 관련)는 다음과 같다.

구분	대상	일수
결혼	본인	7
	자녀	1
	본인 및 배우자의 형제자매	1
회갑	본인 및 배우자	5
	본인 및 배우자의 직계존속	1
출산	배우자(처)	1
사망	배우자, 본인 및 배우자의 부모	7
	본인 및 배우자의 증조부모 · 조부모 · 외증조부모 · 외조부모	5

구분	대상	일수
사망	자녀와 그 자녀의 배우자	3
	본인 및 배우자의 형제자매와 그 형제자매의 배우자	3
	본인 및 배우자의 부모의 형제자매와 그 형제자매의 배우자	3
	배우자, 본인 및 배우자의 부모	2
탈상	본인 및 배우자의 증조부모 · 조부모 · 외증조부모 · 외조부모	1
	본인 및 배우자의 형제자매와 그 형제자매의 배우자	1

① 원격지일 경우 실제 필요왕복 소요일수 가산가능(가산할 수 있는 왕복소요일수는 2일을 초과할 수 없음)

② 경조사 휴가가 2일 이상인 경우 그 사유가 발생한 날을 포함하여 전후에 연속 실시

③ 직계존속의 범위(민법)

i) 부모 · 조부모 · 증조부모 · 외조부모 · 외증조부모 포함

ii) 양자 · 양녀로 입적된 경우에는 양부모와 친생부모 포함

iii) 계부 · 계모는 인척으로 직계존속이 아님

[2] 기타 특별휴가

종류	대상	시기	일수
출산휴가	· 임신 중의 여자공무원	· 출산 전후	90일
여성보건휴가	· 여자공무원	· 매 생리기와 임신한 경우 검진	1일
육아시간	· 여자공무원	· 생후 1년 미만의 유아	1일 1시간
수업휴가	· 한국방송통신대학 재학 공무원으로 연가일수를 초과하는 출석수업을 받는 공무원	· 출석 수업시간	연가일수 초과 출석 수업시간
포상휴가	· 상훈법에 의한 훈 · 포장 · 국무총리 이상 표창 · 모범공무원 규정에 의한 모범 공무원으로 선발 · 주요업무의 성공적 수행공무원	· 수상 후 3개월 이내	6일 이내
장기재직휴가	· 20년 이상 재직한 공무원	· 재직기간 20년된 날부터	10일
재해구호휴가	· 재해 · 재난 피해공무원 · 재해 · 재난 발생지역에서 자원봉사 활동을 희망하는 공무원	· 재해복구상 필요시	5일 이내
퇴직준비휴가	· 정년퇴직 및 명예퇴직할 공무원	· 퇴직예정일 전 3월이 되는 날부터 퇴직 예정일 전일까지	3월

5. 초 · 중등교육법시행령 중 주요내용

제1조(목적)

이 영은 (대통령령 제22955호) 「초 · 중등교육법」에서 위임된 사항과 그 시행에 관하여 필요한 사항을 규정함을 목적으로 한다.〈개정 2005.9.29〉

제31조(학생의 징계 등)

① 법 제18조 제1항 본문의 규정에 의하여 학교의 장은 교육상 필요하다고 인정할 때에는 학생에 대하여 다음 각 호의 어느 하나에 해당하는 징계를 할 수 있다.〈개정 2011.3.18〉

1. 학교 내의 봉사
2. 사회봉사
3. 특별교육이수
4. 1회 10일 이내, 연간 30일 이내의 출석정지
5. 퇴학처분

② 학교의 장은 제1항의 규정에 의한 징계를 할 때에는 학생의 인격이 존중되는 교육적인 방법으로 하여야 하며, 그 사유의 경중에 따라 징계의 종류를 단계별로 적용하여 학생에게 개전의 기회를 주어야 한다.

③ 학교의 장은 제1항에 따른 징계를 할 때에는 학생의 보호자와 학생의 지도에 관하여 상담을 할 수 있다.〈신설 2011.3.18〉

④ 교육감은 제1항 제3호 및 제4호의 특별교육이수 및 출석정지의 징계를 받은 학생을 교육하는데 필요한 교육방법을 마련 · 운영하고, 이에 따른 교원 및 시설 · 설비의 확보 등 필요한 조치를 하여야 한다.〈개정 2011.3.18〉

⑤ 제1항 제5호의 퇴학처분은 의무교육과정에 있는 학생 외의 자로서 다음 각 호의 어느 하나에 해당하는 자에 한하여 행하여야 한다.〈개정 2011.3.18〉

1. 품행이 불량하여 개전의 가망이 없다고 인정된 자
2. 정당한 이유없이 결석이 잦은 자
3. 기타 학칙에 위반한 자

⑥ 학교의 장은 퇴학처분을 하기 전에 일정기간 동안 가정학습을 하게 할 수 있다.〈개정 2011.3.18〉

⑦ 학교의 장은 퇴학처분을 한 때에는 당해 학생 및 보호자와 진로상담을 하여야 하며, 지역사회와 협력하여 다른 학교 또는 직업교육훈련기관 등을 알선하는데 노력하여야 한다.〈개정 2011.3.18〉

⑧ 학교의 장은 법 제18조 제1항 본문에 따라 지도를 할 때에는 학칙으로 정하는 바에 따라 훈육 · 훈계 등의 방법으로 하되, 도구, 신체 등을 이용하여 학생의 신체에 고통을 가하는 방법을 사용해서는 아니 된다.〈개정 2011.3.18〉

제33조(초등학교 교원의 배치기준)

① 법 제19조의 규정에 의하여 초등학교에는 교장 · 교감 외에 학급마다 교사 1인을 배치하며, 6학급 이상의 분교장에는 따로 교감을 배치할 수 있다. 이 경우 6학급 미만인 학교에서는 교장 및 교감이, 12학급 미만인 학교에서는 교감이 각각 학급을 담당할 수 있으며, 분교장에 배치된 교감은 학급을 담당하여야 한다.

② 초등학교에는 각 학급담당 교사 외에 체육 · 음악 · 미술 · 영어 기타 교과의 전담을 위하여 교과전담교사를 둘 수 있으며, 그 산정기준은 학교별로 3학년 이상 3학급마다 0.75인으로 하되, 학교별 배치기준은 관할청이 정한다.

③ 초등학교에는 제1항 및 제2항의 교사 외에 보건교사 · 전문상담교사 및 사서교사를 둘 수 있다. 다만, 18학급 이상의 초등학교에는 보건교사 1인을 두어야 한다.〈개정 2004.2.17〉

④ 초등학교에는 교사 중에서 다음 각호의 구분에 따른 수의 보직교사를 둘 수 있다. 다만, 교육과학기술부장관이 지정하는 연구학교에는 다음 각호의 구분에 따른 수보다 보직교사 1인을 더 둘 수 있다.〈개정 2000.12.27, 2001.1.29, 2004.2.17, 2008.2.29〉

1. 6학급 이상 11학급 이하의 학교에는 2인
2. 12학급 이상 17학급 이하의 학교에는 4인 이내
3. 18학급 이상 35학급 이하의 학교에는 6인 이내
4. 36학급 이상의 학교에는 12인 이내
5. 5학급 이하인 학교로서 교감을 두지 아니하는 학교 또는 5학급 이하의 분교장에는 1인

⑤ 제4항의 규정에 의한 보직교사의 명칭은 관할청이, 학교별 보직교사의 종류 및 그 업무분장은 학교의 장이 이를 정한다.

제34조(중학교 교원의 배치기준)

① 법 제19조의 규정에 의하여 중학교에는 교장 · 교감 외에 3학급까지는 학급마다 3인의 교사를, 3학급을 초과할 때에는 1학급이 증가할 때마다 1.5인 이상의 비율로 이를 더 배치하며, 3학급 이상의 분교장에는 따로 교감을 배치할 수 있다.

② 중학교에는 제1항의 교사 외에 3학급마다 1인 이상의 실업과 담당 교사를 더 둔다.

③ 중학교에는 제1항 및 제2항의 교사 외에 실기교사 · 보건교사 · 전문상담교사 및 사서교사를 둘 수 있다.〈개정 2004.2.17〉

④ 중학교에는 교사 중에서 다음 각호의 구분에 따른 수의 보직교사를 둘 수 있다. 다만, 체육중학교의 경우와 11학급 이하의 학교로서 교육과학기술부장관이 지정하는 연구학교의 경우에는 다음 각호의 구분에 따른 수보다 보직교사 각 1인을 더 둘 수 있다.〈개정 2001.1.29, 2008.2.29.

1. 3학급 이상 8학급 이하의 학교에는 1인
2. 9학급 이상 11학급 이하의 학교에는 2인
3. 12학급 이상 17학급 이하의 학교에는 8인 이내
4. 18학급 이상의 학교에는 11인 이내
5. 2학급 이하의 분교장에는 1인

⑤ 중학교의 장은 미리 교육감(「국립학교 설치령」 별표 1의 규정에 의한 특수학교 및

각종학교의 장의 경우에는 교육과학기술부장관, 동설치령 별표 5 및 「서울대학교 설치령」 제10조의 규정에 의한 부설중학교의 장의 경우에는 당해 학교가 부설된 대학의 사범계 단과대학의 장, 「한국교원대학교 설치령」 제9조의 규정에 의한 부설중학교의 장의 경우에는 총장)의 승인을 얻어 제4항의 규정에 의한 수의 보직교사 외에 필요한 보직교사를 더 둘 수 있다.〈개정 2004.2.17, 2005.9.29, 2008.2.29〉

⑥ 삭제〈2010.6.29〉

⑦ 제33조 제5항의 규정은 중학교에 두는 보직교사의 명칭 등에 관하여 이를 준용한다.

제35조(고등학교 교원의 배치기준)

① 법 제19조의 규정에 의하여 고등학교에는 교장 · 교감 외에 3학급까지는 학급마다 교사 3인을, 3학급을 초과할 때에는 1학급이 증가할 때마다 2인 이상의 비율로 이를 더 배치한다.

② 고등학교에는 제1항의 교사 외에 3학급마다 1인 이상의 실업과 담당교사를 더 둔다.

③ 고등학교에는 제1항 및 제2항의 교사 외에 실기교사 · 보건교사 · 전문상담교사 및 사서교사를 둘 수 있다.〈개정 2004.2.17〉

④ 고등학교에는 교사 중에서 다음 각호의 구분에 따른 수의 보직교사를 둘 수 있다. 다만, 실업과를 설치한 고등학교 및 체육고등학교의 경우와 8학급 이하의 학교로서 교육과학기술부장관이 지정하는 연구학교의 경우에는 다음 각호의 구분에 따른 수보다 보직교사 각 1인을 더 둘 수 있다.〈개정 2001.1.29, 2008.2.29〉

1. 3학급 이상 5학급 이하의 학교에는 2인
2. 5학급 이상 8학급 이하의 학교에는 3인
3. 9학급 이상 17학급 이하의 학교에는 8인 이내
4. 18학급 이상의 학교에는 11인 이내

제36조(교감의 증치)

① 제33조 제1항 전단 · 제34조 제1항 및 제35조 제1항의 규정에 불구하고 43학

급이상의 초등학교 · 중학교 및 고등학교에는 교감 1인을 더 둘 수 있으며, 이 경우 교감 중 1인은 수업을 담당할 수 있다.

② 중학교 및 고등학교에 야간학급을 두는 경우에는 야간학급을 담당하는 교감을 따로 둘 수 있다.

제36조의 2(교감의 미배치)

① 법 제19조 제1항 제2호 단서에서 "대통령령으로 정하는 일정규모 이하의 학교"라함은 학급수 5학급 이하인 학교 중 제33조 내지 제35조의 규정에 의한 교원의 배치기준에 따라 배치된 교원의 수가 최소 배치기준 이하에 해당하는 학교를 말한다.

② 제1항의 규정에 불구하고 교육감이 교육인력이나 교육재정 등을 고려하여 특히 필요하다고 인정하는 경우에는 교감 1인을 둘 수 있다. 이 경우 교감은 수업을 담당하여야 한다.

제44조(학기)

① 법 제24조제3항의 규정에 의한 학교의 학기는 매학년도를 두 학기로 나누되, 제1학기는 3월 1일부터 학교의 수업일수 · 휴업일 및 교육과정 운영을 고려하여 학교의 장이 정한 날까지, 제2학기는 제1학기 종료일 다음 날부터 다음해 2월말일까지로 한다.〈개정 2004.2.17, 2010.6.29〉

제45조(수업일수)

법 제24조 제3항의 규정에 의한 학교의 수업일수는 다음 각호의 기준에 따라 학교의 장이 정한다.〈개정 2007.2.1〉

초등학교 · 중학교 · 고등학교 · 고등기술학교 및 특수학교(유치부를 제외한다)는 매학년 220일 이상. 다만, 학교의 장은 천재 · 지변이나 주 5일 수업의 실시, 연구학교의 운영 또는 제105조의 규정에 의한 자율학교의 운영 등 교육과정의 운영상 필요한 경우에는 10분의 1의 범위에서 수업일수를 감축할 수 있으며, 수업일수를 감축한 경우 다음 학년도 개시 30일 전에 관할청에 보고해야 한다.

제49조(수업시각)

수업이 시작되는 시각과 끝나는 시각은 학교의 장이 정한다.

제50조(수료 및 졸업 등)

① 학교의 장은 학생의 교육과정의 이수 정도 등을 평가하여 학생의 각 학년과정의 수료 또는 졸업을 인정한다.

② 학생의 각 학년과정의 수료에 필요한 출석일수는 제45조의 규정에 의한 수업일수의 3분의 2 이상으로 한다.

③ 학교의 장은 당해 학교의 교육과정을 이수하였다고 인정하는 자에게 졸업장을 수여한다.

제51조(학급수 · 학생수)

학교의 학급수 및 학급당 학생수는 교육감이 정한다. 이 경우 다음 각호의 1에 해당하는 자는 학생수에 포함하지 아니할 수 있다.〈개정 2005.9.29〉

1. 유급생
2. 재입학 · 전학 또는 편입학하는 자
3. 「국가유공자 등 예우 및 지원에 관한 법률」에 의한 국가유공자의 자녀
4. 기타 지역 실정에 따라 교육감이 정하는 자

제 3 장

학급경영의 방법

1. 학급의 본질
2. 학급경영의 목표와 원리
3. 학급경영의 실제
4. 학급경영평가

1. 학급의 본질

1) 학급의 개념과 성격

(1) 학급의 개념

교실은 학교교육의 기본단위로서 교사의 수업활동과 학생들의 학습활동이 전개되는 중요한 장소이자 중심장소로서 교육목적을 달성하기 위한 학교의 하부조직체이다.

① 학급은 학생에게는 인격형성의 장이고, 교사들에게는 교육 실천의 장이다. 따라서 학급은 학교의 축소판, 학교생활의 요람, 학교 교육활동에 참여하는 성원의 공동학습장, 경험의 터전, 학습생활의 설천장이다.

② 학급은 교사와 학습자가 상호작용을 하는 하나의 사회체제가 형성되는 곳이다. 학급은 동일연령, 동일 수준의 학생들이 모여서 공동 목적을 추구하는 동질사회이고, 목적사회이고, 동지적 사회이다.

(2) 학급의 성격

학급은 교육의 최일선이며 전인도야의 장소란 점에서 교실환경은 가정환경 못지않게 그 교육적 기능이 얼마나 중요한 것임은 새삼 논할 필요도 없는 것이다.

학급은 학교조직 가운데 교육기능의 실현을 위해 편성된 기본적인 단위인 학습자의 집단이다. 학급이란 집단으로서의 독자성은 공식적 집단과 비공식적 집단으로서의 양면성을 아울러 갖고 있는 점이라 하겠다.

학급 집단은 의도적 · 인위적으로 형성된 공식 집단으로서의 특성을 갖고 있다. 첫째, 교실 교육목표의 실현이라는 명확한 목적을 갖고 있고 둘째, 같은 또래의 아동 · 학생을 성원으로 하여 구성되고 셋째, 담임교사라고 하는 성인 지도자에 의해 지도된다는 성격을 지니고 있다.

또한 인위적 집단이란 점은 반드시 서로 마음이 통하는 친구끼리의 모임이 아니라는 점이다. 따라서 학급편성 시초에는 집단으로서의 상호작용이 적고, 학급 성원간의 간접적인 접촉이라는 2차적 집단의 특징이 강하다. 그러나 시간의 경과와 교사의 적절한 지도에 의해서 성원간의 상호작용이 활발하게 이루어지게 되면, 교실 내에는 자연 발생적인 동료집단이 형성되고, 거기서는 친밀한 인간관계가 전개되게끔 되어 1차 집단의 특성을 완전히 갖게 된다. 또한 교실 집단으로서의 응집성, 규범, 사기, 지도성 등의 집단기능도 명확하게 되기에 이른다.

이와 같이 학급 집단은 기본적으로는 공식적 집단이지만 그 가운데 비공식적인 1차적 집단으로서의 성격을 형성해 가는 것이며, 또한 집단의 행동규범은 항상 일치한다고 볼 수 없고, 모순과 대립을 어떻게 발전적으로 통합시켜 가느냐 하는 것이 학급지도의 중심적인 과제이다.

2) 학급 집단의 기능

(1) 욕구 충족의 기능

학급 집단은 학생들의 집단 소속의 욕구, 사회적 승인의 욕구, 친화(親和)의 욕구, 자존의 욕구 등을 충족시켜 주며 안정감을 갖게 한다. 또한 자기의 능력 · 재능을 최대한으로 발휘하거나 개발하고 싶은 자기 실현의 욕구를 충족시켜 주는 장소이기도 하다.

(2) 사회화의 기능

학급 집단은 이런저런 상호작용을 통해 변화 · 발달한다. 그 과정에 있어서, 성원의 행동의 기준이 되는 집단규범이 형성되고 성원으로서의 학생의 행동을 규제하거나 방향짓게 한다. 또 자기의 의견태도가 정확한지, 자기의 능력이 어느 수준에 있는지 등의 정보를 얻기 위해 다른 사람의 의견태도와 능력을 기준으로 하여 비교하는 과정이 생기게 마련이다.

L. Festinger는 이것을 사회적 비교과정(social comparison process)이라고 부르고 있다. 이와 같이 학생은 사회적 규범 · 역할 및 대인관계의 학습과 사회적 태도 · 기능 · 가치관의 학습을 통해 사회적인 발달이 이루어져 가게 되는 것이라 하겠다.

(3) 강화의 기능

학생이 혼자서 과제를 수행할 때보다는 교실 친구들이 옆에 있거나 관찰하고 있을 때에 학습효과가 더 오를 수가 있다. 물론, 친구들의 존재 형태나 과제의 특성, 수행자의 성격에 따라서 결과는 다르지만, 이와 같은 현상은 사회적 촉진(social facilitation)으로 불리어지는 바, 집단의 중요한 기능으로 평가되고 있다. 또 교실에서의 활동에 대한 교사나 친구들로부터 주어지는 사회적 상찬 · 사회적 비판은 해당 학습자의 동기유발과 강화에 큰 효과를 미친다. 이 사회적 상찬이나 비판은 그것을 직접받는 개인에게 유효할 뿐만 아니라 그 장면을 관찰한 아동 · 학생에게도 유효하게 작용하게 된다(modeling). 이와 같이 교실 집단은 아동 · 학생의 학습활동 전반에 걸쳐서 동기유발 · 강화에 효과적인 장(場)으로서 기능한다.

3) 학급 집단의 구조적 특성

교실을 방문해 본 사람이라면 누구든지 각 교실에 대한 첫인상이 다르다는 것을 느끼게 된다. 이처럼 개개인이 자기 고유의 성격을 가지고 있는 것과 마찬가지로 학급조직 자체가 가지고 있는 특성을 '학급의 조직풍토'라고 한다. 성격이 조직 구성원 개인에게 관련된 것이라면, 조직풍토는 조직 자체에 관련된 것이다.

(1) 개방적 풍토(open-climate)

개방적 풍토는 학생들의 사기가 높고 담임교사가 직접적인 지도 · 감독을 하지 않더라도 학생들로 하여금 과업지향적으로 행동하도록 동기화시켜 주는 분위기가 지배하지만, 학업면에서의 생산성은 낮다. 그리고 학급구성원 상호간의 친밀성과 존경심은 보통수준이다.

(2) 폐쇄적 풍토(closed climate)

폐쇄적 풍토는 학생들의 활동을 담임교사가 감정적으로 통제하여 학생들 상호간에 자유로운 의사소통의 기회가 단절되어 있는 풍토이다. 이러한 분위기의 학급 내에서는 학생들이 주어진 과업에 대해서 최선을 다하지 않고 아무것에도 얽매려하지 않는 자유방임식 욕구가 가장 높으며 자기 일에서 성취감을 별로 느끼지 못하고 사회적 욕구를 만족할 수 없다. 또한 상호작용도 활발하지 못하고 이기적이고 다투는 경우가 많다.

(3) 자율적 풍토

자율적 풍토(autonomous climate)에서는 담임교사가 학생들에게 그들 자신의 상호활동구조를 마련하도록 분위기를 조성해 주고 그들이 사회적 욕구충족을 얻기 위한 방법을 모색하도록 해 주는 자유보장 풍토인 것이다.

이 풍토에서는 학습동기가 높고 협동과 질서가 잘 유지되며 교사에게서 보다는 친구들로부터 인정을 받고자 하는 욕구가 강하고 교사가 있건 없건 간에 행동이나 태도에 있어서 자율성과 일관성을 나타내고 있다.

(4) 통제적 풍토(controlled climate)

이는 성적 향상을 애쓰고 교실을 깨끗이 청소함은 물론 학급구성원들이 어떤 사건을 유발할 가능성을 완전히 배제하는 등 학생들의 욕구는 무시하고 오직 담임교사로서의 과업수행을 지나치게 중시하는 풍토이다. 따라서 교사의 행동은 위압적이고, 지배적이며, 교실 내에서 융통성은 거의 용납되지 않는다. 학생들은 친구보다는 교사에게서 인정을 받으려는 욕구가 강하고 경쟁의식이 강하며 교사가 지켜볼 때에는 열심히 공부하거나 청소하지만, 교사가 자리를 비웠을 경우에는 능률이 오르지 않고 혼란이 크다.

2. 학급경영의 목표와 원리

1) 학급경영의 개념과 목표

학급은 학생 · 담임교사 · 교육활동 등으로 구성되고 있다. 학급은 학교교육의 가장 기본이 되는 단위이기 때문에 학급경영이 잘되고 못되는 것은 바로 학교경영이 잘되고 못되는 것과 직결되고 있어 학교경영에 있어서 학급경영이 차지하고 있는 그 비중은 매우 크다고 하겠다.

(1) 학급경영의 개념

학급경영이란 학급을 조직하여 환경과 시설을 관리하고 학습지도, 생활지도, 건강지도, 여가선용, 교양지도, 진학지도, 직업지도 등에 관한 학급사무를 보다 효율적으로 처리하여 학습자의 행동을 보다 계획적으로 변화시키는 것이라고 정의할 수 있다.

따라서 학급경영자로서 담임교사는 담당한 학급의 질서를 유지하고, 수업을 위한 조건을 정비하고, 특수성을 살려서 학급 학생들이 행동을 보다 계획적으로 변화시키도록 유도해야 할 것이다.

(2) 학급경영의 목표

일반적인 학급경영의 목표로서는 다음과 같은 점들이 고려되고 있다.

① 학급경영은 학생과 교사간의 원만한 관계를 발달 · 유지하여 상호 이해로서 개인지도, 집단지도 등 학생들의 문제해결을 위한 조언을 하여 학생으로 하여금 원만한 학급생활 내지는 학교생활을 영위할 터전을 마련해 주는데 목적이 있다.

② 학급경영은 집단적 협동체제 활동으로서 협동정신과 봉사하는 태도를 기르

고 자율성과 자주성을 함양하여 건전한 사회인이 될 자질을 길러 주는데 목적이 있다.

③ 학급경영은 창의 · 창조성을 배양시키고, 풍부한 정서생활을 개발시키며, 보건위생에 유의케 하여 건전한 문화인이 되게 하는데 목적이 있다.

④ 학급경영은 학업성취를 촉진하고 개인의 적성과 능력을 최대한으로 발달시켜 유능한 지성인이 되게 하는데 목적이 있다.

위 목적들을 달성하기 위한 구체적인 경영목표는 다음과 같다.

① 학교생활을 즐겁게 지내도록 배려하며 친애 · 신뢰 · 이해를 바탕으로 학생과 교사, 학생 상호간의 관계를 건전하게 형성하도록 한다.

② 가정과 타 교사와의 긴밀한 연락과 협조를 얻어 항상 학생의 전체적인 면을 파악하여 전인적인 발달에 관심을 두게 한다.

③ 교실 내에서의 행위에 책임을 지게 하며 교실 내에서의 일탈행위를 비판시켜 원만한 집단생활의 향상을 꾀한다.

④ 학생을 개인별로 잘 이해하고 적절한 지도 · 조언을 해 주며 협동생활 속에서 학생개개인 필요 · 욕구 · 흥미를 충족시켜 준다.

⑤ 질서적인 교실생활 가운데 명랑하고 즐거운 학교생활이 되도록 한다.

⑥ 학급과업을 분담하게 조직하여 가족적인 분위기 속에서 자발적이고 민주적인 학급운영을 하게 하고 정돈된 환경을 유지하도록 한다.

2) 학급경영의 영역

학급경영의 영역이란 곧 학급담임의 직무라 할 수 있다. 주요 영역을 분류하면 다음 표와 같다.

영 역	담임의 직무
학교경영 계획의 수립	· 학급경영 목표의 정립 · 경영계획의 수립(연간, 학기별, 월별)

학생의 특성 파악	· 가정환경조사, 개인적 특성 조사(IQ, 성격, 전 학년도 성적상황 등)
학급의 조직풍토의 이해	· 교우관계조사, 사회성 측정검사(sociometry), 교실의 풍토
교과지도와 평가	· 학습 분위기 조성, 자기주도학습 조성, 학생들의 학업성취도 분석 비교
창의적 체험 활동지도	· 진로지도, 동아리지도, 봉사활동지도, 자치활동지도
생활지도	· 각종 문제행동 상담지도, 교우관계 지도
교육과정 계획	· 학교 교육과정 편성과 운영
학급의 물리적, 사회적 환경구성 및 시설관리	· 청소, 학급시설관리, 게시물 관리, 비품관리, 커튼 정비
학급사무처리	· 출석부, 생활기록부, 학급일지, 건강기록부 등 학급관련 장부 관리
안전사고 예방	· 도난방지, 안전사고 예방
가정과의 협조도모	· 학부모면담, 전화, 가정방문, 가정통신

3) 학급경영의 원리

(1) 타당성의 원리

학급경영은 교육의 원리, 상위 교육 시책 및 교육 운영 방향, 사회적 요구, 학생의 특성과 요구 등에 비추어 타당하고 일관성이 있어야 한다.

(2) 민주성의 원리

학급경영 및 기획 과정에는 학생 및 학부모들의 광범위한 협조와 이해 및 지지를 바탕으로 운영되는 것이 바람직하다.

(3) 효율성의 원리

최소의 노력(투입)으로 교육 목표 달성(산출)을 극대화하면서 학생들의 만족도를 충족시키도록 계속적인 평가와 피드백(feedback)이 이루어져야 한다.

(4) 현실성의 원리

학급경영은 학생들의 공동체 의식의 함양과 구성원의 욕구 충족, 사기 앙양, 교육활동 개선 등의 실용성이 있어야 한다.

(5) 전문성의 원리

학급경영 계획과 프로그램 작성 및 실천과 결과의 평가에 대한 주도권과 궁극적 책임은 학급경영의 전문가인 담임교사가 가지고 행해야 한다.

(6) 통합성의 원리

다양한 요구, 원리, 과업들의 상호 연계가 모순되지 않도록 교과지도, 생활지도 등이 통합 · 운영되어야 한다.

4) 학급담임의 임무

(1) 교육과정 편성 및 평가

① 학급 교육과정 편성 · 운영
② 교육과정 재구성 및 교육 프로그램 개발
③ 교육과정 운영 평가
④ 학생의 학업성취도 평가

(2) 교과지도

① 담당 교과에 대한 전문성 확보 및 학습지도
② 교수 · 학습(연간, 단원, 차시) 지도 계획 수립 및 운영
③ 교수 · 학습 과정안 작성
④ 가정 학습 지도 : 예습, 복습, 자습, 과제, 방학 생활 등

(3) 창의적 체험활동 지도

① 자율활동 : 자치, 적응, 행사활동 등
② 동아리활동 : 학술활동, 스포츠활동, 문화예술활동 등
③ 봉사활동 : 교내, 지역사회, 캠페인 활동 등
④ 진로활동 : 자기이해, 진로계획, 진로체험 활동 등

(4) 생활지도

① 생활지도 이론 및 상담 이론의 정립
② 올바른 가치관 정립 및 인성지도
③ 학생 상담, 진로지도
④ 건강지도, 여가지도
⑤ 학교생활 부적응 학생 및 문제아지도 등

(5) 학교 · 학급경영 직무 수행

① 학급 학습 환경 조성 : 청소, 게시물, 채광, 통풍, 난방, 방음관리 등
② 학사 및 각종 사무관리 : 출석부, 학교생활기록부 및 건강기록부 관리, 교육평가의 집계, 통계, 통지표 작성, 학급경영록, 수업연구안, 연수물 기록, 학생기록물 관리(일기장, 학습장, 회의록 등), 기타 학생에 대한 일체의 사무 담당
③ 시설 및 비품 관리

(6) 사안 처리

① 학생 사안 발생시 1차적인 책임자로서 사안 발생 사전 예방교육
② 사안 발생시 해당 부서를 경유하여 학교장에게 즉시 보고 후 지시에 따라 처리

(7) 대외 관계 및 기타

① 직원 간 인화 단결 및 업무 협조
② 지역사회, 교육 관련 기관과의 유대 형성
③ 바람직한 학부모와의 관계 형성 및 교사의 품위 유지

5) 학급경영자로서의 교사의 자질

학급을 보다 효율적이며 바람직하게 운영하기 위해서 교사는 학급 학생에 대해 하나에서부터 열까지를 전부 파악하여 보다 치밀하고도 적합한 계획을 세우고 그 경영안에 입각하여 학급을 운영해 나가는 것이 이상적이다.

초등학교의 경우에는 특정교사가 일정한 학급을 담임하여 그 학급에 대한 수업과 경영활동을 전담하고 있어 학생들과 접촉하는 기회가 많으나 중등학교의 경우에는 학급담임교사가 학급경영에 대한 책임을 지고 수업은 각 교과별로 교과담임교사가 담당하게 되어 있어 교수활동과 경영활동이 분리되어 있다. 따라서 초등에 비해서 중등은 교사와 학생간의 유대에 간격이 생기고 학급경영에 충실을 기하지 못하고 있는 실정이다.

학생들이 바라는 학급담임의 특성은 일반적으로 '이해와 의사소통의 가능성을 지닌 교사', '공정한 원칙을 지닌 교사', '도덕적 특성을 지닌 교사', '사랑과 관심을 가진 교사', '헌신적인 교사', '친근하고 좋은 성품을 지닌 교사', '정결하고 깔끔한 외모를 지닌 교사' 등이 제시되고 있다.

3. 학급경영의 실제

1) 학급경영 계획의 수립

(1) 학급의 교육목표 및 경영방침 설정

1 학급 교육목표 설정

학교 교육목표와 학년 교육목표를 근거로 학급에서 성취할 수 있는 목표와 학생들이 성취하여야 할 구체적인 행동특성으로 설정한다.

2 학급 경영목표 설정

학급경영의 전 영역에 걸쳐 설정한다. 가능한 한 성과기준을 정하고 계량화하여 평가의 지표로 삼는다.

3 학급 경영방침의 설정

학급경영 목표를 달성하는 행동전략을 강구한다.

미래사회를 주도할 글로벌 인재 육성(예시)

구분				
학교 교육목표	충효와 민주생활을 실천하는 어린이	스스로 공부하고 깊이 생각하는 어린이	성실하고 협동하는 자주적인 어린이	몸과 마음이 건강한 어린이
학년 교육목표	웃어른을 섬기며 규칙을 잘 지키는 어린이	스스로 탐구하고 판단하는 어린이	다른 사람을 배려하며 함께 하는 어린이	튼튼한 몸과 마음을 가꾸는 어린이
학급 교육목표	예의바른 태도와 웃어른 공경을 바르게 하는 어린이	새로운 것을 탐구하며 빛깔을 가꾸는 어린이	더불어 사는 즐거움을 실천하는 어린이	꾸준한 운동을 생활화하며 규칙적인 생활을 하는 어린이
학급 경영방침	○ 기본생활습관 지도 ○ 3행 실천 생활화 ○ 생활일기 쓰기 ○ 자치활동의 강화 ○ 공수인사 지도	○ 자기주도 학습 과제 제시 ○ 체계적인 독서 지도 ○ 기초학력 책임 지도 ○ 탐구학습과제 제시 ○ 특기적성활동 권장	○ 모둠활동의 활성화 ○ 특별활동(적응)의 강화 ○ 함께하는 역할 활동 전재	○ 학급 줄넘기 급수제 운영 ○ 아침 운동활성화 ○ 보건위생교육 철저 ○ 안전교육활동 전개 ○ 성인병 예방 교육

(2) 학급 급훈 정하기

[1] 급훈 정하기

급훈은 교사나 학급 구성원 전체가 공동의 질서체계로 나아가야 할 방향을 제시하는 것이므로 교사는 급훈의 선정 단계부터 적극적인 실천의지를 갖고 교사의 교육관과 학급의 공동윤리를 바탕으로 학급 구성원을 단합시키는 나침반이 될 수 있도록 해야 한다.

[2] 급훈의 내용

① 급훈의 내용은 가급적 삶과 밀착된 것이어야 함
② 학급 전체를 아우르는 공동의 질서를 고려해야 함
③ 실천을 뒷받침할 수 있는 구체적인 급훈이 바람직함
④ 올바른 인격체 형성을 위한 공동의 윤리를 먼저 생각해야 함

[3] 급훈을 정하는 방법

① 교사가 자신의 교육관을 제시하여 정하는 방법 : 일방성의 문제가 있을 수 있음을 유의
② 학생들에게 공모를 통한 표결로 결정하는 방법 : 전체적인 조화보다는 지나치게 개별화될 수 있음을 유의
③ 교사와 학생들이 함께 결정에 참여하는 방법 : 위의 두 방식에 대한 장 · 단점을 보완할 수 있는 방법

적절한 급훈의 예시	★ 서로 알고 서로 돕자 ★ 나에게는 엄격하게 남에게는 너그럽게 ★ 생각은 깊게 행동은 바르게 ★ 하나는 모두를 모두는 하나를 위하여 ★ 말은 내가 나중 실천은 내가 먼저 ★ 스스로 서고 더불어 살자 ★ 스스로 생각하고 스스로 행동하는 어린이

4 급훈을 정할 때 유의할 점

① 교훈보다 하위개념으로 한다.
② 구체적이고 명시적인 개념과 용어를 사용한다.
③ 공동체 삶의 중요성을 알고 생활과 밀착된 것으로 한다.
④ 담임교사의 교육철학과 의지가 반영되어야 한다.
⑤ 급훈을 상위개념으로 내규, 반가 등이 동일 선상에 놓여야 한다.

(3) 학급경영 연간계획 수립

1 월별 중점 지도사항 【예시】

월	행 사	지도내용 및 참고사항
3	입학식 및 시업식	· 3.1절 행사 훈화지도 · 용의복장 · 실내정숙 지도 · 세밀한 생활지도 계획 수립
	학생신상 파악	· 학생 이해자료 (개인상담 및 집단상담) 준비 및 인성 진로지도 · 학생 비상연락망 조직
	환경구성	· 청소 및 주번 배정 · 학급비품 준비 · 급훈 정하기 · 학급 환경 조성 · 교실 비품 관련 및 안전지도
	학급회 조직	· 학급 임원 선정지도 · 학급회 운영지도
	학부모 총회	· 안내장 발송 · 학부모 총회 개최
	성교육	· 보건, 위생, 체격 향상 지도
	학급경영 계획수립	· 급훈 설정 및 실천지도 · 교양 및 생활 태도지도
	진단평가 및 기본학습훈련	· 학습태도 및 방법지도

월	행 사	지도내용 및 참고사항
4	4.19혁명	· 4.19혁명 훈화지도
	과학의 달 행사	· 각종 과학경진대회
5	가정의 달 행사	· 어린이날, 어버이날, 성년의 날, 스승의 날 관련 행사 지도
	현장학습	· 여행 질서지도 · 문화재 애호 및 자연보호 활동
	체격검사, 체력검사	· 검사 결과 가정통신문 발송
6	호국보훈의 달 계기교육	· 현충일행사 관련지도 · 6.25 계기 교육
7~8	제헌절	· 제헌절 훈화지도
	평가결과 기재	· 학생평가 누가기록의 정리와 통지표 작성 · 1학기 반성
	방학식 및 여름방학 생활지도 (안전사고 예방)	· 개인별 생활계획표 작성지도 · 학생비행 및 탈선 예방지도 · 건전 활동 참여 및 교외 생활지도 · 산악, 수상 안전, 식중독, 독충 예방지도
	청소년 단체활동	· 학생 야영 · 건전 단체활동 참여 권장
	광복절	· 광복절 행사 참여지도
9	개학식	· 개학식에 따른 생활지도 · 면학분위기 조성
	환경미화	· 깨끗한 교실 환경 구성 · 실내외 청소지도
	행락지도	· 교외 생활지도 · 기초 질서지도
	운동회	· 질서지도
	전통문화되새기기	· 전통문화 행사
10	문화의 달 행사	· 개천절, 한글날 훈화지도
	종합예술제	· 행사 참여지도 · 집단 질서지도
11	화재예방	· 동계 화기 단속지도 · 화재예방 교육

월	행 사	지도내용 및 참고사항
12~1	불우이웃 돕기	· 불우이웃 돕기 모금활동 지도 · 위문 활동지도
	성적평가	· 학년말 성적 정리 및 통지표 작성
	겨울방학식 및 겨울방학 중 생활지도	· 방학 중의 학생 비행 예방을 위한 교외 생활지도 · 전화, pc통신 등을 이용한 개별 상담지도 · 생활일기, 편지쓰기 지도
	건전한 생활지도	· 가족 단위의 여가 활용 방법 지도 · 취미와 소질에 맞는 특기 익히기 지도
2	졸업식 및 종업식	· 졸업식장 질서유지 지도 · 졸업식 전후 교외 생활지도 · 종업식 준비 철저 · 학년말 생활지도 강화
	연간반성 및 신학년도 계획	· 학교행사 및 생활지도 반성 및 평가 · 신학년도 계획 수립

2 학급 노력중점

① 학교 · 학년 노력중점 관련 【예시】

구 현 중 점	학급 노력중점
ㅇㅇ 책 사랑반 운영	1) 학년필독도서 및 권장도서 선정 지도 2) 체계적인 독후 활동 지도 3) 주 3회 이상 도서관 방문 지도 강화 4) 도서관 이용 교수 · 학습 활동 전개 5) 다양한 독서 활동 전개
사랑 · 공경을 위한 '3행' 실천	1) 친구간 정감어린 호칭 부르기 2) 모둠활동 적극 권장 3) 주 1회 효행 일기쓰기 4) 예의바른 공수 인사지도 강화 5) 효행실천 다양한 학급활동 전개

② 교육과정 관련 노력중점【예시】

영 역	학급 노력중점
교과지도	1) 자기 주도적 학습력 신장을 위한 다양한 프로그램 도입 2) 개인차를 고려한 개별화 교육과정 운영 3) 외국어 교육 및 독서교육, 글쓰기 교육활동의 강화
창의적 체험 활동지도	1) 다양한 현장체험학습 및 진로체험 활동 전개 2) 민주적인 생활 태도 함양을 위한 자치활동의 강화 3) 동아리활동을 중심으로 한 자기 주도 학술활동력 신장
생활지도	1) 바른 식사습관지도 및 성인병 예방 활동 전개 2) 예의바른 공수 인사지도 3) 웃어른 공경과 3행실천 활동의 강화

3 명품학교 만들기를 위한 학급 교육활동【예시】

세부 사업명	학년 구현 내용	학급 구현 내용
1. 튼튼 체력 가꾸기 – 줄넘기 급수제	1) 아침 줄넘기 활동 전개 2) 급수제 시행 3) 학급별 줄넘기 대회 개최	1) 아침 줄넘기 활동 2) 학급 내 줄넘기 대회 실시 3) 줄넘기 명인 인증제 실시
2. 음악의 생활화 – 1인 1악기 다루기	1) 학급별 1악기 지도 2) 합주지도	1) 계발활동을 통한 개인별 특성을 살리는 악기 연주회 개최
3. ○○ 가족 한마당 – ○○ 축제	1) 소질과 적성 발현 기회 다양화 2) 학급별 특기 발현의 기회 마련 3) 연간 학급 특색활동 전개	1) 학급 특기 신장 교육활동 전개 2) 학급 특색 작품 제작을 통한 참여

2) 학급경영의 구체적 활동

(1) 기초조사

① 학생이나 집단의 특성은 객관적이고 과학적 방법으로 조사되어야 한다.

② 어느 한 종류의 조사나 검사에 의해서 얻어진 결과를 가지고 섣불리 해석하

거나 평가해 버리는 오류를 범해서는 안 된다.

③ 학생이나 집단의 특성은 고정적이라기보다는 계속 변화하는 것이므로 실태 조사는 학년 초 한번으로 그치는 것이 아니라, 계속적인 교육활동 과정에서 수시로 수입하고 분석하여야 한다.

④ 학급영영의 효과를 높이기 위해서는 학급의 특성을 개인성과 집단성의 두 가지 측면에서 파악해야 한다.

학급경영 기초조사의 내용과 방법은 다음과 같다.

구 분	내 용	방 법
목표	· 교육과학기술부 장학의 방향, 교육과정 목표 · 시 · 도교육청, 지역교육청의 교육지표 및 주요시책 · 학교 교육목표	문헌법, 질문지법, 역사적 방법, 통계적 방법
사회	· 사회구조, 사회적 요구	역사적 방법, 문헌법, 통계적 방법, 질문지법, 면접법
가정환경	· 가족상황, 경제수준, 가정문화	질문지법, 면접법
학생	· 지능, 성향, 신체상황, 교우관계, 흥미, 성숙도	관찰법, 자서전법 검사 : 신체, 지능, 성숙도, 흥미, 성격, 교우관계 조사

(2) 학급풍토 조성

교사와 학생이 공동의 목표를 위하여 노력하는 분위기를 형성한다. 교사의 독단과 무조건 끌고가기식의 학급경영은 학생의 무한한 발전능력을 저해하는 요인이다.

(3) 역할분담활동

역할분담의 경중을 고려하여 모든 학생이 골고루 돌아가며 활동할 수 있는 기회를 제공한다.

학급조직의 핵심은 학급을 대표하는 학급회 회장(실장)과 부회장(부실장) 등 학급

임원의 선출이라 할 수 있다. 대개 학기가 시작되고 일주일 후에는 학급회를 조직하는 것이 일반적 관행이다. 선출방법은 교사의 지명이나 학생들의 투표로 정할 수 있다. 학급담임교사는 학급자치회의 지도교사로서 학습의 자치활동이 원만히 이루어질 수 있도록 뒷받침을 하고 학생의 자주적 · 적극적인 의욕에 기반을 두고 상호간에 우호적인 협력과 책임감의 형성지도 등에 중점을 주어야 한다.

학급회의는 '개회선언', '지난주 회의록 낭독', '각부 활동사항 보고', '심의사항 제안 설명', '의제 토의', '구체적 토의', '표결', '학교에 대한 건의 사항', '회의록 낭독', '담임 총평', '폐회선언' 등으로 진행되는 것이 일반적이다.

중등학교에서의 학급회의는 학생 개인적인 흥미나 적성을 중심으로 운영되고 있어 주도성이 개방되는 한편 그 해결을 제시해 주기도 하며 집단적 이념이 육성되는 집단생활의 장이 된다.

(4) 교실의 학습환경과 시설관리

학급은 학교생활의 대부분이 이루어지고 있기 때문에 학습의 장인 학급환경은 학생 위주로 학급생활을 해나가는데 불편이 없도록 유동적이며 생동적으로 꾸며져야 한다. 학급환경 정비 요소로 교실 자체, 비품과 설비, 교실의 정비, 벽면활동 등을 들 수 있다. 책상, 작업실 배치, 학생 제작품이나 기타 자료 전시, 실내 장식 등은 교실정비에 포함되며 이러한 정비는 거의 다 담임교사에 의해 이루어진다.

교실은 학생에게 구김살 없는 학습 · 생활활동을 자극, 조장할 수 있는 환경이 마련되어야 보다 이상적이라고 할 수 있다. 학급환경을 보다 바람직하게 꾸며 교육의 효과를 높인다는 것은 학급교사에게 주어진 하나의 의무이며 권리라 하겠다.

교실 벽면 활용법을 예시하면 다음과 같다.

장소	벽면 활용의 예
앞면	◘ 학생들의 시선이 언제나 머무는 곳 ◘ 산만하게 꾸미면 학습활동에 방해가 됨 ◘ 앞면은 간결하게 조용한 공간으로 꾸미는 것이 좋음

장소	벽면 활용의 예
뒷면	◘ 학습 활용 · 학생들이 조사한 내용을 게시하여 한 단원을 정리함 · 활동을 작은 도화지로 한정하기보다는 교실 뒷판을 큰 도화지로 생각하여 마음대로 꾸며 붙일 수 있게 하면 단원 정리에 효과적임 · 들추어 볼 수 있는 각종 보고서를 스테이플러로 박아두면 사물함 위나 창가에 둘 때보다 더 깨끗하게 볼 수 있음 ◘ 작품 게시 · 교실 뒷면은 미술작품 게시에 가장 많이 활용됨 · 학생들의 키에 맞는 높이까지만 게시해야 함 · 전지를 활용한 큰 작품들도 뒷판의 규격에 맞출 것이 아니라 벽면까지 활용하여 붙이면 전체 아이들의 활용 정도를 짐작할 수 있음
창문	◘ 창가에는 잡다한 물건을 올려 놓지 않아야 함 ◘ 창은 밝은 빛이 들어올 수 있도록 함 ◘ 창가에는 화분이나 작은 수조를 놓아 탐구 학습을 할 수 있도록 함
옆면	◘ 학생들의 시선이 자주 머무는 곳이며 교실의 분위기를 결정하는 곳이기도 함 ◘ 앞면과 뒷면에만 관심을 기울여 그 중요성이 간과될 수도 있는 옆면에도 학생들의 학습과 생활에 활용할 수 있는 것들이 많이 있음
	◘ 이달의 행사 알림판 · 한 달 동안 있을 여러 행사를 학생들에게 알려 계기교육으로 활용함 · 행사 알림판은 우드락이나 하드보드 종이에 틀을 만들어 사용 · 고학년의 경우 : 매달 모둠별로 행사를 꾸미게 하는 것도 좋은 방법임 · 제목 : 학생들의 개성과 호기심을 살릴 수 있는 제목으로 정함 ◘ 생일 축하코너 · 학생들로 하여금 종이를 예쁘게 오려서 생일과 이름을 쓰게 하고 · 월별로 모아서 이 달의 행사판에 같이 묶어 두면 교체하기가 용이함 ◘ 달력 · 학생과의 약속이나 학교 행사 등을 표시함 · 기존의 달력보다 학생들의 사진 등을 활용하여 제작해 보는 것도 좋음 ◘ 시계 · 교실은 공동의 장이므로 옆면에 거는 것이 좋다.
독서공간	◘ 학생들이 책을 가까이 할 수 있도록 독서공간을 확보한다.

학급환경을 꾸미기 위한 몇 가지 사항을 약술하면 다음과 같다.

① 직사광선을 피하고 안온한 분위기의 조성을 위해 커튼을 치고 휴지통을 마련하여 놓는다.

② 각종 게시 또는 생활도구, 급훈, 주기적 생활계획표(연중, 월중, 주, 일), 시간표,

달력, 자치활동 조직표, 거울, 세면용구, 청소용구, 우비장, 신발장, 모자걸이, 옷걸이, 온도계, 학급일지, 각종 뉴스 전달, 공고사항 게재용 게시판 등을 비치, 게시, 전시할 때에는 담임교사와 학생이 서로 협동하여 하는 것이 이상적이며 심미적, 입체적, 동적 변화를 고려하는 것이 좋다. 교실의 정면, 측면, 후면, 복도 등에 위치를 잘 택하여 게시 · 전시하는 것이 필요하다. 한편 보다 바람직한 학급경영을 위해서는 주어진 시설을 최대한으로 활용해야 하며 특히 담임교사는 학생의 연령, 흥미, 요구에 알맞게 시설과 설비를 선정 · 활용하여야 한다.

(5) 학급의 조회 및 종례

학급조회 방법으로는 '대화조회', '역사조회', '예화조회' 등이 많이 활용되고 있는데, 대화조회는 교실에 들어서면서 학생들과 자연스럽게 대화하는 형태의 조회 방법이고, 역사조회는 그 날의 역사와 관련된 자료를 미리 모아 두었다가 이를 바탕으로 하여 간단한 역사 이야기를 해 주는 방법이며, 교사 자신의 교육관이나 인생관 및 학생들의 일상생활에서 평소에 보고 느낀 점이나 개선할 점 등에 관한 이야기를 하는 조회방법이 예화조회이다.

한편 학교생활이 끝나고 하교하기 직전에 하루의 생활을 정리하고, 자신의 하루 일과를 돌아보게 하는 의식을 종례라고 하는데, 가급적이면 종례는 짧게, 즐겁게 해 주는 것이 좋다. 예를 들면, 번호순으로 1명씩 나와서 생활반성, 친구들에게 하고 싶은 이야기 등을 하도록 하든지, 생일축하 노래부르기, 발표회 등 행사 중심의 종례도 바람직하다.

(6) 학생의 책상과 의자 배치

책상과 의자	담임이 할 일
모둠 활동이 가능한 책상 배치	· 인원 구성 : 4명 또는 6명으로 구성 · 저학년 : 목소리와 몸집이 작으므로 4명을 한 모둠으로 하는 것이 바람직함

책상과 의자	담임이 할 일
책상과 의자 높이 맞추기	· 책상과 의자의 높이를 같게 맞춘다. · 뒤로 갈수록 책상과 의자의 높이가 높은 것을 배치한다. · 모둠별로 책상의 높이를 같게 맞춘다. · 책상의 높이가 다르면 모둠별로 활동할 때 불편하다.
소리 없는 책상과 의자	· 교실에서 가장 심한 소음은 책걸상을 끄는 소리이다. · 발표를 하기 위해 일어나거나 책상과 의자의 위치를 바꿀 때에 소음을 줄이도록 한다. · 책상과 의자가 끌리는 소음을 막기 위해서는 책상이나 의자의 다리 밑에 미끄럼방지용 부직포를 부착하면 좋다.

(7) 청소지도

교실은 하루 종일 학교생활을 하는 기본적인 장소이므로 스스로 깨끗이 해야 하는 것을 인식시키고, 여러 사람이 함께 청소를 함으로써 협동심을 키워 나갈 수 있게 하는 것이 바람직하다. 교사 자신도 청소에 직접 참여하여 학생들에게 모범을 보이고, 청소가 끝난 후에도 확인하고, 잘못된 것은 지적하고 잘된 것은 칭찬해 주는 것이 바람직하다.

(8) 학생의 건강지도

성장기에 있는 학생의 건강지도는 신체적인 건강, 정신적인 건장 양자가 다 고려되어야 하는 바 몇 가지 유의점을 들어보면 다음과 같다.

① 위생적인 교실 환경을 조성한다.
② 건강에 관한 지식을 가르친다.
③ 식사, 운동, 휴양, 의복, 주거 등 바른 생활습관의 형성을 위한 지도를 한다.
④ 안정생활교육(차조심, 길조심, 불조심, 흉기지참 금지 등)을 시킨다.
⑤ 외출 후와 화장실 다녀온 후에 반드시 손을 깨끗이 씻도록 지도한다.
⑥ 정신위생을 연구하여 갈등, 초조, 공포, 충동, 공격 등의 조절을 해 준다.

(9) 학부모의 상담

학생들의 교육적 성장 · 발달은 학교나 가정 어느 한쪽의 노력으로 좋은 성과를 기대하기란 힘든 일이다. 담임교사는 많은 시간을 학생들의 성장 · 발달을 돕지만 학생들은 각자 출생과 성장의 뿌리가 있으므로 그 가정과 긴밀한 연락관계에 있어야 한다. 또한 교육은 학교가 다 맡아서 하는 것이 아니라 가정의 교육이 가장 큰 힘임을 학부모들이 인식할 수 있도록 해야 한다. 학부모와의 바람직한 관계형성은 학생들의 올바른 성장 · 발달에 큰 도움이 되므로 바람직한 관계형성을 위해 노력하고 학부모 상담에 임해야 한다.

1 학부모의 의견과 보호자적 권리 존중

① 학부모는 교육의 대상인 학생을 가장 잘 알고 있으므로 그들의 의견을 경청하고 교육자적 입장에서 이를 정리하여 받아들여야 한다.
② 학부모들의 보호자적 권리를 존중해야 한다. 학부모의 의견을 참고하고 교도할 의무가 담임교사에게 있다.

2 자녀교육을 학교에만 의존하려는 학부모의 태도 시정

자녀교육을 학교에만 의존하려는 태도가 교사 학부모간의 거리를 유리시키는 큰 요인 중의 하나이다. 학생의 성공적인 교육을 위해서는 학교와 가정이 서로 기능을 충실히 하면서 상호 협조하여야 한다.

예 : 학습준비가 되지 않는 학생의 학부모에게는 학습준비를 도와달라고 요청한다. 학습준비가 되지 않는 사실을 알려서 학부모의 관심과 태도가 시정되도록 해야 한다.

3 학부모 상담시 유의점

① 상담시 친절하고 예의바르게 대하기
② 상담시 구체적인 자료 갖고 임하기(학습 포트폴리오, 교사의 관찰평가 자료 등)
③ 공정하게 대하고 있음을 느끼게 하기

④ 자녀교육에 관심을 갖게 만들기
⑤ 학부모도 학급경영의 대상으로 삼고 교육하기

(10) 학급사무의 처리

한 학급을 경영하기 위해서는 교수활동, 경영활동을 문서로 처리하기 위한 사무가 뒤따르게 되는데 예를 들면 가족환경조사서의 배부 · 수집 · 작성, 생활기록부 작성, 출석부 정리, 개인관찰표 작성, 학급일지 검토, 학급경영안 작성, 가정과의 연락, 진로지도 사무 등으로 세분된다. 학급담임교사가 관리하여야 할 공적인 장부로는 학급경영안, 학교생활기록부 및 보조부, 건강기록부, 출석부, 환경조사서, 제 신고철, 제 학생통계표, 행동발달상황 누가기록부 등이다.

학급담임교사는 조회 전에는 교실순시, 주번학생지도, 조기청소 등의 업무를 수행하여야 하고, 일과 중에는 사고학생의 조치, 학생의 외출 및 조퇴지도, 안전지도, 출석부 정리, 제반 전달사항 지도 등의 업무를 수행하여야 하며, 종례 시에는 학급일지의 확인, 청소지도, 잔류학생지도 등의 업무를 수행하여야 한다. 학급담임교사가 할 일을 시간적으로 구분해 보면 다음과 같다.

시기별	처리할 내용
매일	조회 30분 전에 출근하여 학급일지 검토, 아침 자율학습지도, 직원조회, 학생조회(출결조사, 전달사항, 훈화, 학생의 소리 청취), 휴식시간 지도, 점심지도, 교재연구, 교안 작성, 종례, 청소감독, 사안별 학생상담, 환경정리, 과외활동 지도, 학급경영록 작성, 주번지도, 출석부 정리, 방과후 자율학습 지도
매주	학급지도안 작성, 교재토의 및 연구발표, 결석자 및 사고자 가정방문, 용의 및 신체검사, 학급회, 교직원 운동 참가, 성적평가 및 가정에의 통지
매월	월말 제 통계 작성, 제 장부 정리 제출, 각종 성적통계 작성, 정기직원회 참가, 연구수업 및 발표, 월말 반성, 다음 달 제 행사계획(월중행사표 작성)
매학기	학기 말 성적고사와 처리, 진급 및 졸업사정회, 개인성적표 가정에 통지, 제 장부 처리, 분장사무 반성, 기말 직원 반성회 참가, 성적 불량학생 및 특수학생의 특별지도 및 가정방문, 다음 학기 계획과 준비, 휴가 중의 생활지도
학년 말	담당학급의 제 장부의 정리와 제출, 학년 말 성적고사와 사정회, 정리, 공로자 표창, 수료식, 졸업식, 성적통지, 학년 말 총 반성회 참가.

4. 학급경영 평가

1) 학급경영 평가의 방향과 기능

(1) 기본방향

① 평가는 시기별로 나누어 체계적이고 계획적으로 한다.
② 평가는 구체적으로 하여, 문제점이 무엇인지 쉽게 파악할 수 있도록 한다.
③ 교사와 학생 상호 평가, 교사의 자기 평가, 학생의 자기 평가 등 다양한 방법을 사용한다.
④ 다양한 방법을 활용하되 상황에 가장 적합한 평가방법을 사용한다.

(2) 학급경영 평가의 기능

① 학급경영 활동의 성취도 확인
② 학급경영의 문제점 진단
③ 교사 및 학급 구성원의 동기 유발
④ 학급경영의 개선을 위한 정보 제공
⑤ 학급경영의 책무성의 확인
⑥ 학급경영에 대한 제반 의사결정에 도움

2) 학급경영 평가의 영역과 내용

담임교사 자신의 학급경영 평가표(예시)는 다음과 같다.

평가영역	평가내용	평가척도				
		5	4	3	2	1
기본관점 (10점)	학급의 독자적 특성이 조성되고 있는가?					
	학급의 일에 전 학생이 참여하고 있는가?					
학급경영 계획 (10점)	학급경영계획은 학교의 교육계획과 일관성을 가지고 있는가?					
	학급경영계획은 꾸준히 재구성, 보완되고 있는가?					
교과학습 지도 (25점)	기본학습 태도가 잘 이루어졌는가?					
	학생의 학습 개별상담 지도가 잘 되고 있는가?					
	부진학생 지도가 잘 이루어졌는가?					
	가정과 연계한 가정학습지도가 잘 이루어졌는가?					
	학습 기자재는 잘 정비되어 교수·학습에 효과적으로 쓰일 수 있는가?					
특별활동 (10점)	학생 자치활동과 역할분담 활동은 효과적으로 운영되고 있는가?					
	5대 영역이 균형 있게 이루어지고 있는가?					
재량활동 (5점)	재량활동 시간이 창의적이고 다양하게 이루어지고 있는가?					
생화지도 (30점)	기본생활습관 지도가 잘 이루어지고 있는가?					
	예절생활지도는 잘 이루어지고 있는가?					
	요선도 학생지도는 잘 이루어지고 있는가?					
	교외생활지도는 잘 이루어지고 있는가?					
	안전생활에 대한 지도가 잘 이루어졌는가?					
	건전한 소비생활 교육은 잘 이루어지고 있는가?					
기타 (10점)	게시물과 학급비품은 잘 정비되어 있는가?					
	학급사무 및 분장 사무는 신속·정확하게 처리되고 있는가?					
계 (100점)						

제 4 장

학교 교육과정의 편성과 운영방법

1. 학교 교육과정 편성의 원리와 절차
2. 현행 교육과정의 편성과 운영방법
3. 학교 교육과정의 운영

1. 학교 교육과정 편성의 원리와 절차

1) 학교 교육과정의 의미와 특성

(1) 학교 교육과정의 의미

학교는 국가수준의 교육과정이 제시하는 방향과 주요 내용을 올바로 파악하고, 이를 근거로 하여 당해 학교의 '창의적인 학교 교육과정'을 편성하여야 한다.

여기서 학교 교육과정이란 "학교중심" 혹은 "학교수준"의 교육과정이란 의미와 동일하다. 즉 국가 혹은 교육청 수준의 교육과정이 아니라 개별학교 수준의 교육과정이다.

그 동안 교육과정이 제5차, 제5차, 제7차 및 2007 개정 교육과정이 2009 개정 교육과정으로 변화하면서 교육과정에 대한 기본 관점이 크게 변화하였다. 제1차부터 제5차까지는 국가 주도의 '중앙 집권적 교육과정 체제'로 교육과정 편성권의 세세한 부분까지 전적으로 국가가 가지고 있어 국가 교육과정이 곧 학교 교육과정이었다. 따라서 전국의 모든 학교 교육과정은 동일했으며, 학교 교육과정을 별도로 편성할 필요가 없었다.

제6차에 이르러 교육과정 편성 · 운영권을 시 · 도와 학교에 위임하기 시작함으로써 '지방 분권적 교육과정 체제'로 전환하였으며, 그 결과 각 학교는 학교 교육과정을 편성하게 되었다. 그러나, 교육과정에 대한 해석권이 전적으로 국가에 있었고 각 시 · 도 교육청은 편성 모형을 제시하여 각 학교로 하여금 선택케 함으로써 각 학교마다 학교 교육과정이 존재하기는 하나 거의 유사한 형태이었다.

'제7차' 및 '2007년 개정 교육과정' 그리고 '2009년 개정 교육과정'에서는 교육과정 편성 · 운영권이 대폭적으로 시 · 도와 학교에 위임되어 국가기준에는 전국 공통의 일반적, 공통적 사항만 규정하고, 나머지는 시 · 도 지침에 제시하거나, 전적으로 학교가 결정하도록 함으로써 각 학교 교육과정은 다양한 모습을 띠게 되었다.

각 학교는 지역의 특성, 학생 집단의 특성, 학부모의 요구수준, 교사 조직의 특성, 학교장의 교육 철학 등을 고려하여 다양하고 특성 있는 교육과정을 편성 · 운영하게 되었다.

(2) 학교 교육과정의 특성

일반적으로 교육과정은 '학습자에게 경험을 선정하고 조직하여 교육 경험의 질을 구체적으로 관리하는 교육의 기본 설계도'라고 할 수 있다. 따라서, 의도된 학교교육에서 '왜, 무엇을, 어떻게, 어느 수준과 범위로 가르치고 평가하느냐'를 문서로 계획한 교육설계도가 교육과정이기 때문에, 교육과정을 단순한 교육내용으로만 볼 것이 아니라 교육 목표, 내용, 방법이나 운영 방식, 평가를 포괄하는 폭넓은 개념으로 보아야 할 것이다.

학교 교육과정은 국가수준의 교육과정 기준과 시 · 도의 교육과정 편성 · 운영 지침을 근거로 하여 지역의 특수성과 학교의 실정 및 실태에 알맞게 각 학교별로 마련한 '의도적인 교육 실천계획'을 의미한다. 즉, 그 학교가 수용하고 있는 학생에게 책임지도 실현하여야 할 교육 목표, 내용, 방법, 평가 등에 관한 실천 가능한 구체적인 실행 교육과정이고, 특색 있는 당해 학교의 교육 설계도이며, 상세한 교육 운영 세부 실천 계획인 것이다.

2) 학교 교육과정 편성 · 운영의 필요성

학교수준에서 학교 교육과정을 편성하고 운영해야 할 필요성을 살펴보면 다음과 같다.

첫째, 교육의 효과성을 높이기 위해서 필요하다.

학교 교육과정의 편성을 통하여 국가수준의 교육과정을 당해 학교의 실정에 알맞게 지속적으로 보완, 조정함으로써 학생의 실태에 적합한 학습자 중심의 교육과정을 다양하게 운영할 수 있다. 이렇게 학습자 중심의 교육과정 운영을 통하여 나아가서 단위 학교교육에서 도모하고자 하는 목적을 달성하기가 용이하다고 하겠다. 전국 공통의 일반적인 국가수준의 기준을 그대로 획일적으로 시행하는 것은 학생 개개인의 능력과 적성에 맞는 교육의 개별화, 다양화, 자율화를 꾀하기가 어려울 뿐만 아니라 융통성 있는 운영과 적극적인 교수 · 학습의 상호작용이 효과적으로 이루어질 수 없는 것이다.

둘째, 교육의 적합성을 높이기 위해서 필요하다.

지역이나 학교의 특수성, 교육의 실태, 학생 · 교원 · 학부모의 요구와 필요를 반영하여 해당 학교의 교육 중점을 설정, 운영함으로써 학교교육의 적합성을 높일 수 있다. 다시 말하면, 학교의 상황과 여건에 맞는 교육을 실현할 수 있다고 하겠다. 학교 교육과정의 편성 및 운영은 국가수준의 공통성과 지역 · 학교 · 개인 수준의 다양성을 동시에 추구하는 교육과정의 성격을 지니고 있으므로 교원 · 학생 · 학부모가 함께 실현해 나가는 교육적인 노력이 필요하다고 하겠다.

셋째, 교원의 자율성과 전문성을 신장시키기 위해서 필요하다.

학교의 교육은 누구보다도 학생들의 능력과 욕구를 잘 이해하고 학교의 지역적인 특수성을 잘 알고 있는 교사들이 학교 교육과정 편성 및 운영과정에 능동적으로 참여하도록 유도함으로써 잘 이루어질 수 있다. 또한 이런 과정은 교사들에게 자율성과 전문성을 신장시킬 수 있는 기회를 가지도록 할 수 있다. 학교 교육과정의 편성과 운영은 교원의 전문적인 업무다. 교원이 교육과정을 편성하고 운영할 수 있기 때문에 교직을 전문직이라고 하는 것이며, 이 업무를 수행하는 일은 교원의 고유한 전문적인 영역이다. 따라서 교육부, 교육청 등 교육관련기관 등에서는 학교 교육과정이 지역이나 학교의 실정에 따라 특색이 있게 운영하도록 자율재량권을 부여하고 교원의 자율성이 발휘되도록 이를 보장해 주고 지원해 주어야 한다.

넷째, 교육의 다양성을 추구하기 위해서 필요하다.

우리나라의 초 · 중등 교육은 획일성이 커다란 문제로 지적되어 왔다. 그 원인은 여러 가지가 있으나 획일화된 교과서로 인한 교과서 중심의 학교 운영, 전국이 비슷한 교육과정이 원인이라고 할 수 있다. 이제 획일화된 교육내용, 교육방법과 교육환경에서 탈피하여 학생, 교원, 학교의 실정에 알맞은 다양한 교육으로 변화시켜 나가기 위해서는 학교 교육과정이 필요한 것이다. 그러기 위해서는 '교과서 중심의 학교교육 체제'에서 벗어나 '교육과정 중심의 학교교육체제'로 하루 빨리 전환시켜야 교육의 다양성을 실현할 수 있을 것이다.

3) 학교 교육과정 편성 · 운영의 성격

(1) 학교별 독특성

학교 교육과정 편성 · 운영은 특정적이어서 각 학교가 가지고 있는 지역사회와 학생들의 특정한 요구에 초점을 맞추어 편성 · 운영된다. 따라서, 각 학교의 학교 교육과정 편성 · 운영은 교육과정에 대한 학교 안팎의 요구가 학교마다 다른 만큼 내용면에 있어서 서로 독특하고 상이하게 편성 · 운영된다.

(2) 상황 적응성

학교 교육과정의 편성 · 운영은 반드시 국가수준의 교육과정, 시 · 도교육청의 교육과정 편성 · 운영지침이나 지역교육청에서 제공하는 교육과정 편성 · 운영 장학자료에 관하여 구성되는 것이 아니고 오히려 그런 교육과정들을 기초로 학교의 특정한 상황에 맞게 조화를 시키는 활동이다. 따라서, 학교 교육과정 편성 · 운영은 국가수준의 교육과정과 시 · 도교육청에서 제공하는 교육과정 편성 · 운영 지침 등 교육청에서 제공하는 교육과정 틀을 기준으로 학교가 자율적으로 특색 있게 편성 · 운영하는 활동이다.

(3) 과정중심성

학교 교육과정 편성 · 운영은 과정중심적이어서 교육과정 편성 · 운영의 전략적 측면에서 보면 결과보다는 편성 · 운영 과정 그 자체에 중요성을 둔다. 바꾸어 말하면, 학교 교육과정 편성 · 운영은 최종적인 결과인 프로그램 산출도 중요하지만 그 보다는 산출을 내기까지의 과정을 통해 학교 구성원들이 학교 교육과정의 의미와 중요성을 이해하고, 자율성 · 협동성을 발휘하고 전문성을 신장시키는 측면을 더욱 중요하게 생각하는 활동이다.

(4) 참여성

학교 교육과정 편성 · 운영은 참여적이어서, 교사들이 변화를 위한 계획을 세우는 데 있어 서로 협동하는 것이 적절한 교육과정 편성 · 운영 방식이자 모습이라고 본다. 그러므로 비록 어느 교사 한 사람의 노력으로 뛰어난 수준의 학교 교육과정을 편성한다 하더라도 그것은 바람직하지 않으며, 또한 성공하기도 어렵다. 왜냐하면, 학교 교육과정은 그 본질이 집단적 사고의 산물이자 집단적 지식이기 때문이다. 따라서 교사들의 협동적 참여와 민주적 의사결정이 배제된 학교 교육과정은 학교 구성원들의 학교 교육과정에 대한 인식의 공유를 이끌어 내지 못하기 때문에 그 실행의 과정에서 소기의 성과를 기대할 수 없게 된다.

(5) 개방성

편성된 교육과정은 실행한 후에 평가를 통해 얼마든지 수정될 수 있기 때문에 실험적이고 개방적인 특징을 지닌다. 학교 교육과정은 일회적이고 정적인 개념이 아니고 계속적이고 동적인 개념으로서 해를 거듭하면서 꾸준히 발전되어 나가는 프로그램이다. 따라서 주어진 것이 아니라, 만들어 가는 것, 보완해 가는 것이다.

(6) 교사의 역할 확대성

학교 교육과정 편성 · 운영은 교사의 역할을 확대하는 것이어서, 학급으로 제한되어 있는 교사의 역할 범위를 좀 더 넓은 범위까지 확대하게 되고, 그 결과로 교사들은 기존의 역할에 변화와 융통성을 주어야 할 것을 요구받고 있다. 전통적으로 교사들은 외부로부터 주어진 내용을 학급 내에서 학생들에게 수업을 통해 전달하는 수동적이고 타율적인 역할에만 머물러 있었다. 그러나 학교 교육과정 편성 · 운영은 교사들이 그런 역할을 넘어서서 때로는 교육과정 학자, 교과 전문가, 교육과정 해설 및 자문가 등 교육학자의 역할과 함께 새로운 지식의 창조자로서의 능동적이고 전문적인 역할을 새로이 요구하고 있다.

4) 학교 교육과정 편성의 기본원리

(1) 목적지향성의 원리

교육과정을 통하여 국가수준과 시 · 도교육청 및 지역교육청 수준의 핵심적인 교육목적이 달성되어야 하는 것이므로 학교 교육과정은 이러한 교육목적에 부합되어야 한다. 각 교과 및 학년이 학교 교육과정 및 활동을 상위의 교육목적들과 연결시켜야 한다. 학교 교육과정위원회는 상위의 각 교육목적이 학교 교육과정에서 적절하게 강조되고 있는지, 내용 간에 지나친 반복은 없는지, 내용들이 더 통합될 수 없는지 등의 사항들을 검토해 보아야 한다.

(2) 균형성의 원리

핵심적 교육목적을 다루어야 하는 필수과목과 학생들의 개별적인 특수한 흥미를 개발, 탐색하게 하는 선택과목 및 창의적 체험활동 등은 적절한 균형을 이루어야 한다. 동 교과목들에 할당된 시간은 학교가 설정한 교육목적상의 우선순위를 반영해야 한다. 무엇이 적절한 균형이며 어떤 과목들이 중요한가 하는 것은 학교마다 다소간 주관적이어서 획일적으로 말하기 어려운 문제다. 그러나 한 가지의 방법은, 교과별로 국가수준 혹은 교육청 수준에서 주어지는 최소한의 시간 배당, 전문가들이 판단하는 시간 배당, 현재 학교의 실태 등을 비교하는 표를 만들고 이를 토대로 교사와 학부모들이 협의하여 각 교과별로 학교가 앞으로 배당해야 할 적절한 시간을 결정한 후에 학교 교육과정위원회가 이를 수렴하여 최종적으로 결정하는 방법이다.

(3) 통합성의 원리

종적 연결은 학년 간 및 수준 간 연결을 의미하는데 이는 학생들의 학업성취 등의 결과를 분석하거나 교사들 간의 협의로 파악될 수가 있다. 횡적 연결은 특정 학년에서의 교과 간 연결을 의미한다. 제6학년의 수학과 과학이 적절하게 서로 보강해 주고 있는가 하는 문제가 그 하나의 예다. 횡적 연결의 문제는 상위 학년일수록 더욱더 중요하다. 횡적 연결의 문제를 해결하는 손쉬운 방법은 각 학년별로 교사들이 모여 연간교육계획을 펼쳐 놓고 비교 · 조정하는 것이다. 단원 계열의 변경, 통합 단원의 개발, 특정 교과의 내용 추가, 연속성이 낮은 부분을 찾아내고 그 부분의 수정 등을 통해서 가능하다. 통합(integration)은 학생들로 하여금 지식간의 관계를 이해시키고 여러 학문 분야의 지식을 두루 활용하도록 하기 위해 교과들을 서로 연결짓는 다양한 접근법을 사용하게 된다.

(4) 학습자중심의 원리

학교 교육과정은 해당 학교 학생의 특수한 요구에 부응해야 한다. 학생의 요구라는 것도 보는 이의 가치관에 따라 상이하게 판단될 수 있다. 학교 내외의 가용한 자원, 지역사회의 가치관, 교육자의 신념 등을 토대로 요구가 판단되어야 한다. 구체적으로 학교교육과정위원회는 학생의 요구를 파악하기 위해 학부모, 학생, 교사들의 의견을 들어야 한다. 필요한 요구는 여러 가지의 다양한 방법과 조치를 통하여 수용하여야 한다.

5) 학교 교육과정의 편성체제

기본적으로 학교 교육과정을 '어떤 체제로 구성할 것인가' 하는 것은 당해 학교에 자율권 · 재량권이 부여되어 있다. 따라서, 그 학교를 경영하는 학교장의 교육적인 판단에 따라 학교가 창의성을 발휘하여 특색 있게 구성하여야 한다. 또한 어떠한 경우에는 다른 학교의 교육과정을 모방하는 경우가 있을 수 있으나 이것은 학교 교육과정 운영의 획일화를 초래하게 되며, 이로 인하여 모든 학교의 교육과정이 특색 없이 경직화, 형식화될 우려가 있다.

학교 교육과정의 편성 형태는 여러 가지 방안이 있을 수 있다. 그러나 어떤 형태나 체제로 편성하든지 간에 학교 교육과정에는 학교장의 교육철학이나 학교 교육 목표, 당해 연도의 노력 중점이 뚜렷이 부각되어야 하며, 교육과정의 편제와 시간 배당, 교과, 창의적 체험활동의 학년 · 교과 · 영역별 교육 중점과 연간지도 계획, 평가 계획이 포함되어야 한다. '왜, 무엇을, 어떻게, 어느 수준과 범위로 가르치고 평가할 것인가'를 담은 교육설계도가 교육과정이라고 한다면, 이 교육과정은 목표 내용, 방법, 평가를 포함하고 있는 것이므로 학교 교육과정 속에는 교육 목표를 실현시키기 위한 구체적인 계획, 지도, 평가, 운영방식이나 실천 방안이 체계적이고 일관성 있게 제시되어야 한다. 그래야만 당해 학교의 실정에 알맞은 의도적인 교육활동이 특색 있게 이루어질 수 있는 것이다.

교과와 창의적 체험활동의 과정을 구체화할 경우에는 추가시키거나 보완해야 할 목표는 없는지, 재구성하고 조정, 통합해야 할 내용은 무엇인지, 학생실태에 비추어 상향 또는 하향시켜야 할 내용은 무엇인지, 지도 순서 · 시간을 조정하거나 계절 · 행사와 연계해야 할 것은 무엇인지, 가장 좋은 지도 방법이나 적절한 평가 방법은 무엇인지 등 교육과정의 적절성과 적합성을 분석, 검토해야 할 것이다.

학교는 교과와 창의적 체험활동의 학년별 성취 수준을 설정하고, 다양한 평가 도구와 방법으로 성취도를 평가하여 학생의 목표 도달도를 확인하고 수업의 질 개선 자료로 활용할 수 있도록 평가 기준, 방법 등을 제시해 주어야 한다.

작성된 학교 교육과정 편성안의 심의 · 검토 과정을 거쳐 모든 교직원이 유용하게 활용할 수 있도록 수정 · 보완하고, 교직원 협의를 거쳐 최종적으로 확정하도록 하는 것이 효과적이다.

학교 교육과정의 편성에 있어서 고려해야 할 주요 내용체제는 다음과 같다.

(1) 학교교육 목표의 결정

① 교육 가치성, 실천 가능성, 평가 가능성 등을 고려하여 신중하게 결정한다.

② 교과 목표, 학년 목표, 영역별 활동 목표 등의 하위 목표로 구체화될 수 있도록 상위 목표를 설정한다.

(2) 각 교과별 학년 목표의 결정

① 국가수준 기준에는 교과별로 학교급별 학년 목표가 제시되어 있지 않으므로, 각 학교에서 학교 교육과정 편성 시에 당해 학교의 학습자 실태 및 특성 등을 고려하여 적정한 학년 목표를 필수적으로 결정해야 한다.
② 학년 목표의 수준, 묵표 수, 설정 영역 등은 그 학교의 학생에게 적합하게 결정해야 한다.

(3) 교과별, 학년별 교육내용의 결정

① 국가수준에 지시된 교과별, 영역별, 학년별 교육내용을 골격으로 상세화하고 보완한다.
② 교과별 영역별로 가장 기초 · 기본적인 지식과 능력을 정선하여 체계화한다.

(4) 교육내용별 소재의 결정

① 교육내용별로 그 지역, 그 학교에 적절한 수업 소재를 선택 · 결정한다.
② 소재 선정 시에는 학습자와 친근한 것, 간단한 것, 최근의 것, 보편적인 것, 구체적인 것부터 우선적으로 하는 원칙을 중시한다.

(5) 교육 방법의 결정

① 교사의 일방적인 강의, 해설, 설명은 꼭 필요한 경우에만 적용하는 것을 원칙으로 하고, 팀 티칭, 협력 학습 등 다양한 교육 방법 등도 도입한다.
② 학생의 직접 체험활동, 소그룹별 공동 과제 해결활동, 개별 학습활동이 전개될 수 있는 교육 방법을 선택한다.

(6) 학습 시간의 결정

① 교육내용의 수준과 분량, 특성, 학습 형태와 학습 방법 등을 고려하여 적정

학습 시간을 배당한다.

② 고정적인 학습 시간 배당의 종래 방식에서 벗어나 유연하고 융통성 있게 배당한다.

③ 심도 있는 학습이 이루어질 수 있도록 개인차에 따른 소집단별 학습 시간을 고려한다.

④ 창의적 체험활동의 영역별 학습 시간을 균형 있게 배정한다.

(7) 학습 시기의 결정

① 교육과정 및 교과서에 제시된 배열 순서에 전혀 구애받지 않고 그 학교에서 학습하기에 가장 알맞은 시기를 결정한다.

② 특히 계절, 기후, 세시 풍속, 국가 및 지역의 행사, 환경, 자연계의 생태, 각종 역사적 · 사회적 사건 등과 관련 있는 교육내용은 학습을 하기에 가장 적합한 시기에 학습 과제가 다루어질 수 있도록 편성한다.

(8) 학습 매체의 결정

① 학습 매체는 교사용, 학생용을 모두 포함하여 선택 · 결정한다.

② 교수 · 학습에 필요한 모든 준비물을 포함하여 선택하고, 견학, 방문, 실습과 자원 인사초빙도 학습 매체 선정 시 계획해야 한다.

③ 교과용 도서 외에 다양한 학습 매체를 활용하도록 한다.

(9) 평가 계획의 결정

① 평가도구, 평가 방법, 평가 시기 등을 결정한다.

② 선택형 지필검사에만 의존하지 않도록 각별히 유의한다.

③ 학생은 기대하는 대로 성장하기보다는 평가하는 대로 성장한다는 점에 유의한다.

6) 학교 교육과정 편성의 절차

(1) 학교 교육과정 편성의 사전준비 사항

[1] 학교 교육과정위원회 조직 운영

교원, 학부모, 지역사회 인사 및 교육과정 전문가로 구성되는 교육과정위원회를 구성한다. 위원회는 학교운영위원회와 연계하여 구성하되 다양한 사람들로 구성하는 것이 좋다. 위원회는 자료 수집, 실태 조사, 교육과정 편성 및 운영평가 등의 소위원회로 조직하여 가능한 많은 교사들이 참여하도록 하는 것이 바람직하다. 위원회는 활동 계획, 회의록, 평가보고서 작성 등 실질적인 활동을 하도록 운영한다.

[2] 국가수준의 기준과 시·도 지침의 내용 분석

학교 교육과정을 편성할 때는 우선 현행의 국가수준 교육과정 기준과 각 시·도 교육청의 학교급별 교육과정 편성·운영 지침을 근거로 편성해야 한다. 실제 아직도 적지 않은 사람들이 국가수준의 교육과정 기준에 각 학교에서 학교 교육과정을 편성하고 운영하는 데 꼭 필요한 기본 지침과 학교교육의 방향이 제시되어 있다는 사실을 잘 모르고 있는 경우가 있다. 즉, 국가수준의 교육과정 기준에는 ① 교육과정의 성격, ② 교육을 통해 추구하는 인간상, ③ 교육과정의 구성 방침, ④ 초등학교, 중학교, 고등학교의 교육 중점과 교육 목표, ⑤ 편제와 시간 배당 기준, ⑥ 학교 교육과정의 편성·운영 지침이 제시되어 있다.

국가수준의 교육과정이 추구하는 인간상을 구현하기 위하여 초·중·고등학교의 학교급별로 교육 중점과 교육 목표가 교육과정에 명시되어 있다. 따라서, 각 학교에서는 지역이나 학교의 실정에 알맞게 학교 교육과정을 편성하기 위해서는 기본적으로 우리나라의 국가수준 교육과정에서는 교육과정을 통해 추구하는 인간상이 어떠한지를 반드시 살펴보아야 할 것이고, 각급 학교의 교육 중점과 교육 목표는 어떠한지를 알아야 이를 토대로 단위 학교의 교육 방향을 설정할 수 있을 것이다. 그렇다면 초등학교와 중학교에서는 적어도 ① 기초적이고 기본적인 교육을 충실히 하는 일과, ② 민주시민으로서의 자질을 함양하는 데 필요한 일들을 넣어서 학교 교육과정을 편성하여야 할 것이다.

이와 함께 각 시 · 도 교육청에서 제시한 학교 교육과정 편성 · 운영 지침을 근거로 단위 학교의 학교 교육과정을 편성하여야 한다.

3 각종 실태 조사 · 분석과 시사점 추출

학교 교육과정 편성 준비와 구체적인 작업 일정이 수립되고 나면, 가장 먼저 착수해야 할 일은 국가에서 문서로 고시한 교육과정 기준과 시 · 도 교육청에서 제시한 교육과정 편성 · 운영 지침의 내용을 교과, 재량활동, 특별활동에 따라 분석하고, 필요한 경우에는 관계 법령, 교육 시책, 교육 지표 중점 과제의 내용을 분석하여 학교 교육과정에 반영할 시사점을 일관성 있고 체계적으로 추출하는 것이다.

또, 지역의 특수성과 학교의 실정에 알맞은 특색 있고 창의적인 교육 프로그램을 편성하려면, 무엇보다도 중요한 것이 각종 기초 조사와 실태 분석을 실시하여 학교 교육과정에 반영할 시사점을 실천 가능하도록 추출하는 일이다.

4 지역사회의 교육 여건과 환경의 조사 파악

수업의 장이 교실만은 아니라는 것은 누구나 다 알고 있는 사실이다. 학교 교육과정을 편성, 운영하는 데에는 교원의 조직, 학생의 실태, 학부모의 요구, 지역사회의 실정 및 교육시설 · 설비 등 교육 여건과 환경이 충분히 반영되도록 노력하여야 한다.

모든 학습활동을 통하여 조사, 탐구, 견학, 답사, 실험, 실습 관찰 등과 같은 학생들의 직접적인 체험활동이 많이 이루어지도록 하기 위해서는 학교라는 울타리 안에서의 교육에서 벗어나 지역사회의 교육 시설 · 설비, 문화재, 고적, 전적지 등을 이용한 교육활동이 매우 중요하다.

지역사회의 교육 시설이나 설비 등을 이용하기 위한 사전 준비와 해당 기관과의 유기적인 협조 체제가 강구되어야 하며, 활동 주제에 따라서는 지역사회의 자원인사를 적극적으로 활용할 수 있는 대책이 수립되어야 한다.

특히, 완전한 주 5일 수업제의 시행에 대비하여 토요 휴업일을 운영할 경우에는 지역사회의 교육 시설이나 설비를 이용하기 위한 여러 가지 방안이 구체적으로 강구되어야 한다.

(2) 학교 교육과정의 구체적 편성 절차

새 학년 교육과정은 늦어도 전년도 11월부터 작업에 착수하여야 한다. 절차와 추진 계획을 세부적으로 작성하되 순서와 추진 내용, 담당자와 필요한 자료 등을 명세화한 계획을 작성하여 일정대로 추진하고 수시로 보완해 가야 한다. 우선 교육과정 편성 · 운영의 일반적인 절차를 살펴보고 학교 나름대로 추진계획을 수립한다. 교육과정위원회의 조직과 임무를 분담하고 세부 업무 추진사항을 정한 다음 일정을 잡아야 한다. 편성 절차를 구체적으로 도식화하면 [그림 4-1]과 같다.

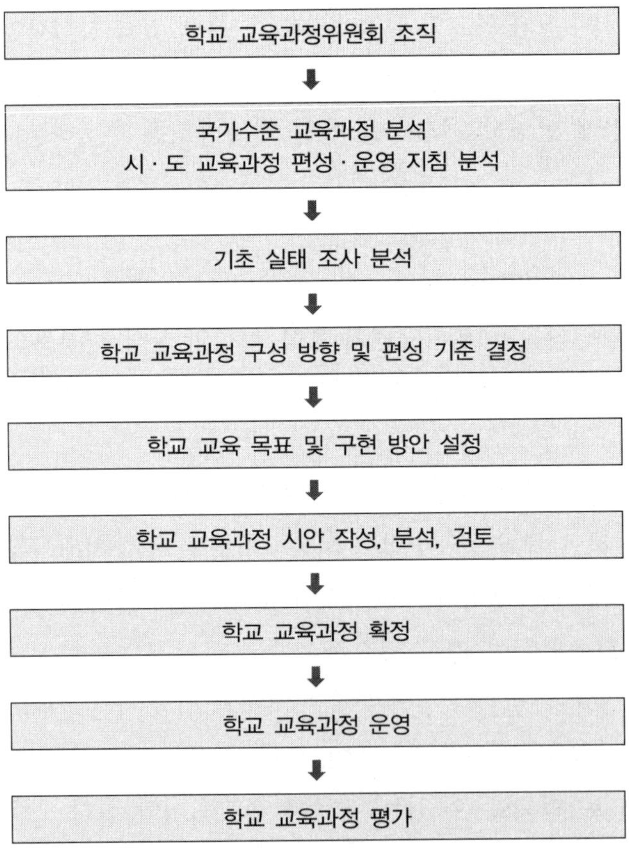

[그림 4-1] 학교 교육과정 편성 · 운영절차

2. 현행 교육과정의 편성과 운영방법

1) 교육과정 구성의 방향

(1) 추구하는 인간상

우리나라의 교육은 홍익인간의 이념 아래 모든 국민으로 하여금 인격을 도야하고, 자주적 생활 능력과 민주 시민으로서 필요한 자질을 갖추게 하여 인간다운 삶을 영위하게 하고, 민주 국가발전과 인류 공영의 이상을 실현하는 데 이바지하게 함을 목적으로 하고 있다.

이러한 교육 이념을 바탕으로, 이 교육과정이 추구하는 인간상은 다음과 같다.

① 전인적 성장의 기반 위에 개성의 발달과 진로를 개척하는 사람

② 기초 능력의 바탕 위에 새로운 발상과 도전으로 창의성을 발휘하는 사람

③ 문화적 소양과 다원적 가치에 대한 이해를 바탕으로 품격있는 삶을 영위하는 사람

④ 세계와 소통하는 시민으로서 배려와 나눔의 정신으로 공동체 발전에 참여하는 사람

(2) 교육과정 구성의 방침

추구하는 인간상을 구현하기 위한 이 교육과정 구성의 방침은 다음과 같다.

① 배려와 나눔을 실천하는 창의적인 인재를 기를 수 있도록 교육과정을 구성한다.

② 이 교육과정은 초등학교 1학년부터 중학교 3학년까지의 공통 교육과정과 고등학교 1학년부터 3학년까지의 선택 교육과정으로 편성한다.

③ 교육과정 편성 · 운영의 경직성을 탈피하고, 학년 간 상호 연계와 협력을

통한 학교 교육과정 편성 · 운영의 유연성을 부여하기 위하여 학년군을 설정한다.

④ 공통교육과정의 교과는 교육 목적상의 근접성, 학문 탐구 대상 또는 방법상의 인접성, 생활양식에서의 연관성 등을 고려하여 교과군으로 재분류한다.

⑤ 선택교육과정에서는 학생들의 기초영역 학습 강화와 진로 및 적성 등을 감안한 적정 학습이 가능하도록 4개의 교과 영역으로 구분하고, 필수이수 단위를 제시한다.

⑥ 학기당 이수 교과목 수 축소를 통한 학습부담의 적정화와 의미 있는 학습활동이 전개될 수 있도록 집중이수를 확대한다.

⑦ 기존의 재량활동과 특별활동을 통합하여 배려와 나눔의 실천을 위한 '창의적 체험활동'을 신설한다.

⑧ 학교 교육과정 평가, 교과 평가의 개선, 국가수준의 학업성취도 평가 실시 등을 통해 교육과정 질 관리 체제를 강화한다.

2) 학교급별 교육과정 편성과 운영

(1) 초등학교

1 초등학교 교육목표

초등학교의 교육은 학생의 학습과 일상생활에 필요한 기초 능력 배양과 기본생활 습관을 형성하는 데 중점을 둔다.

① 풍부한 학습 경험을 통해 몸과 마음이 건강하고 균형 있게 자랄 수 있도록 하며, 다양한 일의 세계에 대한 기초적인 이해를 한다.

② 학습과 생활에서 문제를 인식하고 해결하는 기초 능력을 기르고, 이를 새롭게 경험할 수 있는 상상력을 키운다.

③ 우리 문화에 대해 이해하고, 문화를 향유하는 올바른 태도를 기른다.

④ 자신의 경험과 생각을 다양하게 표현하며 타인과 공감하고 협동하는 태도를 기른다.

[2] 편제

초등학교 교육과정은 교과(군)와 창의적 체험활동으로 편성한다.

① 교과(군)는 국어, 사회/도덕, 수학, 과학/실과, 체육, 예술(음악/미술), 영어로 한다. 다만, 초등학교 1, 2학년의 교과는 국어, 수학, 바른 생활, 슬기로운 생활, 즐거운 생활로 한다.

② 창의적 체험활동은 자율활동, 동아리활동, 봉사활동, 진로활동으로 한다.

[3] 초등학교 교육과정 편성·운영의 중점

① 학교는 1학년 학생들의 입학 초기 적응 교육을 위해 창의적 체험활동의 시수를 활용하여 자율적으로 입학 초기 적응 프로그램 등을 편성·운영할 수 있다.

② 학교는 모든 교육활동을 통해 학생의 인성과 기본생활습관을 형성할 수 있도록 교육과정을 편성·운영한다.

③ 각 교과의 기초적, 기본적 요소들이 체계적으로 학습되도록 계획하고, 정확한 국어사용 능력을 신장할 수 있도록 배려한다. 특히, 기초적 국어사용 능력과 수리력이 부족한 학생들을 위해 별도의 프로그램을 편성·운영할 수 있다.

④ 학교의 특성, 학생·교사·학부모의 요구 및 필요에 따라 학교가 자율적으로 교과(군)별 20% 범위 내에서 시수를 증감하여 운영할 수 있다.

⑤ 초등학교에서는 학교의 여건과 교과(군)별 특성을 고려하여 학년, 학기별로 집중 이수를 통해 학기당 이수 교과 수를 감축하여 편성·운영할 수 있다.

⑥ 정보통신 활용교육, 보건교육, 한자교육 등은 관련 교과(군)와 창의적 체험활동 시간을 활용하여 체계적인 지도가 이루어질 수 있도록 한다.

⑦ 전입 학생이 특정 교과목을 이수하지 못할 경우, 교육청과 학교에서는 '보충학습 과정' 등을 통해 학습 결손이 발생하지 않도록 한다.

⑧ 학년을 달리하는 학생을 병합하여 복식 학급을 편성·운영하는 경우에는 교육내용의 학년별 순서를 조정하거나 공통 주제를 중심으로 교재를 재구성

하여 활용할 수 있다.

⑨ 학교는 학생이 학년군별로 이수해야 할 학년별, 학기별 교과목을 편성하여 안내한다.

⑩ 예술(음악/미술)은 음악과 미술 교과를 중심으로 편성 · 운영한다.

(2) 중학교

1 중학교 교육목표

중학교의 교육은 초등학교 교육의 성과를 바탕으로, 학생의 학습과 일상 생활에 필요한 기본 능력을 배양하며, 다원적인 가치를 수용하고 존중하는 민주시민의 자질 함양에 중점을 둔다.

① 심신의 건강하고 조화로운 발달을 추구하며, 다양한 분야의 경험과 지식을 익혀 적극적으로 진로를 탐색한다.

② 학습과 생활에 필요한 기초 능력과 문제해결력을 바탕으로 창의적 사고력을 기른다.

③ 자신을 둘러싼 세계에 대한 경험을 토대로 다양한 문화와 가치에 대한 이해를 넓힌다.

④ 다양한 소통능력을 기르고 민주시민으로서의 자질과 태도를 갖춘다.

2 편제

중학교 교육과정은 교과(군)와 창의적 체험활동을 편성한다.

① 교과(군)는 국어, 사회(역사 포함)/도덕, 수학, 과학/기술 · 가정, 체육, 예술(음악/미술), 영어, 선택으로 한다. 선택은 한문, 정보, 환경, 생활 외국어(독일어, 프랑스어, 스페인어, 중국어, 일본어, 러시아어, 아랍어), 보건, 진로와 직업 등 선택 과목으로 한다.

② 창의적 체험활동은 자율활동, 동아리활동, 봉사활동, 진로활동으로 한다.

3 중학교 교육과정 편성·운영의 중점

① 학교는 학생들이 이수해야 할 3년간의 교과목을 학년별, 학기별로 편성하여 안내한다.
② 교과(군)의 이수 시기와 수업시수는 학교가 자율적으로 결정할 수 있다.
③ 학교의 특성, 학생·교사·학부모의 요구 및 필요에 따라 학교가 자율적으로 교과(군)별 수업시수를 20% 범위 내에서 증감하여 운영할 수 있다.
④ 교육 효과를 높이기 위해 학생의 학기당 이수 교과목 수를 8개 이내로 편성하도록 한다.
⑤ 예술(음악/미술)은 음악과 미술 교과를 중심으로 편성·운영한다.
⑥ 선택 과목을 개설할 경우, 학교는 2개 이상의 과목을 개설함으로써 학생들의 선택권이 보장되도록 한다.
⑦ 학교는 필요한 경우 새로운 선택 과목을 개설할 수 있다. 새로운 과목을 개설하여 운영하고자 할 경우에는 시·도 교육청의 교육과정 편성·운영 지침에 의거하여 사전에 필요한 절차를 거쳐야 한다.
⑧ 학교는 학생의 직업 및 진로에 대한 탐색과 선택을 돕기 위해 진로교육의 강화한 교육과정을 편성·운영한다.
⑨ 전입 학생이 특정 교과목을 이수하지 못할 경우, 교육청과 학교에서는 '보충 학습 과정' 등을 통해 학습 결손이 발생하지 않도록 한다.

(3) 고등학교

1 고등학교 교육목표

고등학교 교육은 중학교 교육의 성과를 바탕으로, 학생의 적성과 소질에 맞는 진로 개척 능력과 세계 시민으로서의 자질을 함양하는데 중점을 둔다.

① 성숙한 자아의식을 토대로 다양한 분야의 지식과 기능을 익혀 진로를 개척하며 평생학습의 기본 역량과 태도를 갖춘다.
② 학습과 생활에서 새로운 이해와 가치를 창출할 수 있는 비판적, 창의적 사고

력과 태도를 익힌다.

③ 우리의 문화를 향유하고 다양한 문화와 가치를 수용할 수 있는 자질과 태도를 갖춘다.

④ 공동체의 발전을 위해 노력하며, 세계 시민으로서의 자질과 태도를 기른다.

2 편제

고등학교 교육과정은 교과(군)와 창의적 체험활동으로 편성하며, 교과는 보통교과와 전문교과로 한다.

① 보통 교과 영역은 기초, 탐구, 체육 · 예술, 생활 · 교양으로 구성하며, 교과(군)는 국어, 수학, 영어, 사회(역사/도덕 포함), 과학, 체육, 예술(음악/미술), 기술 · 가정/제2외국어/한문/교양으로 한다.

교과 영역	교과(군)	과 목
기초	국어	국어*, 화법과 작문Ⅰ, 화법과 작문Ⅱ, 독서와 문법Ⅰ, 독서와 문법Ⅱ, 문학Ⅰ, 문학Ⅱ
	수학	수학*, 수학의 활용, 수학Ⅰ, 미적분과 통계기본, 수학Ⅱ, 적분과 통계, 기하와 벡터
	영어	영어*, 영어Ⅰ, 영어Ⅱ, 실용 영어 회화, 심화 영어 회화, 영어 독해와 작문, 심화 영어 독해와 작문
탐구	사회 (역사/도덕 포함)	사회*, 한국사*, 한국 지리, 세계 지리, 동아시아사, 세계사, 법과 정치, 경제, 사회 · 문화 도덕*, 생활과 윤리, 윤리와 사상
	과학	과학*, 문리Ⅰ, 물리Ⅱ, 화학Ⅰ, 화학Ⅱ, 생명과학Ⅰ, 생명과학Ⅱ, 지구과학Ⅰ, 지구과학Ⅱ
체육 · 예술	체육	체육*, 운동과 건강 생활, 스포츠와 문화, 스포츠 과학
	예술 (음악/미술)	음악*, 음악 실기, 음악과 사회, 음악의 이해 미술*, 미술과 삶, 미술 감상, 미술 창작

교과 영역	교과(군)	과 목
생활 · 교양	기술 · 가정/ 제2외국어/ 한문/ 교양	기술 · 가정*, 농업 생명 과학, 공학 기술, 가정 과학, 창업과 경영, 해양 과학, 정보 독일어Ⅰ, 독일어Ⅱ, 프랑스어Ⅰ, 프랑스어Ⅱ, 스페인어Ⅰ, 스페인어Ⅱ, 중국어Ⅰ, 중국어Ⅱ, 일본어Ⅰ, 일본어Ⅱ, 러시아어Ⅰ, 러시아어Ⅱ, 아랍어Ⅰ, 아랍어Ⅱ 한문Ⅰ, 한문 Ⅱ 생활과 철학, 생활과 논리, 생활과 심리, 생활과 교육, 생활과 종교, 생활 경제, 안전과 건강, 진로와 직업, 보건, 환경과 녹색 성장

㉮ 각 과목의 기본 단위 수는 5단위이며, 각 과목별로 1단위 범위 내에서 증감 운영이 가능하며, 가능한 한 학기에 이수하도록 한다.

㉯ *표 한 과목은 교과(군)별 학습의 위계를 고려하여 선택할 수 있도록 지도한다. 이 과목은 4단위 범위 내에서 증감하여 운영할 수 있다.

㉰ 위 표에 제시된 과목 이외에 전문교과의 과목을 편성 · 운영할 수 있다.

② 전문교과는 농생명 산업, 공업, 상업 정보, 수산 · 해운, 가사 · 실업, 과학, 체육, 예술, 외국어, 국제에 관한 교과로 한다.

③ 창의적 체험활동은 자율활동, 동아리활동, 봉사활동, 진로활동으로 한다.

3 교육과정 편성 · 운영의 중점

① 고등학교 교육과정의 총 이수 단위는 204단위이며 교과(군) 180단위, 창의적 체험활동 24단위로 나누어 편성한다.

② 교과의 이수 시기와 단위는 학교에서 자율적으로 편성 · 운영할 수 있다.

③ 교육 효과를 높이기 위해 학생의 학기당 이수 과목 수를 8개 이내로 편성하도록 한다.

④ 선택과목 중에서 위계성을 갖는 과목의 경우 계열적 학습이 되도록 편성한다. 단, 학교의 실정 및 학생의 요구, 과목의 성격에 따라 탄력적으로 운영할

수 있다.

⑤ 선택과목은 학교의 실정과 학생들의 요구를 반영하여 편성하되, 학교는 필요에 따라 이 교육과정에 제시되어 있는 과목 외에 새로운 과목을 개설할 수 있다. 새로운 과목을 개설하여 운영하고자 할 경우에는 시 · 도 교육청의 교육과정 편성 · 운영 지침에 의거하여 사전에 필요한 절차를 거쳐야 한다.

⑥ 일정 규모 이상의 학생이 이 교육과정의 편제에 있는 특정 선택과목의 개설을 요청할 경우, 학교는 이를 개설해야 한다.

⑦ 학교에서 개설하지 않은 선택과목 이수를 희망하는 학생이 있을 경우 그 과목을 개설한 다른 학교에서의 이수를 인정하도록 한다.

⑧ 학교 및 학생의 필요에 따라 지역사회의 학습장에서 행하는 학습을 이수과목으로 인정할 수 있다. 다만 이 경우 시 · 도 교육청이 정하는 지침에 따른다.

⑨ 학교는 필요에 따라 대학과목 선이수제의 과목을 개설할 수 있고, 국제적으로 공인받은 교육과정과 과목을 선택 과목으로 인정할 수 있다. 다만, 이와 관련된 구체적인 사항은 시 · 도 교육청의 지침에 따른다.

⑩ 학교는 필요에 따라 교과의 총 이수 단위를 증배 운영할 수 있다. 단, 전문교육을 주로 하는 학교는 전문 교과에 한하여 증배 운영할 수 있다.

⑪ 학생이 3년간 이수해야 할 학년별, 학기별 과목을 편성하여 안내해야 한다.

(4) 학교급별 공통 사항

1 편성 · 운영

① 학교는 이 교육과정을 바탕으로 학교 실정에 알맞은 학교 교육과정을 편성 · 운영한다.

② 학교는 학교 교육과정 편성 · 운영 계획을 바탕으로 학년 및 교과목별 교육과정을 편성할 수 있다.

③ 학교 교육과정은 모든 교원이 전문성을 발휘하여 참여하는 민주적인 절차와 과정을 거쳐 편성 · 운영한다.

④ 교육과정의 합리적 편성과 효율적 운영을 위하여 교원, 교육과정(교과 교육)

전문가, 학부모 등이 참여하는 학교 교육과정위원회를 구성하여 운영하며, 이 위원회는 학교장의 교육과정 운영 및 의사결정에 관한 자문의 역할을 담당한다.

⑤ 학교 교육과정을 편성 · 운영함에 있어서는 교원의 조직, 학생의 실태, 학부모의 요구, 지역사회의 실정 및 교육 시설 · 설비 등 교육 여건과 환경이 충분히 반영되도록 노력한다.

⑥ 학교는 동학년 모임, 교과별 모임, 현장 연구, 자체 연수 등을 통해서 교사들의 교육활동 개선이 이루어지도록 한다.

⑦ 학교가 종교과목을 개설할 때에는 종교 이외의 과목을 포함, 복수로 과목을 편성하여 학생에게 선택의 기회를 주어야 한다.

⑧ 각 교과의 기초적, 기본적 요소들이 체계적으로 학습되도록 계획하고, 이를 일관성 있고 지속성 있게 지도한다.

⑨ 각 교과목별 학습 목표를 모든 학생이 성취하도록 지도하고, 능력에 알맞은 성취가 가능하도록 다양한 학습의 기회와 방법을 제공하며, 이를 위한 계획적인 배려와 지도를 하여 학습결손이 누적되거나 학습 의욕이 저하되지 않도록 노력한다.

⑩ 공통 교육과정에서는 학생의 능력과 적성, 진로를 고려하여 교육내용과 방법을 다양화한다. 특히 국어, 수학, 사회, 과학, 영어 교과에서는 수준별 수업을 권장한다.

⑪ 수준별 수업 운영을 위한 학습 집단은 학교의 여건이나 학생의 특성에 따라 다양하게 편성할 수 있으며, 학습 결손을 보충할 수 있도록 '특별 보충수업'을 운영할 수 있다. 특별 보충 수업의 편성 · 운영에 관한 제반 사항은 학교가 자율적으로 결정한다.

⑫ 교과 수업은 탐구적인 활동을 통하여 개념 및 원리를 이해하고, 이를 새로운 사태에 적용하는 기회를 많이 가지게 한다. 특히 여러 가지 자료를 활용한 정보 처리 능력을 가지도록 하는 데 힘쓴다.

⑬ 각 교과의 특성에 맞는 다양한 학습이 이루어질 수 있도록 교과 교실제 운영을 활성화한다.

⑭ 실험 · 실습이나 실기 지도에 있어서는 시설 및 기계 · 기구, 약품 사용의 안전에 유의하도록 한다.

⑮ 학교는 학생과 학부모의 요구를 바탕으로 방과 후 학교 또는 방학 중 프로그램을 개설할 수 있으며, 학생들의 자발적인 참여를 원칙으로 한다.

2 평가활동

① 학교는 학교 교육과정 편성과 운영의 적합성, 타당성, 효과성을 자체 평가하여 문제점과 개선점을 추출하고, 다음 학년도의 교육과정 편성 · 운영에 그 결과를 반영한다.

② 학교에서 실시하는 평가활동은 다음과 같은 사항을 고려해서 이루어지도록 한다.

- 평가는 모든 학생들이 교육목표를 성공적으로 달성하기 위한 교육의 과정으로 실시한다.
- 학교는 다양한 평가 도구와 방법으로 성취도를 평가하여 학생의 목표 도달도를 확인하고, 수업의 질 개선을 위한 자료로 활용한다.
- 교과의 평가는 선택형 평가보다는, 서술형이나 논술형 평가 그리고 수행평가의 비중을 늘려서 교과별 특성에 적합한 평가를 실시하도록 한다.
- 실험 · 실습의 평가는 교과목의 성격을 고려하여 합리적인 세부 평가 기준을 마련하여 실시한다.
- 정의적, 기능적, 창의적인 면이 특히 중시되는 교과의 평가는 타당한 평정기준과 척도에 의거하여 실시한다.
- 학교와 교사는 학교에서 가르친 내용과 기능을 평가하도록 한다. 학생이 학교에서 배울 기회를 마련해 주지 않고, 학교 밖의 교육 수단을 통해서 익힐 수밖에 없는 내용과 기능은 평가하지 않도록 유의한다.
- 창의적 체험활동에 대한 평가는 창의적 체험활동의 내용과 특성을 감안하여 평가의 주안점을 학교에서 작성, 활용한다.

3) 학교 교육과정 지원

(1) 학교 교육과정 편성 · 운영 지원

[1] 국가수준 지원 사항

이 교육과정 편성 · 운영을 위하여 국가수준에서는 다음과 같이 평가하고 지원한다.

① 시 · 도 교육청의 교육과정 지원 활동과 단위학교의 교육과정 편성 · 운영 활동이 상호 유기적으로 이루어질 수 있도록 행 · 재정적 지원을 한다.

② 이 교육과정의 질 관리를 위하여 국가수준에서는 주기적으로 학업성취도 평가, 학교와 교육기관 평가, 교육과정 편성 · 운영에 관한 평가를 실시한다.

- 학업성취도를 평가하기 위하여 교과별, 학년(군)별 학생 평가를 실시하고, 평가 결과는 교육과정의 적절성 확보와 그 개선에 활용한다.
- 학교의 교육과정 편성 · 운영과 교육청의 교육과정 지원 상황을 파악하기 위하여 학교와 관련 교육청에 대한 평가를 주기적으로 실시한다.
- 교육과정 편성 · 운영과 지원 체제의 적절성과 실효성을 평가하기 위한 연구를 수행한다.

③ 국가수준에서는 학교에서 교육과정의 정신을 구현한 평가활동이 원활히 이루어질 수 있도록 다양한 방안을 강구해서 학교 현장에 제공해 주어야 한다.

- 교과별로 '평가 기준'을 개발, 보급하여 학교가 교과 교육과정의 목표에 부합되는 평가를 실시할 수 있도록 한다.
- 교과별 평가활동에 활용할 수 있는 다양한 평가 방법, 절차, 도구 등을 개발하여 학교에 제공한다.

[2] 교육청 수준 지원 사항

이 교육과정의 원활한 편성 · 운영을 위하여 교육청은 다음과 같은 사항을 지원한다.

① 교육과정의 편성 · 운영에 관한 조사 연구와 자문 기능을 담당할 위원회를 구성하여 운영한다. 이 위원회에는 교원, 교육행정가, 교육학전문가, 교과교육전문가, 학부모, 지역사회 인사, 산업체 인사 등이 참여할 수 있다.

② 지역의 특수성, 교육의 실태, 학생 · 교원 · 주민의 요구와 필요 등을 반영하여 교육 중점을 설정하고, 교육과정 편성 · 운영 지침을 작성한다.

③ 교육과정 편성 · 운영의 개선을 위한 연구학교를 운영하고, 수업 개선을 위한 연구 교사를 두어 교과별 연구회 활동을 적극적으로 지원한다.

④ 학년군, 교과군 도입을 통한 단위학교 교육과정 자율 편성과 창의적 체험활동의 효율적인 운영을 위한 교육과정 컨설팅 등 지원 기구를 조직하여 교육과정 편성 · 운영을 위한 각종 자료를 연구 · 개발하여 보급한다.

⑤ 교원의 학교 교육과정 편성 · 운영 능력 향상과 교과와 창의적 체험활동에 대한 지도 능력 제고를 위하여 각급 학교 교원에 대한 연수 계획을 수립 · 시행한다.

⑥ 각급 학교가 새 학년도 시작에 앞서 교육과정 편성 · 운영에 관한 계획을 세울 수 있도록 교육과정 편성 · 운영 자료를 개발 · 보급하고, 교원의 전보를 적기에 시행한다.

⑦ 학교 교육과정 편성과 운영을 위한 교육 시설, 설비, 자료 등의 정비 확충에 필요한 행 · 재정적인 지원을 한다.

⑧ 학교가 지역사회의 유관기관과 적극적으로 연계 · 협력해서 교과, 창의적 체험활동을 내실 있게 운영할 수 있도록 지원하며, 관내 학교가 활용 가능한 '지역 자원목록'을 작성하여 제공하는 등 구체적인 지원 방안을 마련한다.

⑨ 수준별 수업을 효율적으로 운영하도록 지원하며, 학습 결손을 보충할 수 있도록 '특별 보충수업'을 운영하는 데 필요한 행 · 재정적인 지원을 한다.

⑩ 개별학교의 희망과 여건을 반영하여 지역 내 학교간 개설할 집중과정을 조정하고, 그 편성 · 운영을 지원한다. 특히, 소수 학생이 지망하는 집중과정을 개설할 학교를 지정하고, 원활한 교육과정 편성 · 운영을 위한 행 · 재정적 지원을 한다.

⑪ 특정 분야에서 탁월한 재능을 보이는 학생과 학습 장애가 있는 학생들을

위한 교육 기회를 마련하고 지원한다.

⑫ 귀국자 및 다문화 가정 자녀의 교육 경험의 특성과 배경을 고려하여 이 교육과정을 이수하는 데 어려움이 없도록 지원한다.

⑬ 전 · 입학, 귀국 등에 따라 공통 교과를 이수하지 못한 학생들이 해당 교과를 이수할 수 있도록 다양한 기회를 마련해 주고, 학생들이 지역사회의 공공성 있는 사회 교육 시설을 통해 이수한 과정을 인정해 주는 방안을 마련한다.

⑭ 지역사회와 학교의 여건에 따라 초등학교 저학년 학생을 학교에서 돌볼 수 있는 기능을 강화하고, 이에 대해 교육청은 특별한 배려와 지원을 하도록 한다.

⑮ 교육과정에 제시되지 않은 교과목을 설치, 운영하는 경우에 대비하여, 교육청은 관련 지침을 학교에 제시해 주고, 학교로 하여금 필요한 사전 절차를 밟도록 지원한다.

⑯ 복식 학급 운영 등 소규모 학교의 정상적인 교육과정 운영을 지원하기 위해서 교원의 배치, 학생의 교육받을 기회의 확충 등에 필요한 행 · 재정적인 지원을 한다.

⑰ 학교 교육과정의 효과적 운영을 위하여 학생의 배정, 교원의 순회 및 수급, 학교 간 시설과 설비의 공동 활용, 자료의 공동 개발 활용에 관하여 학교간 및 인접 교육청 간의 협조 체제를 구축한다.

⑱ 학생의 교육활동에 필요한 교과용 도서의 인정, 개발, 보급을 위해 노력한다.

⑲ 전문교육을 주로 하는 고등학교는 개설 전공과 유사한 산업체와 협력하여 특성화된 교육과정과 실습과목을 편성 · 운영할 수 있으며, 학생의 현장 실습이 내실 있게 운영될 수 있도록 행 · 재정적 지원을 한다.

⑳ 학교에 대한 교육과정 운영 지원 실태와 각급 학교의 교육과정 편성 · 운영실태를 정기적으로 파악하고, 효과적인 교육과정의 운영과 개선 및 질 관리에 필요한 적절한 지원을 한다.

㉑ 학교의 교육과정 편성 · 운영에 대한 질 관리 및 교육과정 편성 · 운영체제의 적절성과 실효성을 높이기 위하여 학업성취도 평가, 교육과정 편성 · 운영 · 평가 등을 실시할 수 있다.

3. 학교 교육과정의 운영

1) 교육과정 운영의 의미

교육과정의 운영은 교육과정을 학교와 교실에서 사용하고 실천하는 과정을 총칭한다. 교육과정이 구현되는 과정을 크게 개발, 운영, 평가로 나눈다면, 운영은 개발된 교육과정을 실행에 옮기는 과정이다. 넓은 의미의 교육과정 운영은 교육활동 그 자체이지만, 좁은 의미의 교육과정 운영은 교실의 수업운영이 된다.

교육과정 운영은 학교 밖에서 개발되어 주어지는 것을 실천에 옮기는 것과, 학교 안에서 자체적으로 개발하여 실천하는 것으로 나눌 수 있다. 교육과정의 개발자와 실천자의 일치 여부에 따라, 교육과정의 운영은 이행과 실행으로 나누어진다. 교육과정 '이행'은 보통 전문가 집단들이 개발한 교육과정을 학교와 교실에서 교사들이 실천에 옮기는 것이므로 '적용'으로도 불리운다. 이것은 실천자가 직접 참여하여 개발한 교육과정을 실천에 옮기는 것이 아니므로, 개발자와 실천자가 서로 다르다. 이 때 교육과정 운영은 교육과정 개발과는 분리된 별개의 과정이 된다.

이에 반해 교육과정의 '실행'은 개발한 사람이 실천에 옮기는 것이어서 개발자와 실천자가 일치한다는 점에서 교육과정 운영이 교육과정 개발의 연속선상에 있는 활동이 된다.

2) 교육과정 운영의 기본원리

교육과정 실행을 지원하고 촉진하는 일련의 과정을 말한다. 즉, 개발된 교육과정을 학교 현장에 잘 정착하여 실천될 수 있도록 제 여건을 정비하고 관리하는 측면을 의미한다.

교육과정을 성공적으로 실행하기 위해서는 다양한 요인들을 고려할 필요가 있다. 다음은 교육과정 운영의 기본원리와 교육과정 운영에 영향을 미치는 요인들에 대해 살펴보고자 한다.

(1) 합목적성의 원리

학교의 교육과정 편성과 운영은 궁극적으로 학교의 교육목표를 달성하기 위해서 하는 일이기 때문에 합목적성을 지녀야 한다. 따라서 학교에서 교육과정을 편성하고 운영하는 경우에 가장 먼저 할 일은 학교가 설정한 교육목표가 타당한가, 만약 타당하다면 학교에서 편성하고 운영하는 교육과정이 이를 달성하는 효과적인 수단인가 하는 점을 주의 깊게 살필 필요가 있다. 타당한 목적과 그것을 달성하기 위해 강구한 수단 사이에 괴리가 없어야 할 것이다.

(2) 합법성의 원리

합법성은 교육과정 운영이 법률 적합성을 지녀야 한다는 것이다. 교육과정 운영은 국가가 정한 법령 및 기준의 테두리 속에서 진행되어야 한다. 학교는 교육과정과 관련하여 지닌 법적인 책무와 권한을 분명히 하고, 이러한 범위 내에서 의사결정 권한을 행사할 수 있다. 그러나 교육 관련 법규가 지나치게 경직되어 학교와 교원들의 전문적 · 창의적 · 자율적 교육과정 운영권을 제한해서는 아니 될 것이다.

(3) 자율성의 원리

자율성은 교육과정 운영에서 학교와 교원이 부당한 외부의 간섭으로부터 벗어나 독립적인 자기 결정과 실천을 할 수 있음을 인정하는 것이다. 합법적으로 위임, 이양된 권한을 행사하고, 훈련되고 자격있는 전문가 집단으로서 업무를 전문적으로 수행하게 하는 원리다. 자율은 외부적 강제를 벗어나 적극적으로 자발적으로 노력함으로써 확보되는 것이다.

(4) 균형성의 원리

학교의 전체 교육과정을 운영할 때는 교육과정의 핵심 요소들(교육목표, 교육과정, 수업, 교육평가 등)을 확인하고, 이들 요소들 간의 조화와 통일성을 높이는 방향으로 진행되어야 하며, 이러한 작업이 성공적으로 이루어질 수 있도록 교사, 학생, 학부모, 학교 조직, 학교의 물리적 환경 등 제반 요소들을 종합적으로 고려해야 한다는 점에서 균형성은 전체성이라고도 할 수 있다. 교육과정의 운영은 변화하는 사회의 일부, 교과의 일부, 특정 학생 집단이 아니라 모든 학년의 학생에게 교과와 특별활동 영역을 고르게 접근할 수 있는 전체적인 균형성을 확보해야 한다.

(5) 효율성의 원리

교육과정의 운영은 주어진 자원을 바탕으로 최소의 인적 · 물적 자원과 시간을 투입하여 최대의 효과를 올리는 효율성을 달성하는 방향으로 이루어져야 한다. 똑같은 교육과정 운영을 하더라도 더 좋은 품질을, 더 저렴하게, 더 적기에 제공할 수 있도록 하여야 한다.

(6) 효과성의 원리

교육과정의 운영은 설정된 교육목표를 얼마나 잘 달성하고 있는가에 의해 평가되기도 한다. 교육과정 결정의 원천인 학생, 사회, 교과의 요구에서 바람직한 것으로 인정된 교육목표의 달성 정도는 흔히 효과성이라고 한다. 교육목표 달성을 극대화하기 위해서는 인적 · 물적 자원과 시간 자원이 기능적 전체로서 연쇄되어 교육적 효과를 발휘하도록 운영되어야 할 것이다.

3) 교육과정 운영에 영향을 미치는 요인

교육과정의 운영은 일정한 조건 아래에서 이루어진다. 교육과정 운영에 영향을 미치는 요인은 교장, 교사, 학생, 교과서, 시설과 설비, 시간, 교육평가 및 재정여건 등이다. 각 요인은 교육과정 운영을 올바른 방향으로의 변화를 촉진시키거나 변화를 저해하는 쪽으로 작용한다. 즉, 교육과정 운영 조건을 변화시킴으로써 운영은 달라질 수 있으므로, 촉진요인을 찾아내 강화하고 저해요인을 찾아내 제거함으로써 교육과정 운영은 달라질 수 있다.

(1) 교장

교장은 학교 교육과정 운영의 질을 결정하는 데 주요한 역할을 한다. 교장은 강력한 영향력을 가지고 있어서 많은 교사들은 그의 견해에 영향을 받는다. 만일 교장이 교사들의 협동 작업을 지지하는 사람이라면 학교에서 통합교육과정을 개발하기가 쉽다. 반대로 교장의 통치가 엄격하여 교사들이 실패를 두려워하여 도전감을 갖기 어려운 분위기라면 새로운 교육과정의 효과적인 운영은 기대하기 어렵다.

(2) 교사

교육과정이 원안보다 질 높게 혹은 질 낮게 실현되는 것은 전적으로 운영하는 교사들에게 달려 있다. 그러므로, 교육의 질은 교사의 질이다. 교사가 교육과정의 주인이라는 인식을 가지고 임하는 교사와 단순한 전달자라는 인식을 가진 교사는 교육과정 운영에서 차이를 보인다.

교사의 질 정도에 따라 교육과정 운영의 방법과 효과는 다르다. 예비 교사, 초임 교사, 중견 교사, 원로 교사 등으로 전직 경력이 많아질수록 교사들은 변화한다. 교사 변화의 방향은 전문성과 자율성이 향상되는 방향일 수도 있고, 역으로 저하되는 방향일 수도 있다. 넓게는 인생관과 교육관, 교직관, 학생관, 수업방법, 교재사용, 평가, 학생생활지도 등에서 교사들은 변화를 보인다.

교사의 가르치는 분야에 대한 지식과 이해 정도, 전달 방식의 숙련 정도, 교실 장악 능력, 개인의 건강과 가족 및 동료 교사와 학생과의 관계 등에 따라 교육과정 운영은 차이가 생길 것이다.

(3) 학생

학생에 따라 교육과정 운영의 방법과 효과는 다르다. 학생의 성별, 나이, 가정 형편, 친우나 교사와 관계, 학습준비도, 참여도, 학습능력, 자기효능감, 성취의욕, 진로, 적성 등에 따라 교육과정 운영은 달라진다. 기초 학습능력을 결하고 있거나 뚜렷한 목표가 없어 왜 공부해야 하는지를 모르는 경우 학생들은 학습 의욕과 동기가 저하되고 이것은 교육과정 운영에 적지 않은 차질을 가져온다.

또한 학생 개인 뿐만 아니라 학생 집단의 동질성과 이질성은 교육과정 운영에 커다란 도전이 된다. 학생에 따라 동질 집단 혹은 이질 집단을 선호하게 되고, 경쟁적인 상황 혹은 비경쟁적인 상황을 선호하는 것이 다르다. 학습능력이 요구되는 교과 수업에서 상대적으로 동질적인 집단은 수업 운영에 준거를 잡기 쉬운데 반해, 지나치게 이질적인 집단은 수업에 다양한 초점을 필요로 하므로 그만큼 어렵다. 고교에서도 능력, 진로, 적성이 대체로 동질집단인 경우와 이질집단인 경우는 교육과정 운영이 판이하게 달라진다.

(4) 교과서

교육과정은 교과서나 지도서 등으로 구체화되어 교실에서 쓰인다. 교육에서 교과서에 대한 의존도가 높아지면 교과서가 교육과정을 대신하게 된다. 교과서가 교육과정을 대신하는 풍토에서, 교육과정이 개정되었다는 것은 많은 교사나 학생들에게 새 교과서를 손에 쥐는 것 이상의 의미를 지니지 못하며, 수업은 교사들이 교과서를 학생들에게 해석해 주고 설명해 주는 일이 되고 있다. 교사들은 교과서를 가르치는 것이 교육과정 운영이며, 교과서에 제시된 내용을 모두 다루어야 하며, 주요 시험에 앞서 진도를 끝내 주어야 한다는 압력을 심하게 받는다. 교과서가 교육과정을 대변하며 이것만 가르치면 교사의 임무를 다하는 것으로 간주하고, 학교에서 학교 실정에 맞는 그리고 학생들이 요구하는 프로그램을 자체적으로 창의적으로 개발하지 않게 된다.

(5) 시설과 설비

학교의 시설과 설비 여건에 따라 교육과정 운영은 달라진다. 교육과정의 원활한 운영을 위해 학교의 시설은 다양한 학습 집단을 고려한 다양성과 융통성(flexibility), 그리고 교과의 특성이나 사용되는 교구를 고려한 독특성(speciality)을 갖추어야 한다. 적절한 수준의 방음, 난방, 냉방, 식수, 조명, 화장실, 체격에 맞는 책걸상, 실험 실습 실기 시설, 예체능을 위한 시설 등이 부실하면 교육과정 운영은 제약받게 된다.

교육과정의 성격에 따라 실험실, 특별실, 도서실, 교실, 운동장 등의 공간배치와 활용도가 달라져야 한다. 교과목 수업을 위한 교과교실이 갖추어져 있는 경우 해당 수업을 위한 시설과 설비를 갖추고 수업을 할 수 있겠지만, 그렇지 못한 경우 교사들은 많은 교구를 각 교실로 옮겨 다니며 수업하는 데는 제약과 불편에 따라 교과 특성에 맞는 수업을 진행하기 어려울 것이다. 과학 실험을 할 수 있는 실험실이 갖추어져 있는 경우와 그렇지 못하고 실험실은 있되, 교구가 부족한 경우 과학 실험 수업은 제대로 이루어질 수 없을 것이다.

(6) 시간

수업하기 좋고 집중이 잘되는 때(계절, 월, 요일, 시간)와 그렇지 못한 때에 교육과정을 운영하는 것은 서로 다르다. 냉난방이 부실한 상황에서 혹서기와 혹한기의 수업, 입학식, 개교기념일, 졸업식, 운동회, 수학여행, 학예회 등 학교 행사를 전후한 수업, 어린이날, 설, 추석 등 명절을 전후한 수업은 그만큼 좋은 성과를 거두기 어렵다. 마찬가지로 학교 일과가 상대적으로 일찍 끝나는 토요일, 교사들과 학생들이 지친 하루 일과가 끝나는 마지막 수업 시간은 상대적으로 교육과정 운영 여건이 좋지 않다.

(7) 교육평가

각종 교육평가는 기본적으로 교육과정 운영의 질 관리를 위한 것이라고 할 수 있으나, 역으로 교육평가는 교육과정 운영을 제약한다. 교육평가의 기능이 교수 · 학습과정을 진단해 주고 고쳐야 할 점을 지적해 주는 교수 · 학습의 개선을 위한 기능보다, 학생을 상대 비교하여 순위를 매기고 상벌을 주고, 선발하고, 진급과 입학을 위한 자격을 부여하는 기능을 수행하는 풍토에서 교육과정 운영은 평가에 의해 상당한 정도로 제약된다. 평가 때문에 개발된 교육과정과 운영되는 교유과정 사이에 격차가 발생할 수 있다.

선택형이든 서술형이든 주로 지필식 평가가 이루어지는 경우 학생들은 실험, 실습, 실기, 조사, 토론 등의 탐구 과정을 소홀히 하고 지필검사 대비 학습에 치중하게 된다. 지필검사를 벗어나 평가의 내용이나 형색이 수행평가 위주로 이루어지는 경우 교육과정 운영은 달라진다. 예컨대 과학 교과의 평가에서 순전히 지필검사를 통해 확인하는 경우와 실험설계에서 실험결과 보고에 이르기까지 수행평가를 통해 검사하는 경우 교육과정 운영은 달라진다.

(8) 재정 여건

교육과정의 운영에는 재정 지원이 뒤따라야 한다. 교사 연수, 개발된 교육과정의 수정이나 재구조화를 위한 활동비, 교수 · 학습 자료의 구입, 공간의 배치, 교사에 대한 보상 등 새 교육과정의 운영은 재정 지원이 없이는 성공하기 어렵다. 첨단 정보화 시설을 해 놓고도 이를 유지 · 운영할 수 있는 유지 관리 수선비 등 재정적 여건이 열악하다면 교육과정 운영은 차질을 빚는다.

제 5 장

좋은 수업의 전략

1. 교과 학습지도법의 개념
2. 교수 · 학습지도의 원리와 조건
3. 교수 · 학습지도 계획수립의 원리와 유의점
4. 단원지도 계획과 절차
5. 좋은 수업

1. 교과 학습지도법의 개념

1) 교수 · 학습지도법의 정의

교수 · 학습지도법을 학습의 촉진이란 관점에서 '교수 · 학습지도법은 학생들로 하여금 지적, 정의적 및 운동 기능적 목표에 도달할 수 있도록 촉진하기 위한 학습경험을 조정하는 과정 및 방법'이라고 정의된다.

이 촉진 과정에는 ① 학습목표와 과업의 제시, ② 학습동기의 유발, ③ 학습방향의 점검, ④ 학습장면의 조정관리, ⑤ 학습성과의 평가 등의 제 기능이 포함된다고 할 것이다.

학습이란 '배우는 것'이다. 배운다는 것은 행동의 변화로 규정된다. 따라서 학습이란 경험이나 훈련 또는 연습에 의해서 행동이 연속적으로 변화됨을 의미한다.

교육사적으로 고찰하면 교수 또는 교수법이라는 말이 학습 또는 학습지도라는 말보다 훨씬 많이 사용되었고 오래전부터 사용되어 왔다. 그러다가 20세기에 들어와서 Dewey의 진보주의 교육사상이 교육계를 지배하기 시작하면서 아동중심교육, 생활중심교육과 더불어 '학습'이라는 말이 중심이 되고 교수라는 말은 교육활동에서 사라질 정도에 이르렀다. 즉, 교수 또는 교수법은 교사중심의 주입식방법으로서 전통주의적 교육방법이라고 맹렬한 비난을 받아 왔었기 때문이다.

그러나 1957년 Suputnik 인공위성 발사 후 특히 Woods Hole회의 후부터인 1960년경부터는 '교수'라는 용어를 다시 쓰기에 이르러 오늘날에는 학습과 교수가 같은 정도로 쓰이고 있다.

2) 교수와 학습의 개념적 차이

교육은 교사의 지도와 학생의 학습으로 성립되는 것으로서 '교수(teaching)'와

'학습(learning)'과는 떨어질 수 없는 상대적 관계에 있는 것이다.

두 개념을 동종의 개념으로 사용한다고 하더라도 별로 문제될 것이 없다. 두 개념을 대체로 구별하면 다음과 같은 점을 들 수 있다.

① 교수는 교사중심이고, 학습은 학생중심의 수업형태에 더 관계된다.
② 교수는 인간을 '만든다'는 방법론에 서 있고 학습은 인간을 '기른다'는 방법론에 서 있다.
③ 교수는 학생들이 피동적인 입장에 놓여지기 쉽고, 학습은 능동적인 입장이 되기 쉽다.
④ 교수는 독립변수이고 학습은 종속변수이다.
⑤ 교수는 일정한 목표가 있어야 하나 학습에는 목표가 있을 수도 있고 없을 수도 있다.
⑥ 교수는 일의적(一義的)이지만 학습은 다의적(多義的)이다.
⑦ 교수에 관한 연구는 교실사태를 연구대상으로 하나 학습에 관한 연구는 동물을 대상으로 하는 경향이 짙다.
⑧ 교수는 지적 체계를 중시하나 학습은 생활경험을 중시하는 경향이 없지 않다.
⑨ 교수의 대상은 주로 사람에게만 한정되는데 비해 학습의 개념은 동물에게도 사용된다.

3) 교수 · 학습지도법의 발전 동향

전통적인 낡은 교수법과 현대 교육에서 강조되는 진보적인 교수법을 비교하면 그 차이점은 대체로 다음과 같다.

전통적 교수법	현대적 교수법
① 타율적이다. ② 주입식 교수방식이다. ③ 학생은 피동적으로 움직인다.	① 자율적 · 자발적이다. ② 문제해결 중심의 지도방식이다. ③ 학생은 능동적으로 움직인다.

전통적 교수법	현대적 교수법
④ 강의법이 지배적이다.	④ 교수절차가 다양하다.
⑤ 지식습득에 강조점을 둔다.	⑤ 학생의 동기와 흥미를 중시한다.
⑥ 경쟁을 강조한다.	⑥ 협동을 중시한다.
⑦ 일제수업을 실시한다.	⑦ 개별 지도를 강조한다.
⑧ 획일적이다.	⑧ 개인차를 중시한다.
⑨ 결과를 중시한다.	⑨ 학습의 과정을 중시한다.
⑩ 분과적이다.	⑩ 통합적이다.
⑪ 언어적 수업이 지배된다.	⑪ 행동주의적 실제경험을 중시한다.
⑫ 학습의 장은 교실로 제한된다.	⑫ 학습의 장이 다양하다.
⑬ 상대적 평가가 강조된다.	⑬ 절대적 평가가 중시된다.
⑭ 암기를 강조한다.	⑭ 사고를 강조한다.
⑮ 학습의 목표는 장래 생활의 준비에 둔다.	⑮ 현재의 생활을 충실히 하는데 학습의 목표를 둔다.
⑯ 전제적인 지도가 지배적이다.	⑯ 민주적인 지도가 지배적이다.
⑰ 교실이 정적이며 고정되어 있다.	⑰ 교실이 동적이며 다양하게 활용되고 있다.

2. 교수 · 학습지도의 원리와 조건

1) 교수 · 학습지도의 기본적 원리

바람직한 학습지도를 이끌어 나가기 위한 교수방법의 기준 내지 지켜야 할 원리를 제시하면 다음과 같다.

(1) 목적의 원리

교수 및 학습지도는 일정한 목적을 달성하기 위하여 의도적으로 활동하는 것이 아니면 안 된다.

(2) 순서의 원리

교수 및 학습지도는 일정한 순서 계열에 따라서 계속적으로 발달하는 것을 원칙으로 지도하지 않으면 안 된다.

(3) 개별화의 원리

교수 및 학습지도는 학습자의 개인차를 전제로 하고 능력과 개성에 따른 개별적 지도를 하지 않으면 안 된다.

(4) 합자연의 원리

교수 및 학습지도는 무리함이 없이 자연스럽게 이끌어 나가지 않으면 안 된다.

(5) 자발성의 원리

교수 및 학습지도는 타율적이 아닌 자발적 활동이 되지 않으면 안 된다. 흥미는 활동의 기본적인 힘이며 자발적 활동을 이끄는 요소다. 그래서 흥미의 원리라고도 불리운다.

(6) 직관의 원리

교수 및 학습지도는 직접적인 경험을 통해서 구체적으로 쉽게 지도하지 않으면 안 된다.

(7) 통합의 원리

교수 및 학습지도는 전일체로서의 학생을 전체로서의 환경에 적응시키고, 학생에게 내재한 모든 능력이 조화적으로 통합이 되도록 이끌어 가지 않으면 안 된다.

(8) 사회화의 원리

교수 및 학습지도는 집단적 상호작용과 협동에 의한 학습활동을 영위함으로써 그 효과를 올리고 생활에의 적응력을 신장시키는 것이어야만 한다.

(9) 평가치료의 원리

교수 및 학습지도는 학습자에게 자기의 학습활동에 대한 반성과 평가의 기회를 가지게 함으로써 끊임없이 개선 진보해 나갈 수 있는 습관과 태도를 기르도록 유의하지 않으면 안 된다.

2) 교수 · 학습지도의 기본적 조건

교수 · 학습지도의 성과를 극대화하기 위해서는 준비도, 학습동기, 학습환경이라는 세 가지의 기본조건이 교수 · 학습지도 이전에 충분히 고려되지 않으면 안 된다.

(1) 준비도(readiness)

어떤 학습이든 그것을 학습하기 이전에 어떤 경험을 학습자가 하였다는 전제하에 진행된다. 고등정신 기능을 필요로 하는 학습일수록 그전에 이러한 학습을 해결할 수 있을 정도의 경험을 요구한다.

1차방정식을 경험한 일이 없는 학생에게 2차방정식을 학습시키기는 힘든 일인 것이다.

학습에서의 준비도를 생각할 때 개개인에 따른 개인차를 고려해야 한다. 보통은 개인차를 무시하고 집단적으로 다루는 교사들을 흔히 찾아볼 수 있으나 바람직한 일은 못된다.

개인차를 지능차로만 생각하고 능력집단(ability group)을 구성해서 가르치는 학교가 많다. 이것은 개인차 문제를 잘못 다룬 것이다. 개인차란 지능 밖에도 선행학습 성취수준, 신체적 성숙도, 운동능력, 체력, 정서적 · 성격적 특성, 경험적 배경, 사회적 성숙도 등 다원적인 개념인 것이다.

개인차를 일차원적으로 해결하기보다는 다원적인 해결을 도모해야 한다.

(2) 학습동기

공부하고 싶은 마음이 없는 학생에게 교사가 타율적으로 강제적으로 공부하게 했을 때 그 효과는 짐작하고도 남는다. 학습동기는 교수 및 학습지도의 기본적 조건의 하나인 것이다.

1 학습동기의 기능

① 학습동기는 학습활동에 활기를 주어 학습활동을 활발하게 전개시킨다.
② 학습동기는 학습에 효과적인 행동을 선택시킨다.
③ 학습동기는 학습목표를 향해서 개체의 에너지를 집중시키게 한다.
④ 일반적으로 동기지음이 강하면 학습활동은 높아진다. 그러나 동기지음이 지나치게 강한 경우에는 거꾸로 활동은 저하된다. 이것은 'Yerkes와 Dodson의 법칙'으로 불리우는 현상으로서 학습활동에는 동기지음의 최적수준이 있음을 시사하고 있다. 이 최적수준은 학습내용의 곤란도에 따라 다르며, 곤란한 과제일수록 동기지음이 높으며 학습활동은 빨리 저하된다.

2 학습동기의 유발 방법

① 상찬과 질책 : Hurlock의 연구는 상찬의 방법이 질책보다 더 유효함을 증명하고 있다. 상찬과 질책의 효과는 학습환경에 의하여 달라진다고 보겠으나 일반적으로는 상찬이 질책보다 더 효과적으로 보고 있다.
② 성공과 실패 : Sears의 연구에 의하면 성공감은 실패감보다 학습효과를 더 증대시키고 있음을 알 수 있다.

③ 결과에 대한 지식을 즉각적으로 알려주는 방법 : 자기가 학습한 결과나 진보의 정도를 아는 것도 동기유발로서 유효하다.
④ 경쟁과 협동 : Maller은 개인 이익을 위한 학습활동과 집단 이익이 될만한 학습활동을 비교한 실험을 한 결과 개인적인 자기동기화에 의한 학습능률이, 집단의 협동적 동기화에 의한 학습능률보다도 시종일관해서 현저하게 높았다고 보고하고 있다.
⑤ 학습은 유의미한 직접경험으로부터 출발시킨다.
⑥ 학습자의 준비도에 맞는 학습자료를 준다.
⑦ 학습목표를 명확하게 제시하고 인지시킨다.
⑧ 흥미와 요구에 직결된 학습을 하게 한다.
⑨ 학생들에게 피드백(feedback)의 기회를 준다.
⑩ 학생들에게 능동적으로 참여하는 분위기를 조성한다.
⑪ 배움에 있어서 비판적이고 도전적인 행동은 물론 실수하는 행동도 용납한다.

3 성취동기와 학습활동

인간은 정도의 차가 있지만 무엇인가 성취 · 달성하고자 하는 동기를 갖고 있다. 학습활동에 있어서는 이 성취동기의 고저가 큰 영향을 미치고 있다.

성취동기(achievement motive)란 일반적으로 바람직한 목표를 향해 높은 수준의 성과를 나타내려고 노력하는 경향인 것이다.

성취동기의 유형은 실제적으로 두 가지가 있다. 하나는 성공에 접근하려는 욕구요, 또 다른 하나는 실패를 피하려는 욕구이다. 성공 지향적으로 동기화된 학생은 실현가능성이 있는 적당하게 높은 목표를 정하려는 경향이 있으며, 따라서 성공할 확률도 크다. 그러나 실패회피 지향적으로 동기화된 학생은 아주 낮거나 그렇지 않으면 터무니 없이 높은 비현실적 목표를 정하는 경향이 있다. 일반적으로 성취동기가 높은 학생은 과업 지향적이고 미래 지향적이며 책임감이 높고 노력적이며 모험심이 많고 학업성취도가 높다.

(3) 학습환경

1 물리적 환경

물리적 환경 역시 학습의욕 내지 동기를 자극하는 변인으로 등장한다.

교실의 통풍, 채광, 온도, 습도, 조도, 소음 등 문제는 학습활동의 효과를 좌우하는 계기가 된다. 그 밖에 학습기제나 보조용구, 도서관시설 등 물리적 요소가 학습의욕 또는 교수효과를 저울질 할 수 있다는 점에서 교수 및 학습지도의 기본적 조건이 되는 것이다.

2 인적 환경

교사와 학생의 관계 또는 학생과 학생의 관계는 수업분위기, 학습에 대한 흥미, 학습동기 등을 실질적으로 지배하기 쉬운 요소들이다. 이러한 인적 환경은 학습장의 인간적 구성이다. 어떤 사람들과 어떠한 인간 관계를 맺고 학습이 진행되느냐 하는 것은 학습상태에 큰 영향을 미치게 된다.

인적 환경 중에서도 교사의 문제가 가장 중요하다. 학습자의 학습동기를 결정적으로 좌우할 수 있기 때문이다. Lewin의 연구는 학습의 인적 환경, 즉 학급분위기에 따라 그 학급 학생들의 행동양식이 다르게 나타난다는 것을 밝히고 있다.

Hart의 연구에서도 학생들이 좋아하고 싫어하는 교사상이 크게 차이 있음을 보고하고 있다.

3. 교수 · 학습지도계획 수립의 원리와 유의점

1) 지도계획 수립의 원리

목적있는 활동에 계획이 따르기 마련이라면 교수 및 학습지도에 있어서도 계획은 불가결의 요건이 된다. 교수의 효과는 치밀한 계획에서만 기대될 수 있는 것이다. 계획에 교려해야 할 몇 가지 원리를 제시하면 다음과 같다.

(1) 타당성의 원리

지도계획은 지도목표에 적합해야 한다. 아무리 치밀한 계획을 세웠다 할지라도 그것이 목적을 달성하는 데 도움이 안 된다면 계획으로서의 의미는 없어지고 만다. 지도계획은 교육목적 달성에 타당한 것이어야 하며 효율성을 지니고 있어야 한다.

(2) 일관성의 원리

교육은 연속적인 과정인 것이다. 따라서 교육의 효과를 높이기 위한 지도계획도 계속되는 일관성이 요구된다.

첫째, 각급 학교간의 일관성이 유지되는 계획이어야 한다.

둘째, 각 교과간의 일관성이 유지되는 계획이어야 한다.

셋째, 각 교사의 지도계획에 일관성이 있어야 한다.

(3) 과학성의 원리

계획이 수립되면 실천이 뒤따르고, 실천의 과정 또는 실천 뒤에는 평가가 이루어진다. 계획은 어느 가정을 전제로 하여 실천하게 되는데, 그 가정은 반드시 실천을 통하여 검증되어야 한다.

계획은 주관적인 판단보다도 객관적이며, 과학적인 기반 위에 수립되어야 한다. 이 과학적인 기반은 심리학적 소양과 가설검증의 과정에서 성립되는 것이다.

(4) 역동성의 원리

계획은 어디까지나 계획에 불과한 것이다. 계획을 실천하는 과정에서 계획의 모순, 불합리성이 확인되거나 예상치 못한 학생들의 요구에 부딪쳤을 경우에는 그것은 변경될 수밖에 없다. 이런 의미에서 계획은 고정불변의 것이 아니라 상황의 변화에 따라 조정될 수 있는 역동적인 계획이 마련되어야만 한다.

2) 지도계획상 유의점

계획을 수립해 나가는데 있어서 핵심이 될 만한 요점은 우선 다음과 같은 질문에 대답할 수 있는 것이어야 한다.

첫째, 학생들의 학습목표는 무엇이며, 또 학생들은 수업에 따라 무엇을 해낼 수 있는가?

둘째, 학생들은 목표를 달성하기 위하여 무엇을 해야 하며, 또 어떤 학습활동을 해낼 수 있을 것인가?

셋째, 목표가 성취되었을 때, 교사와 학생은 무엇을 할 수 있게 되고 어떻게 말할 수 있게 되는가?

4. 단원지도계획과 절차

1) 단원의 개념

단원이란 말을 처음으로 사용한 사람은 Herbart의 제자인 Ziller에서부터 비롯되고 있다. 그는 1876년에 저술한 「일반교육강의」에서 처음으로 단원(Einheit)이라는 말을 사용하였다.

가르치는 교재의 계열 또는 교재의 분량을 Ziller는 방법적 단원(methodische einheit) 내지 단원(einhiet)이라고 하였다. 즉, 교재의 단위 내지 학습단위로서 교수·학습지도의 대상인 내용의 분절단위이며 최저단위이기도 하다.

단원(unit)이란 원래 단일성(oneness), 전체성(wholeness), 통일성(unity), 통합성

(integration)을 뜻하는 것이다.

이를 바탕으로 단원의 정의를 내려보면 "통일된(단일된) 어떤 자원을 중심으로 한 학습내용의 하나의 조직(an organization of learning experiences around some source of unity)"이라고 할 수 있다.

위의 정의에서 '통일 또는 단일된' 것이란 표현은 단원은 전체성(wholeness), 단일성(oneness), 통일성(unity)을 보장하는 것이어야지 분산적, 단편적인 것이어서는 안 된다는 의미, 즉 단원은 전체와의 기능적 관련 속에서 성립되는 통일적이며, 단일적인 전체의 분절단위를 말하는 것이다. 또한 '어떤 자원을 중심'으로 하였는데, 이 '어떤 자원'이란 교과의 이론적 지식이든, 사회문제이든, 학생들의 흥미 필요이든 혹은 사회기능이든 그밖에 어느 것이든 상관 없음을 시사하는 표현이다.

2) 단원지도계획의 개념과 성격

(1) 단원지도계획의 개념

단원지도계획이란 교사가 학급에서 전개하고자 하는 학습단원에 대한 계획이다. 즉, 한 단원에 대하여 실제로 경험이 일어날 수 있도록 세우는 구체적인 수업계획을 말한다. 보통 단원전개안, 교수전개안(교안), 교수 · 학습지도안, 교수 · 학습과정안 등으로 불리고 있으며 교육과정에 대한 최종적인 전개계획이다.

(2) 단원지도계획의 성격

단원의 계획은 전술한 자료단원을 바탕으로 하여 이루어지는 것인데, 교사가 자기가 담당하고 있는 어느 특정한 학습집단을 위해서 계획하는 것이다. 그러므로 이 단원계획에서는 그 교과와 교재의 특성, 교육철학, 아동의 성장 · 발달과 그들의 요구 및 흥미, 아동들을 둘러싸고 있는 지역사회의 조건 등을 바탕으로 하여 이루어져야 하는 것이다. 이러한 요소들을 토대로 학습을 위한 단원이 선정되고, 그 전개계획이 마련되게 되는데, 그 단원계획은 다음과 같은 세 가지 점에서 특색을 가지고 있다.

첫째, 단원계획은 어느 한 학습집단을 위해 특별하게 마련된 것이며, 오직 그 학습집단에만 적절하고 바람직한 학습경험과 자료만을 포함한다.

둘째, 단원계획은 자료단원에서는 그다지 고려치 않은 계열적 배열(sequential arrangement)을 갖는다. 즉 구체적인 학습상황에서의 단원의 전개를 위한 교사의 계획은 응당 단원의 도입, 전개, 정리 혹은 종결을 위한 계획들이 포함되어야 한다.

셋째, 단원계획은 교사-학생 공동계획을 고려한다. 즉 자료단원에서는 특정한 학습집단을 고려치 않은 모든 학습경험이나 자료를 포함하고 있지만 단원계획에서는 교사, 학생의 공동계획을 통한 학습경험, 자료의 선정이 고려되어야 하기 때문이다.

3) 단원지도계획의 절차

(1) 단원지도계획의 양식

단원계획의 절차는 교과와 교재의 특성, 학습자의 요구와 실태, 환경적인 조건, 교사의 지도관에 따라서 다르게 이루어지고 있으므로 그 양식도 여러 가지가 있다. 여기에서는 공개수업, 연구수업 등 일반적으로 받아들여지고 있는 대표적인 양식만을 제시하고자 한다.

<교수 · 학습지도안 양식>

ㅇㅇ과 교수 · 학습지도안

시　　일 : ㅇ년　ㅇ월　ㅇ일 제　ㅇ교시
대　　상 :　학년　반　교실
지도교사 : ㅇㅇㅇ인
1. ㅇㅇ과 교육의 목표
2. 단원 연구
　가. 단원명
　　1) 대단원

2) 중단원
3) 소단원
나. 단원설정의 이유(단원의 요지, 취지)
1) 학습자 입장에서
2) 교재면(교과과정)에서
3) 교사의 입장에서
4) 사회적 입장에서
다. 단원의 지도계통(선행학습–본단원 학습–발전학습)
3. 단원 학습목표와 지도방침
가. 단원 학습목표(구체적으로 행동적으로 진술)
1) 인지적 목표(지식, 이해력, 적용력, 분석력, 종합력, 평가력)
2) 정의적 목표(태도, 감상, 습관, 정서……)
3) 기능적 목표(기능, 기술, 표현, 조작……)
나. 단원지도 방침
4. 단원지도 계획
중단원별 주요 학습내용과 교수방법, 교수자료, 매체활용 방법기술
5. 학습지도상의 유의점
6. 본시 학습자의 실태(인지적 특성, 정의적 특성)
7. 본시 교수 · 학습지도계획(본시 학습목표와 학습내용, 학습자료계획)
8. 본시 교수 · 학습활동

수업단계	교수 · 학습활동		수업 방법	매체 또는 학습자료	유의점	시간 배정
	교사	학생				
도입						
전개						
정리						

9. 평가계획
가. 형성평가
나. 종합평가

(2) 단원지도계획의 절차

1 단원설정의 이유

① 교재면에서

단원의 본질과 성격을 철저하게 규명하여 본 단원이 학습자의 발달이나 사회에

영향을 주는 요인들을 찾아내며 또 시기나 계절적인 면을 생각하여 간단명료하게 기술한다.

② 학습자의 입장에서

해당 학년 학습자의 발달단계의 특징, 학습자의 경험과 생활관계, 학습자의 개인차와 흥미 및 욕구와의 관계 등을 고려하여 기술한다.

③ 사회적 입장에서

학습의 결과가 사회 발전에 얼마나 기여하며 또 학습자의 사회성 발달에 얼마나 공헌할 것인가를 간단하게 쓴다.

④ 교사의 입장에서

위에서 말한 세 가지 입장을 생각하면서 가치 실현을 위한 자연적이고 창의적인 지도기술이나 방법을 구상한다.

2 단원 학습목표

① 교과교육의 목표는 교육부의 교육과정편람을 참조하여 기술한다.
② 단원 학습목표는 대단원의 학습목표를 기술하되, 인지적, 정의적, 기능적 영역으로 나누어 구체적으로 기술한다.
③ 본시 학습목표는 소단원의 학습목표를 기술하되 그 시간 안에 달성이 가능한 목표를 쓴다.

3 단원 지도계획

단원전개의 전체적인 계획으로서 대단원을 중단원별로 여러 학습내용과 시간으로 나눈 내용의 조직이다.

① 차시

대단원의 기본요소를 그 성격과 질에 따라 양적으로 나누어 한 시간으로 묶거나 또 주 단위로 묶어 학습의 순서를 정하는 일이다.

② 내용

해당 시간에 학습할 주제가 되는 재료다. 핵심적인 요점을 간단히 기술한다.

③ 시간

학습할 주제가 되는 재료의 내용에 따라 매 차시별로 소요되는 시간을 예상해 몇 분으로 표시한다.

④ 자료

학습장면에서 필요로 하는 자료나 도구 등을 쓴다.

4 본시 학습자의 실태

학습자들이 본 제재에 대하여 이미 소유하고 있는 지식이나 기능 및 필요성, 흥미도 및 동기 등이나 활동의 경향, 학습분위기 등을 간단하게 쓴다.

5 본시 교수·학습활동(단원의 전개)

교수·학습활동이란 학습목표를 달성하기 위하여 교사의 활동과 학습자의 활동상황을 말한다. 교사의 활동을 교사 발언의 사전조직으로서 그 예상을 간단명료하게 '행동용어'로 쓴다. 학생활동은 교사 발언에 대한 예상되는 행동을 간단명료하게 쓴다.

단원전개에 적합하고 일반적으로 통용되는 전개방식은 대체로 다음 순서에 의하고 있다.

① 도입단계

계획된 단원에 대해 학생이 흥미를 갖게 하고 학습의욕을 고무시킴으로써 학생이 주체적으로 학습에 참가하도록 하는 단계다. 되도록 학생의 자주적인 활동에 의해 다음의 중심적 학습으로 이행되도록 학습의욕을 유발시킨다. 그러한 의욕을 일으키게 하는 것이 동기지우는 기술이다.

이렇게 함으로써 학생들로 하여금 계획된 단원에 대해 본시학습의 주제를 파악함과 더불어 단원의 학습목표를 인식시킨다. 학습동기의 유발은 학습의 첫 출발임과 동시에 학습활동의 기초가 된다. 따라서 교사는 학습동기유발에 대한 전문적인 지식과 방법을 갖고 있어야 한다.

② 전개단계

단원전개에는 여러 가지 교수-학습 활동방법이 있으므로 교사는 사전계획에서 미리 활동의 성격에 따라 분류하는 것이 효과적인데, E. Diedrich는 177종목의 활동을 다음 8개 분야로 분류 제시하고 있다.

- 시각활동 — 읽기 · 그림보기 · 실험 · 실연과 진열품 관찰이나 타인의 작업 관찰
- 구술활동 — 사실 또는 원리를 진술 · 설명하기, 사건에 대한 이야기, 질문하기, 암시주기, 의견의 진술 또는 발표, 회견, 암송 또는 토론 등 43종목
- 청각활동 — 교재의 형식적 제시를 듣는다. 회화나 집단토론을 듣는 라디오를 듣는다 등 7종목
- 회화활동 — 그림그리기, 색칠하기, 그래프와 도표 만들기, 지도그리기 등 8종목
- 작문활동 — 소설 · 논문 · 시 · 유희 · 시나리오 쓰기와 보고서 쓰기, 정정하기, 교재 베끼기, 개요 · 목록 쓰기, 시험답안 · 질문지 쓰기 등 22종목
- 동작활동 — 실험한다, 재료를 선정한다, 진열품을 장식한다, 가구 · 완구를 만든다, 수선한다, 유희나 춤을 춘다, 동물을 기른다, 화원을 가꾼다 등 47종목
- 정신적 활동 — 상상한다, 기억한다, 요소를 분석한다, 결론에 도달한다 등 23종목
- 정의적 활동 — 흥미 · 환희 · 용기 등 20종목

그러나 이들 8개 분야의 학습활동은 실제로 전개되는 경우 한 가지만 나타나는 것이 아니고, 서로 중복되고 연합되어 전개한다.

③ 정리단계

학습성과를 정리하고 개관하는 단계다. 모든 학습결과를 종합하고, 결론이나 원리를 끄집어 내고, 검토하는 일정의 종합 및 완결의 단계인 것이다.

④ 평가단계

학습결과에 대한 평가를 한다. 처음에 시도한 학습목표에 얼마나 접근하였나, 학생들은 어떠한 행동변화를 초래하였나를 살핀다. 만족하지 못한 결과로 그쳤으면 그 원인을 추구해야 한다. 경우에 따라 그 학습을 다시 반복할 일도 생기게 될 것이다. 이러한 의미에서 평가단계는 대단히 중요하다.

그러나 이 때 주의할 점이 있다. 그것은 평가란 학생들의 학습성과에 대해서만 행하는 것이 아니고 교사 자신에 대해서나, 선정한 단원에 대해서도 여러 모로 평가해야 한다.

5. 좋은 수업

1) 단원전개의 의미

제아무리 좋은 단원지도 계획이라도 그것이 학생들의 학습의 장에서 결실을 갖지 못하고 학생들의 바람직한 행동의 변화에 아무런 영향을 주지 못한다면 그것은 한낱 무용지물에 불과한 것이다. 단원의 전개는 수업과 수업과정을 의미한다.

2) 수업과정

(1) 수업의 개념

수업과 교수를 같은 개념으로 보고 어떤 사람은 교수라는 용어를 즐겨 쓰고 또 다른 사람은 수업이란 용어를 쓰고 있다. 그런가 하면 또 어떤 사람은 수업과 교수를 개념상으로 구별지어 사용한다. 또 수업과 교수는 개념상 다르다고 보는 경우에도 사람에 따라 수업과 교수를 서로 거꾸로 사용하는 것을 볼 수 있다. 영어의 teaching이 교수로 번역되기도 하고 수업으로 번역되기도 하며, instruction에 대해서도 마찬가지의 현상을 발견하게 된다. 영어 자체까지도 우리말의 수업과 교수와 같은 혼동이 있다. 그러나 이 두 용어를 개념상 구별지어 사용하려는 노력도 강하게 대두되고 있다. 본서에서는 일단 teaching을 교수로, 그리고 instruction을 수업으로 번역하여 사용하기로 한다.

1 Johnson의 정의

교수(teaching)는 다른 사람들의 학습에 영향을 미칠 목적으로 그와 상호작용하는 과정이다. 교수와 학습은 반드시 일치하는 것은 아니다. 교수가 이뤄져도 학습이 일어나지 않을 수도 있으며, 교수 없이도 학습은 일어날 수 있을 것이다.

2 Gagné의 정의

수업(instruction)의 목적은 학습자에게 학습이라고 부르는 어떤 변화를 가져다 주는 것이다. ……학습에 영향을 주는 변인들(variables)은 크게 두 가지로 나눌 수 있다. 즉, 학습자의 선행능력, 동기 등과 같은 내부적 변인들(internal variables)과 학습상황이라고 부르는 외부적 변인들(external variables)이 상호작용적으로 학습에 영향을 주고 있는 것이다. ……수업이란 학습자의 능력, 동기 등 내부적 특성에 변화를 가져올 수 있도록 그러한 내부적 능력들과 적절하게 상호작용할 수 있는 방법으로 학습의 외부적 조건들을 조성하거나 정비하는 활동을 말한다. 따라서 수업은 학생들의 주의를 환기시키거나 학습자에게 중요한 자극을 제시하고 또는 언어적 지시를 줌으로써 학습의 상황적 조건을 조작하는 과정이다.

(2) Glaser의 수업과정모형

수업과정에 관한 Glaser의 모형은 수업과정의 개념형성에 큰 도움을 줄 수 있을 것이다. Glaser는 수업의 일반적인 흐름을 다음 [그림 5-1]과 같이 제시하고 그것이 동시에 수업의 설계나 연구 · 개발에 있어서도 중요한 측면으로 고려되어야 할 것임을 지적하고 있다.

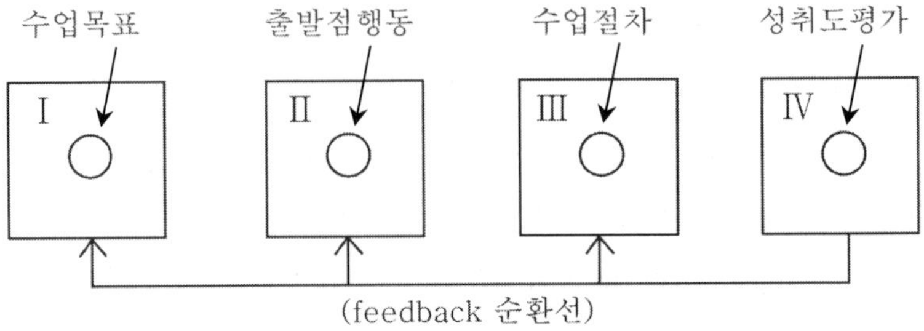

[그림 5-1] Glaser의 수업모형

[그림 5-1]에 제시된 내용을 자세히 설명하면 다음과 같다.

1 수업목표(instructional objectives)

수업의 과정에서 제기되는 또는 고려되어야 할 가장 핵심적인 요소는 무엇을 가르칠 것인가, 또는 무엇을 학습할 것인가 하는 질문이다. 수업목표, 학습목표 또는 학습과제로도 표현될 수 있는 이 요소는 모든 수업과정의 지표가 되며 이에 따라 그 절차나 방법이 결정되는 것이다. Glaser는 특히 이 요소를 도착점행동(terminal behavior)으로 파악하고 있다. 수업의 과정이 끝났을 때 학습자가 보여 줄 행동특성으로 정의될 수 있는 이 도착점행동 개념은 우리들의 분명한 목표의식을 강조하고 있는 것이다.

Glaser는 또한 이 요소를 고려하는 과정에서 가장 중심적인 과업으로 문제분석(task analysis)을 제시하고 있다. 무엇을 어떤 절차로 가르치느냐가 명료하게 드러나야 한다는 것이다. 이러한 질문들은 우리들이 수업과정을 계획하고 운영하는데 있어서 1차적으로 고려되어야 할 문제다.

2 출발점행동(entering behavior)

시발행동 또는 투입행동으로도 소개되고 있는 이 출발점행동(entering behavior)은 앞의 도착점행동과 함께 Glaser 등의 독특한 개념이다. “일정한 수업목표(도착점

행동)를 성공적으로 학습하기 위하여 학습이 시작되기 이전에 갖추어야 할 제반 행동특성으로 정의될 수 있는 이 출발점행동 개념은 종래의 준비성(readiness for learning) 개념과 함께 수업과정에서 반드시 고려되어야 할 학습자의 능력 · 특성을 의미하고 있는 것이다. Glaser는 특히 비교적 단기적인 수업과정과 관련하여 학습자의 선행학습 수준을 크게 강조하고 있다. 이미 여러 번 강조된 바와 같이 수업과정은 학습자의 성공적인 학습을 조력하는 행동이다. 이러한 행동을 계획하고 운영함에 있어서 학습자의 현재 상태가 고려되지 않을 수 없다. 수업목표의 설정이나 수업절차의 계획에서 학습자의 능력과 특성이 반드시 고려되어야 할 것이다.

[3] 수업절차(instructional procedures)

수업과정계획의 세 번째 요소는 실제 수업이 전개되는 장면에서 고려되어야 할 학습과제 · 수업방법 · 자료 등의 요인이다. “어떤 학생에게 어떤 학습목표를 성공적으로 학습할 수 있게 하기 위해서는 어떤 과제, 방법, 자료들이 채택되어야 하는가”라는 질문이 이 요소를 잘 반영하고 있다. 학습과제는 어떤 절차, 어떤 형식으로 제시되어야 하고 그러한 학습과제의 학습에 최적한 방법은 어떤 것이며, 교사 · 학생의 구체적인 상호작용 형태는 어떤 것이어야 하냐, 또는 이에 필요한 교구 및 학습자료는 어떤 것이며, 그것은 어떻게 활용되어야 하는가 등 수업절차와 관련된 많은 문제들이 제기될 수 있는 것이다.

특히 학습과제를 분석해야 하는 이유는 단원에서 가르칠 학습요소를 확인하고 그 학습요소 상호간의 관련성을 파악하여 최적의 학습순서를 밝히기 위해서다. 이렇게 함으로써 학습요소의 누락이나 중복을 찾아낼 수 있으며, 형성평가 실시의 기준을 마련할 수도 있다. 또한 학습과제 분석은 필요한 선수학습 능력이 무엇인지를 밝히기 위해서도 필요하다.

학습과제 분석절차는 최종 수업목표를 확인 · 진술하고, 학습요소를 추출하고, 학습요소의 구조도, 즉 수업지도를 작성하고 학습요소들의 수업순서를 정하는 단계(학습계열 결정)로 이루어진다.

4 성취도평가(performance assessment)

수업과정의 네 번째 요소는 수업처치의 효과를 평가하는 일이다. 일정한 수업과정이 학습자의 학업성취에 어떤 효과를 가져왔으며 그 이유는 무엇인가, 또 그러한 결과는 후속되는 수업과정에 어떻게 반영되어야 하겠는가 등의 질문이 평가문제와 관련되고 있다. 학습평가와 관련하여 Glaser가 특히 중요하게 다룬 문제는 최근 우리 나라에서도 활발히 논의되고 있는 절대기준평가(criterion-referenced evaluation) 문제와 형성 · 총합평가(formative & summative evaluation)체제 및 수업과정의 분석에 의한 정보수집활동 등이다. 그는 또한 이러한 제반평가의 결과들을 즉각적으로 수업개선에 활용되어야 함을 강조하고 있다.

(3) 수업과정 전개의 절차

1 수업계획시 유의사항

① 수업계획은 수업목표 달성을 최대한 보장해야 한다. 이 원칙은 수업계획의 적부를 판가름하는 가장 중심적 준거다. 수업과정의 최대의 관심사가 수업목표 달성의 정도에 귀착되기 때문이다.

② 수업계획은 학습자의 능력 · 특성에 적합해야 한다. 수업계획은 바로 학생의 학습을 조력하는 절차와 방법을 설계하는 것이기 때문이다. 수업목표와 관련되는 학생의 학습적성, 경험배경, 출발점 성취수준, 흥미, 태도 등은 수업계획자의 중요한 관심사가 되어야 할 것이다.

③ 수업계획에는 교과의 특성이 반영되어야 한다. 교과는 각기 특수한 지식내용과 탐구방법이 있고, 인간의 생활이나 사고체계에 특수하게 관련되고 있기 때문이다.

④ 수업계획에는 각 학교 또는 학급의 상황에 조건이 고려될 수 있어야 한다. 수업과정은 학교, 또는 학습의 특수한 장에서 전개되고 그러한 상황적 조건의 영향을 받고 있기 때문이다. 학교, 학습 또는 지역사회의 물리적 · 심리적 조건, 시설과 교구 및 학습자료 등이 수업계획에 고려되어야 한다.

2 수업과정 전개의 단계

수업과정은 그 전개계획이나 상황적 조건의 변천에 따라 다양하게 전개될 수 있다. 그것은 고전적인 Herbart의 제안에 따라 ① 준비(preparation), ② 제시(presentation), ③ 비교 · 요약(comparison and abstract), ④ 종합(generalization), ⑤ 적응(application)의 순서로 전개될 수도 있고, 우리들이 흔히 쓰는 ① 도입, ② 전개, ③ 정리의 절차를 따를 수도 있으며, Massialas의 탐구학습모형에서와 같이 ① 안내, ② 가설결정, ③ 정의, ④ 탐색, ⑤ 증거 제시, ⑥ 일반화의 단계를 거칠 수도 있는 것이다. 그 어느 것을 선택하든 간에 그러한 단계들은 독립적, 단절적 과정이 아니라 물흐르듯 자연스럽게 흘러들어가야 한다. 수업의 전개과정을 이렇게 세분하는 것은 단지 그 흐름의 순서를 개념화하자는 것이지 하나하나의 단계를 독립적 과정으로 보자는 것은 아니기 때문이다. 이러한 전제를 염두에 두고 우리들이 흔히 따르는 도입-전개-정리의 절차에 따라 각 단계의 주요 활동을 검토해 보자.

도입단계

한 단위의 수업이 전시학습과 관련을 맺으면서 도입되는 과정이다. 전시학습을 상기하고 본시학습의 목표가 제시되며 수업계획이 검토되는 과정에서 명확한 방향이 설정되고 학습동기가 유발되는 과정이다. 설정된 수업목표가 학습자의 용어로 명료하게 제시되고, 그 목표에 따라 교사와 학습자가 공동으로 수업활동계획을 수립하는 것이다.

① 도입의 의의

동기유발은 학습활동의 효율성을 위해서 수업과정에서 이루어질 필수과제다. 이러한 동기유발은 도입단계에서 이루어지도록 해야 한다. 즉, 수업활동이 뜻있게 전개되고 학습효과가 충분히 달성되자면, 아동이 그 학습내용에 대해서 명확한 문제의식과 왕성한 학습의욕을 가지고 자발적인 학습이 되도록 학습동기를 유발시켜야 하는데 이것이 곧 도입이다. 도입은 수업의 시작이다. 그러므로, 도입단계에서는 교재내용에 대한 문제의식을 느끼게 하고 학습의욕을 환기함과 동시에 수업목표를 확인시키고 스스로 학습전개의 방향을 내다 볼 수 있도록 해야 한다.

② 도입의 형식

㉮ 학습환경을 정리해 두고 자연적으로 학습의 분위기를 조성하여 흥미를 갖게 장을 만들어 주는 형식

㉯ 호기심이나 흥미를 주어 의욕을 환기시키는 형식

㉰ 학생의 관심이나 의욕에 호소하는 형식

㉱ 교재를 아동의 의욕에 호소하는 형식

㉲ 그 밖에도 동기유발의 방법을 적절히 활용하는 것이다.

③ 도입방법의 기초

㉮ 학생의 흥미, 관심, 요구 또는 능력 정도 등의 실태를 구체적으로 이해해야 한다.

㉯ 교재연구를 충분히 하고 교재내용의 교육적 가치 등에 대한 명확한 인식이 있어야 한다.

㉰ 도입에 대한 방법적 원리를 연구하고 이를 구사할 수 있는 기술을 체득해야 한다. 즉,

- 성공감 · 필요감을 갖게 하여 학습의욕을 일으켜야 하며,
- 학습문제를 명확히 의식시켜서 학습전개의 방향감을 주어야 하며,
- 교재내용을 아동의 기존 경험과 올바르게 결부되도록 지도해야 하며,
- 교재내용을 아동의 흥미, 관심 또는 요구에 결부되도록 지도해야 한다.

④ 새 단원에 들어갈 때의 도입방법

㉮ 단원에 관련된 제 자료의 정비, 제시 등 알맞은 환경을 조성해 주는 일

㉯ 단원에 관련된 흥미, 관심도, 문제에 대한 경험영역의 범위, 기존지식의 정도, 요구 내용의 정도, 학습능력의 정도 등을 조사 · 해석하는 것이 필요하다. 이를 통하여 문제내용을 파악할 수 있고, 문제의식이 촉구되며 일반적인

학습의욕도 높아질 수 있다.

㉰ 문제의식을 갖도록 한 다음에는 문제내용을 구체적으로 파악시켜야 하며 학습의 방향도 확실히 하기 위하여 학습목표를 분명히 해줄 필요가 있다.

㉱ 학습문제와 학습목표를 파악시킨 다음에는 학습전개의 방향을 더욱 구체화하기 위하여 학습계획을 생각하도록 지도하여야 한다.

⑤ 각 교과시간의 도입방법

㉮ 그 시간의 학습문제와 직접 관련되는 기존경험, 선수학습내용 등을 상기시켜 학습문제를 자신의 문제로 받아들이게 하고 문제 파악을 용이하게 한다.

㉯ 상기된 지식이나 경험을 본시의 학습문제와 관련시키도록 한다.

㉰ 학습내용에 관련된 경험내용을 학급 전원이 의식케 하여 학습의 문제점에 대하여 전원이 집중적으로 사고하도록 한다.

⑥ 도입방법의 구체적인 기법

도입단계에 있어서는 무엇을 어떻게 가르칠 것이냐도 중요하지만 어떻게 해야 학생들이 더 잘 이해하고 학습하게 될 것이냐가 중요한 것이다.

따라서, 도입방법의 실제에 있어서는 각 교과마다 또는 학습내용에 따라 다른 방법이 강구되어야 할 것이다.

(i) 발문방법

"먼저 시간에는 ○○을 공부했는데, 오늘은 ○○에 대하여 공부하겠습니다."란 말과 "먼저 시간에 공부한 것은?", "이번 시간에 공부할 것은"이란 말은 같은 뜻으로 생각되나, 학생의 사고활동에 대한 영향력은 다르다.

이와 같이 교사의 발문의 여하는 수업의 효과를 좌우할 정도로 중요하지만 대상, 장면, 사태에 따라 어떻게 발문해야 할 것인가가 문제된다. 발문은 목적있는 내용으로 학생의 사고를 자극하는 것이어야 한다. 발문의 문제는 수업과정에서 교사의 가장 핵심적인 과제다. 왜냐하면 모든 학습활동은 교사의 발문에 의하여 전개된다. 즉, 발문을 통해서 학생의 기존 경험을 파악할 수 있고, 흥미를 환기시키는 자극을 줄 수 있고, 반복연습을 시킬 수 있으며, 학습의 성취 정도를 진단할 수 있기 때문이다.

이러한 교사의 발문기술은 문답법의 일환으로서 수업방법에 가장 중요시 다루고 있는 영역이기도 하다. 문답법에 대한 문제는 다른 기회에 자세히 취급하기 때문에 여기에서는 교사의 기술적인 측면에서 본 발문에 대해서만 다루기로 한다.

(ii) 좋은 발문의 성질이란?

㉮ 명확성과 간결성 : 학습자가 무엇을 대답해야 좋을지 모르는 막연하고도 모호한 발문을 해서는 안 되고, 발문이 너무 길어서 무엇을 요구하는 것인지 알 수 없게 되어서는 안 된다.

㉯ 개인차에 대한 적응성 : 학급은 개인차가 심하다. 그러므로, 개인차에 적응해서 발문의 기회가 균등하게 이루어져야 한다.

㉰ 반성적 사고의 자극 : 단순한 기억을 요하는 발문이 아니라 사고활동을 전개할 수 있도록 전개되어야 한다.

㉱ 목적성 : 목적없는 무의미한 발문이 아니라 뚜렷한 목적을 가지고 발문해야 한다.

㉲ 1문 1사상 : 하나의 발문에 두 개 이상의 해답을 요구하는 것은 되도록 피하는 것이 좋다.

(iii) 좋은 발문으로 이끄는 발문기술

㉮ 발문은 학급 전체에 발한 후에 지명한다.

㉯ 응답에 필요한 시간을 주어야 한다.

㉰ 발문은 학습자의 경험과 지식의 범위 안에서 해야 한다.

㉱ 발문은 잘 조직되어 있어야 한다.

㉲ 발문은 학습사항에 적응할 수 있는 강력성을 가지고 있어야 한다.

㉳ 발문은 원칙적으로 반복할 필요가 없다.

㉴ 발문은 명료해야 한다.

(iv) 발문의 유형

발문의 유형은 여러 측면에서 고찰될 수 있으나, Minnis의 Sharble은 지적 수준에 따라 재생적, 추론적, 적용적으로 분류하였으며, 학생의 인식개념의 형성에 따라 인식적 발문, 추구적 발문, 평가적 발문 그리고 관리적 발문으로 구분하기도 한다. 또한 발문과 발언을 같은 입장에서 보고 발문의 유형을 다음과 같이 구분하기도 한다.

㉮ 요구적인 발문 — 작업, 의견, 개괄, 적용, 정의

㉯ 수여적인 발문 — 사례, 자료, 개념, 조건, 개괄

㉰ 확인하는 발문 — 경험, 지식, 이해, 태도

㉱ 기타 발문 — 주의, 질책, 상찬, 격려

(v) 발문의 처리 방법

교사가 학생의 자유로운 자기의사의 표현과 적극적인 학습활동에의 참여를 위해서는 발문처리를 잘 해야 한다. 그러므로 발문처리의 조건을 몇 가지 들어보면 다음과 같다.

㉮ 성공적인 발문에 대해서는 칭찬과 격려로서 성공감을 갖게 하여 다음의 문제해결에 자신감을 주도록 한다.

㉯ 구체적으로 틀린 곳이나 원인을 지적하여 격려적인 칭찬으로서 자기의 결점을 쉽게 찾게 하고 그 까닭을 찾으려는 태도와 계속적인 학습활동이 되게 한다.

㉰ 학력이 낮은 학생, 발표력이 없는 학생, 내향성적인 학생에게는 한층 주의를 해야 한다.

㉱ 옳지 않은 답이나 또는 건의 제의가 바르지 않더라도 다시 집단사고로 돌려서 각자 다시 생각할 기회를 갖게 해야 한다.

㉲ 편애로 어떤 학생의 발문은 받아들이고 어떤 학생의 발문은 배척한다든가 질책을 방관하는 등의 불공평한 처리는 삼가야 한다.

전개단계

도입단계에서 확인된 목표와 수업계획에 따라 수업활동이 펼쳐지는 과정이다. 순서있게 배열된 학습과제를 중심으로 강의, 토의, 관찰, 실험, 각종 표현활동 등 정해진 학습목표 달성을 위하여 교사와 학생이 긴밀한 상호작용을 전개하게 된다. 이 과정을 통하여 교사는 학생의 학습이 순조롭게 일어나고 그 효과가 극대화될 수 있도록 최선의 노력을 경주해야 할 것이다. 학습밀도, 학습동기가 높은

수준에서 유지되고 여러 가지 방법과 자료들이 충분히 동원되어야 할 것이다.

전개단계에서 특히 유의해야 할 점은 다음과 같다.

① 음성(목소리 크기, 속도, 발음의 정확성, 강약 등)은 적절해야 한다.

② 자세는 고정된 위치를 탈피하고 교단의 좌우공간을 적절히 이용할 수 있어야 한다.

③ 선수학습 내용을 본시학습에 자연스럽게 연결시킬 수 있어야 한다.

④ 수업내용의 전달이나 설명은 학생들이 알아듣기 쉽게 이루어져야 한다.

⑤ 학생들의 특성과 수준에 적합한 교수매체를 선정하여 흥미로운 수업이 이루어져야 한다.

⑥ 학생들의 사고나 호기심을 자극하는 질문을 학생전체 또는 특정학생을 대상으로 수시로 할 수 있어야 한다.

⑦ 학생들의 응답이나 문제해결에 보상과 강화가 적절히 활용되어야 한다.

⑧ 수업자료는 수업목표 달성함에 얼마나 적합한가를 충분히 고려해서 준비해야 한다.

⑨ 수업방법은 수업목표와 학습내용의 특성에 비추어 효율적이고 적절해야 한다.

⑩ 판서는 글씨체, 분량, 글씨 크기 등이 적절히 고려되어야 한다.

⑪ 학생에게 발표기회를 수시로 제공하여 교사와 학생간의 상호작용이 활발히 이루어지도록 해서 학생들을 수업에 적극적으로 참여시켜야 한다.

⑫ 수업도중에 수시로 형성평가를 통해서 학생들의 이해도를 점검하고 특정학생에겐 교정 지도를 할 수 있어야 한다.

⑬ 소외 학생이 없도록 모든 학생과 골고루 눈맞추기, 미소짓기나 고개를 끄덕이는 등 비언어적 행동을 통해 학생들과의 정서적 교감이 이루어지도록 노력해야 한다.

⑭ 이해를 돕기 위해서 예시, 그림, 그래프, 시범, 사진, 동영상 등을 활용한다.

⑮ 교사는 다양한 동작(목소리의 변화, 간혹 교단에서 내려와 학생 좌석 가운데로 이동 등)을 통해 열정적이고 활기찬 모습을 보여 준다.

⑯ 설명, 판서, 질의응답, 소집단 협동학습, 학생발표, 다양한 ppt영상수업 등

다양한 수업방법을 동원하여 한 시간의 수업이 지루하지 않도록 역동성 있게 전개한다.

⑰ 학생의 의견과 참여를 최대한 보장한다.

⑱ 학생의 반응에 즉각적인 피드백을 제공한다.

⑲ 학생들이 활동하고 있을 때에는 학생자리를 순회 · 관찰하면서 개별지도를 해 주거나 진도를 점검한다.

⑳ 수업 중 틈틈이 재치 있는 유머를 적극활용하여 수업시간에 지루하지 않도록 한다.

정리단계

수업의 결과가 명료하게 정리되고 정착되는 과정이다. 전개과정에서 학습된 결과들이 요약 · 일반화되고 형성평가가 실시되어 개별적 또는 집단적 효율성이 점검되기도 하며 필요한 예습과제가 제시될 수도 있고, 다음 시간의 학습과제가 부여되거나 예고된다.

제 6 장

시험문제의 출제기법

1. 학업성취도 평가의 개념과 기능
2. 학업성취도 평가방식의 유형
3. 학업성취도평가의 일반적 절차
4. 시험문제의 출제기법
5. 시험실시와 채점법
6. 시험문제의 양호도 검증법

1. 학업성취도 평가의 개념과 기능

1) 학업성취도 평가의 개념

학업성취도 평가는 교육목적의 달성도를 다룬다. 학업성취도 평가는 설정된 수업목표를 명확히 하는 데 도움을 주며 학생이 이 목표를 어느 정도 성취했는지를 결정하는 과정인 바, 학업성취도 평가는 학생의 바람직한 행동의 변화를 측정하며, 나아가서는 학생의 학습과 교수방법을 개선하기 위해 필요한 증거를 수집하고 조작하는 방법인 것이다.

2) 학업성취도 평가의 기능

학업성취도 평가는 다음과 같은 구체적 기능을 발휘하게 된다.

① 학습장애의 원인을 찾아낼 수 있다.
② 수업에 앞서서 출발점 행동을 진단할 수 있다.
③ 학습진행 속도를 조절할 수 있다.
④ 학습지도 방법의 개선에 도움을 준다.
⑤ 학습성취도 수준을 알아보게 한다.
⑥ 장래 성적의 예측이 가능하다.
⑦ 수업과정의 절차를 위한 질적 관리가 가능하다.
⑧ 평가는 교정학습에 도움을 준다.
⑨ 학생의 필요, 개인차, 행동특성 등 학생을 이해하는 수단이 된다.

2. 학업성취도 평가방식의 유형

1) 문항형식에 따른 분류

가장 대표적인 분류방법으로는 채점의 주관성이 개입되느냐 또는 학생의 개인적 · 주관적 견해가 어느 정도 표현될 수 있는 기회를 주고 있느냐 하는 기준에서 흔히 주관식 시험문제와 객관식 시험문제로 대별된다. 주관식 시험문제는 흔히 서술형 시험문제라고도 부르며, 객관식 시험문제는 진위형, 선다형, 배합형, 단답형과 완결형이 있다.

〈문항형식 분류〉

서술형 문제 └ 논문형 객관식 문제 ├ 진위형 ├ 선다형 ├ 배합형 ├ 단답형 └ 완결형	선택형 문제(인지형) ├ 진위형 ├ 선다형 └ 배합형 서답형 문제(재생형) ├ 단답형 ├ 완결형 └ 논문형

회상을 요구하는 시험문항에는 학생이 직접 답을 써야 함으로 이를 서답형의 시험문항이라고 부르는 반면에 인지만을 요구하는 시험의 경우에는 주어진 답지들 중에서 선택만 하면 되므로 이를 흔히 선택형의 시험문항이라고도 부른다.

2) 평가기준에 따른 분류

(1) 임의평가

평가의 기준이 교사 개개인의 임의, 즉 주관적 판단에 의하여 좌우되며 교사에 따라 상이한 평가가 이루어지는 형태다.

소위 100점 만점식 평가가 곧 여기에 속한다. 이 형태에서는 객관적이고 체계적인 평가를 가능케 하는 어떤 공통된 절대기준을 제시하지 못하고 오직 교사의 주관적인 기준하에 평가되는 것이다.

(2) 상대평가

상대평가란 학생들의 학습성취도가 학생 상호간의 상대적 비교를 통해서 평정되는 형태다.

어떤 고사에서의 학생들의 득점분포가 밝혀지면, 이 득점분포에서 최상위의 득점을 얻은 일정비율(예컨대, 10%)의 학생들에게 "수" 또는 "A"의 평점을 주고, 차상위의 득점을 얻은 일정비율(예컨대, 20%)의 학생들에게 "우" 또는 "B"의 평점을 주는 형태다.

때로는 학생 상호간의 성적의 차를 객관적으로 체계적으로 비교하기 위해서는, 시험의 채점결과에서 얻어진 원점수(raw score)를 Z점수나 T점수 등의 표준점 수척도로 옮기거나 등급화 절차를 밟아야 한다. 즉 표준점수로 이루어진 집단의 기준점수에 의해서 특정학생의 행동특성을 상대적으로 비교해서 판단하는 방법이기 때문에 상대평가를 규준참조적 평가라고도 부른다. 지능, 적성, 성격, 학력 등의 표준화검사도 여기에 속한다.

이런 상대평가적인 성적평정의 결과로 매겨진 평점에 대해서는 상대적인 해석만 할 수 있을 뿐이며, 절대적인 해석은 불가능하다.

그러므로 목표도달도 여부를 밝히는 기준적 판단은 불가능하며, "일정비율"이라는 올가미에 묶여서 사실상 성적에 별로 의미있는 차이를 나타내지 않는 두 학생에게 전혀 판이한 평점을 매기게 된다든가, 또 서로 다른 학급이나 학교에서 매겨진 평점이 전적으로 다른 성취도 수준을 의미하게 된다든가 하는 것이 상대평가의 크나큰 위약점이라 하겠다.

(3) 절대평가

이것은 목표지향적 평가 또는 준거참조적 평가라고 불리우는 것인데, 평가의 기준을 다른 사람과 비교하는데 두지 않고 도달하려고 하는 수업목표 그 자체에 두는 평가형태다.

이 기준은 교사에 따라 임의대로 정해져도 안 되며, 집단의 규준점수에 예속되어져도 안 되고, 오직 학생 개개인에 성취시키려는 수업목표 그 자체에 두는 형태로 설정된다. 절대적 기준이란 "이 정도의 학습을 했으면 다음의 학습을 무난히 해 나갈 수 있을 것이다"라는 합의기준선 내지 판정선이 바탕이 된 최저수준의 수업목표인 것이다. 즉 교사들이 수업목표를 바탕으로 어떤 합의된 기준을 설정하고, 그 기준에 비추어 학생 개개인의 현재의 도달도를 평가하려는 입장을 취하게 되는데 이때, 도달도를 대조해 보게 되는 그 합의된 기준이 곧 절대기준인 셈이다.

"수"나 "A" 평점을 받은 학생은 한 교과의 수업목표 중 거의 모든 것을 거의 완벽하게(예컨대, 90% 이상의 수준으로) 습득했음을 의미하며, "우"나 "B"의 평점은 그런 수업목표들이 상당히 만족스런 수준(예컨대, 80% 이상의 수준)까지 습득했음을 의미한다. 그러나 이런 절대평가적인 평점은 집단 내부에서의 성적의 상대적 서열에 관해서는 아무런 정보도 제시해 주지 못한다.

3) 평가목적에 따른 분류

(1) 진단평가

1 진단평가의 목적

다른 모든 평가활동과 같이, 진단은 학생들의 행동의 여러 측면에 관하여 가치판단, 판정, 기술, 분류하는 행위를 포함하지만 다음 세 가지를 목적으로 한다는 점에서 다른 평가형식과는 구별된다.

① 진단평가는 수업의 출발점에서 학생을 알맞은 자리에 적절히 정치(수업집단의

편성)하기 위한 자료를 수집하려는 데 목적이 있다.

② 진단평가는 수업에 앞서서 학생들의 출발점행동을 진단하고 평가하는데 그 목적이 있다.

③ 진단평가는 수업의 전개과정에서 학생들의 학습 실패의 근본적 원인을 발견하는데 그 목적이 있다.

2 진단평가의 역할

진단평가가 다른 형태의 평가에 비하여 갖는 역할은 다음과 같다.

① 수업집단의 편성이나 다른 정치활동에 필요한 정보를 적절히 제공해 준다.

② 진단평가는 가장 알맞은 출발점에 학생들을 배치시킬 수 있다.

③ 진단평가는 교사가 학습위계를 정립하는데 있어서 필요한 선수내용 단위가 무엇인가를 정확하게 인식하는 데 도움을 준다.

④ 특정의 학습과제에 관련된 선행학습 기능과 기초적 학습기능의 확인에 도움을 준다.

3 진단평가의 방법

① 선행학습 기능의 진단

모든 학생이 똑같은 수준에서 출발하도록 수업이 시작된다면, 이미 출발점 이상으로 목표를 달성한 학생에게는 권태와 무관심과 수업에 대한 흥미상실을, 아직 그 출발점에 이르지 못한 학생에게는 실망과 좌절을 안겨주게 될 것이다.

② 학습결손의 진단

표준화 검사에서는 어떤 특정내용 영역에서의 특정 학습결함의 정확한 진단에 필요한 정교성이 부족한 경우가 많기 때문에 교과 담임교사가 직접 검사를 만들어 수업현장의 학습사태와 직결이 되는 진단을 할 필요가 있다. 즉, 어떤 형의 문항에서 학생 개인이나 학급 전체가 오답 반응을 나타내고 있는지를 검토해서 교정수업의 필요성을 결정하게 된다.

(2) 형성평가

1 형성평가의 목적

형성평가란 학습 및 교수가 진행되고 있는 활동적인 상태에 있는 도중에 학생에게 피드백을 주고, 교육과정을 개선하며, 수업방법의 개선을 목적으로 실시하는 평가다. 그렇기 때문에 형성평가는 교수 · 학습과정을 일차적으로 이끌어 가고 가르쳐야 할 교사가 직접 제작하는 것이 원칙이다. 형성평가는 교수목표에 기초한 평가이기 때문에 철저하게 목표지향적 평가다. 진단평가가 일반화된 기능이나 특성을 측정하도록 되어 있는데 비해 특히 형성평가는 특정학습 단위를 위해서 구체적으로 계획된 검사이다.

형성평가에서는 총점이라는 것은 아무런 의미가 없고 문항반응 유형에 관심을 둔다.

2 형성평가의 역할

① 형성평가는 각 학생이 학습진도를 자기의 학습능력에 맞추어 나가는 데 중요한 역할을 한다.

② 평성평가는 교수-학습과정의 각 단예에서 학생에게 피드백을 주고 교정해 주는 계기를 마련해 준다.

③ 형성평가를 통해 학생이 필요로 하는 정보는 단지 한 학습단위에서 성공했느냐 실패했느냐의 정보뿐 아니라 더 나아가 실패했다면 그 실패의 원인에 관한 정보를 제공해 주는 역할을 한다.

④ 형성평가의 결과는 학생의 학습에 도움을 주기 위해 활용될 뿐 아니라 교사의 수업방법 개선에도 크게 이바지한다.

3 형성평가의 방법

① 첫째 과정은 학습단위를 분석하고 확인 선택하여 그것을 결정하는 일이다.

② 결정된 학습단위는 내용소와 행동소로 세분화 분석된다.

③ 세분화된 학습단위 속의 목표는 위계(hierarchy)가 이루어지도록 조직되어야 한다.

④ 형성평가의 분석은 학생이 반응한 답의 오류가 무엇인가를 밝혀 주어야 한다.

(3) 수행평가

1 수행평가의 목적

수행평가는 교육목표의 달성여부를 가능한 한 실제 상황에서 파악하는데 목적이 있다.

수행평가는 전통적인 필답시험 중심 평가에 대한 대안적 평가방법으로서 학습자가 주어진 학습과제를 다양한 방법으로 수행해 보이는 것을 교사가 직접 관찰하거나 교육적 판단을 위한 정보수집 과정을 통하여 수집한 정보를 기초로 교육적 의사결정을 하는 방법이라고 정의할 수 있다. 이를 좀더 간명하게 정의하면 지필평가 이외의 모든 방법으로 평가하는 방식이라고 할 수 있다.

이러한 정의에 나타나고 있는 중요한 요소는 학습과제, 수행, 직접관찰 등 세 가지이다.

① 학습 과제

학습자들에게 성취되기를 기대하는 교육목표와 관련되는 것으로, 가능한 한 실제 생활에서 보다 의미 있고, 중요하며, 유용한 과제들을 일컫는다.

② 수행

학생이 단순히 답을 선택하는 것이 아니라, 학생 스스로 답을 구성하는 것, 산출물이나 작품을 만들어 내는 것, 태도나 가치관을 행동으로 드러내는 것이다.

③ 직접 관찰

학습자가 수행하는 과정이나 그 결과를 평가자가 읽거나, 듣거나, 보거나, 느끼거나 하는 활동을 모두 포함한다.

2 수행평가의 역할

① 수행평가는 학생이 문제의 정답을 선택하는 것이 아니라, 자기 스스로 답을 작성하거나 행동으로 나타내도록 한다.
② 수행평가는 단편적인 영역에 의해 일회적으로 평가하기보다는, 학생 개개인의 변화 · 발달과정을 종합적으로 평가하기 위해 전체적이면서도 지속적으로 이루어지도록 강조한다.
③ 수행평가는 학생의 적극적인 학습활동, 자기주도적인 학습을 직접적으로 조장할 수 있는 역할을 한다.

3 수행평가의 방법

① 교과별로 범교과적인 연구 주제를 선택하여 주제에 대한 학생 자신의 연구와 학습 결과를 연구내용 혹은 연구문제, 연구방법, 결과, 결론 등 체계적으로 정리한 연구과제물을 제출하게 하고 이를 일정한 기준에 따라서 평가한다.
② 비판력, 창의성 등 고등정신 기능을 묻는 질문이나 서술 · 논술형 검사를 통하여 학생이 지니고 있는 다양한 능력과 표현력을 평가한다.
③ 개인적으로 혹은 사회적으로 서로 상이한 의견이나 주장을 내세울 수 있는 주제나 토론과제를 제시한 후 개인간, 혹은 집단별 토론을 시킨 후 토론과정에서 나타나는 다양한 특성들(표현력, 설득력 등)이나 토론 결과를 평가한다.
④ 실험 · 실습 과정을 직접 관찰하여 이루어지는 과정의 평가와 함께 실험 · 실습보고서를 동시에 평가하게 된다. 특히, 어느 한 측면에만 주목하여 평가하는 것이 아니라 상황의 세부적인 측면을 종합적으로 평가한다는 점이 중요하다.
⑤ 음악, 체육, 실과와 같은 평가는 통제된 상황에서 실기가 진행되는 것이 아니라 자연스런 장면에서의 자연스럽게 나타나는 실제 행동을 관찰한 후 평가한다.
⑥ 특정 프로그램이나 수업의 과정에 참가한 후 느낀점이나 개선점, 제안할 점 등을 보고서 형태로 정리하여 제출한 것을 참고로 평가하는 자기평가

방법이나 학습과정에 참여한 학습자들끼리 상호평가한 동료평가를 토대로 평가할 수 있다.

⑦ 학생이 직접 쓰거나 만들거나 수집한 작품목록 혹은 작품철을 직접 평가자로 삼아 평가하는 포트폴리오 방법을 적용할 수 있다. 학생들의 미술작품집, 문학이나 사진작품집, 연구보고서나 다양한 영역의 학습진행 상황을 정리해 둔 글모음집 등을 이용하여 평가할 수 있다. 포트폴리오를 통한 평가의 가장 두드러진 특징은 학생 자신과 교사가 학습자의 변화과정, 혹은 발전과정을 전체적이면서도 지속적으로 확인하고 발전방향을 설정하기 위한 정보를 제공해 준다는 점에서 교육적 효과가 크다고 하겠다.

(4) 총합평가

1 총합평가의 목적

형성평가가 학습의 형성에 목적이 있다면 총합(총괄)평가는 행정적 의사결정 또는 전체 교과목이나 중요 부분의 성과가 어느 정도 달성되었느냐의 정도를 총괄하기 위한 것이 목적이다.

또한 형성평가는 수업도중에 수시로 실시되는 데 비해 총합평가는 교과가 끝난 다음이나 기말, 연말에 한두 번 총합적으로 교육목표 달성의 정도를 평가하려는 것이 목적이다.

형성평가는 짧은 검사임에 반해 총합평가는 길이가 긴 검사이며 형성평가는 세분화된 선행기능 및 지식을 평가하려는 것이며, 총합평가는 보다 일반화되고 광범위한 목표를 평가하려는데 특징이 있으며 총합평가의 문항은 교육목표를 모집단으로 하는 문항모집단에서 모집단을 가장 잘 대표할 수 있는 문항표본을 골고루 표집한다는 데 특징이 있다.

형성평가는 문항난이도(item difficulty)에 전혀 관심없이 학습한 과제 및 학습단위의 성취 · 미성취에만 관심이 있는 데 반해서 총합평가는 대부분 30~70%의 난이도를 갖고 난이도의 평균이 약 50%에 이르는 것을 이상적인 준거로 본다.

그리고 총합평가의 목적 및 기능은 학생을 판정하고 등급을 정하고 자격을 부여하고 분류하려는 데 있기 때문에 자연히 평가의 의거점이 되는 것은 학생의 성적 사이의 상대적 위치에 있다. 즉 규준지향적 평가이다.

2 총합평가의 역할

① 학생의 성취 정도를 알기 위한 점수판정에 쓰인다. 점수판정은 각 학생의 학습의 정도나 수준에 의거해서 학생 사이의 상대적 위치를 결정하려는 것이다.
② 총합평가는 학생이 어떤 기능이나 능력, 지식에 있어서 요구하는 정도의 자격이 있는지 없는지를 인정하기 위한 판단의 역할을 한다.
③ 총합평가의 결과는 다음 학습과정의 학습에서 성공할 수 있느냐를 예언하는 데 중요한 역할을 한다.
④ 총합평가의 결과는 다음 학년의 수업이 시작할 때 각 학생 혹은 학급의 학생을 어느 정도의 수준에서 교수해야 할 것인지를 결정하는 데 도움을 준다.
⑤ 집단간의 성적 결과를 비교하기 위해 총합평가는 필수적으로 이용된다.

3 총합평가의 방법

① 처음으로 해야 할 일은 평가하려는 특정교과에 관한 교육목표를 확인 세분화하는 일이다.
② 형성평가에서는 미소한 학습단위에 관련된 교육목표의 확인과 세분화 그리고 이에 기초한 목표의 위계화 작업이 주된 관심인 반면 총합평가는 교육목표를 일반적(거시적)이고 포괄적으로 진술하고 그것을 내용과 행동으로 세분화하는 작업(이원분류표)으로 나선다.
③ 목표가 진술되면 이 같은 목표에 관련해서 진술된 '내용'과 '행동'을 그래도 반영할 수 있는 문항을 제작하는 과정이다.
④ 제작된 문항은 난이도 순으로 편집한다. 문항제작이 제대로 될 때 총합평가의 목적이 그대로 적중할 수 있다.

3. 학업성취도 평가의 일반적 절차

1) 평가목표의 설정

무엇을 평가할 것인가의 문제는 곧 교육목표 달성 여부의 판단문제가 되기 때문에 평가의 과정에서 우선적인 작업은 평가의 목표를 설정하는 일이다. 평가목표를 설정한다는 것은 결국 평가내용 또는 검사내용을 정하는 일이다. 즉, 무엇을 평가하느냐를 결정하는 일이다.

평가목표에 내표된 내용면과 행동면이 분석되었으면 이 두 차원의 목표를 결합하여 다음과 같은 이원분류표를 만드는 것이 요청된다.

이 분류표를 보면 어떤 내용을 평가의 대상으로 삼아 어떤 행동을 측정할 것이냐 하는 것이 일목요연하다.

예컨대, 앞에 나온 국사시험의 평가내용과 평가할 행동목표를 연결시켜 다음과 같은 〈표 6-1〉을 작성한다.

표 6-1

국사시험의 이원분류표

행동 / 내용	지식	이해력	적용력	분석력	종합력	평가력	계
고대사	5	3	-	2	-	-	10
삼국시대	5	7	3	-	3	2	20
고려시대	5	6	4	-	-	5	20
조선시대	10	5	5	5	5	-	30
최근세사	5	4	3	3	2	3	20
계	30	25	15	10	10	10	100

이 시험을 필답시험으로 치루고 전체 문제를 100문제로 가정한다면 고대사에 관한 지식을 측정할 문제를 5문제, 이해력을 측정할 문제를 3문제 내겠다는 것이다. 그리고 전체 시험이 내용적으로는 고대사, 삼국시대, 고려시대, 조선시대, 최근세사를 10 : 20 : 20 : 30 : 20의 비율로 측정하고, 행동적으로는 지식, 이해력, 적용력, 종합력, 평가력을 30 : 25 : 15 : 10 : 10 : 10의 비율로 측정하겠다는 것이다.

이러한 비율배당은 평가활동을 사전에 구체화 · 체계화시켜 주게 된다.

2) 시험문제의 제작

필답검사의 경우에는 이것은 실제의 문항작성을 의미한다. 문항의 내용을 어디서 어떻게 선택하느냐, 소위 객관식을 사용하느냐, 주관식을 사용하느냐 등이 결정되어 한 개의 검사로 나타난다.

모든 평가의 도구는 객관도, 신뢰도, 타당도, 실용도가 높게 제작될 것이 요구되며 문항의 변별력이나 난이도가 적절하게 제작되어야만 한다.

3) 평가의 실시와 결과의 정리

(1) 평가의 실시

평가의 실시가 잘못되면 엉터리 평가가 되기 쉽다. 교사 자신이 작품분석이나 기록물 분석에서와 같이 이미 주어진 증거를 수집하는 경우에는 덜하지만, 학생으로 하여금 증거를 나타내게 하는 필답검사, 질문지, 면담, 행동관찰 등의 경우에는 자세하고 엄밀한 지시도 필요하며, 학생의 동기상태, 수험환경을 고려할 필요도 있다.

(2) 결과의 정리

행동의 증거가 수집되면 예정된 정리방식에 의하여 정리하고 그 결과를 해석하기 위해 여러 통계적 계산을 하게 된다.

필답검사의 경우엔 답안지의 채점방식이 문제된다. 객관식 검사이면 그냥 통틀어 정답만을 세어서 점수로 하는 수도 있고, 경우에 따라선 각 문제의 점수에 채점의 무게를 달리하는 수도 있고, 정답수에서 적당히 오답지를 빼는 수도 있다. 논설형의 경우에는 채점이 더 곤란하다.

따라서 모범답안지를 미리 만들어 둔다든가 채점기준표를 만들어 둔다든가 할 수도 있다.

4) 평가결과의 해석과 활용

(1) 결과의 해석

결과의 해석에 있어서 1차적인 것은 우선적으로 교육목적, 즉 평가목적의 달성 여부를 알아보는 것이다.

부차적인 해석으로는, 평균치와 중앙치를 비교함으로써 점수분포의 편포도를 알아볼 수 있고, 다른 집단과의 평균 점수의 비교에서 학급성적의 수준을 검토할 수 있으며 또한 우수학생과 학습부진아를 발견할 수도 있다. 나아가서는 문항반응분포의 분석이나 검사의 신뢰도계수도 검토될 수 있다.

(2) 결과의 활용

결과를 활용한다는 것은 결과를 해석하고 교육실천의 여러모를 반성하고 가능한 개선책을 세워보는 데 그 뜻이 있다.

① 평가의 과정과 결과는 교육목적을 설정하는 데 활용될 수 있다.
② 평가의 결과는 한 학습경험의 타당도 · 유의도 검증에 활용될 수 있다. 즉, 교육목적 달성에 어느 경험이 가장 유효한지를 평가는 지시해 준다.
③ 평가의 결과는 교수방법의 개선에 활용될 수 있다.
④ 평가의 결과는 학생의 필요, 개인차, 어떤 특성의 경향 등을 이해하는 수단으로 활용되며, 생활지도상담의 기초자료를 제공해 준다.

4. 시험문제의 출제기법

1) 시험문제 출제상의 문제점

학생들은 치룬 시험문제에 대해서 항상 불평 불만을 털어놓는다. 문제의 뜻이 명료하지 못하다든지, 답을 어떻게 써야 할지, 교사가 무엇을 요구하고 있는지 등을 몰라서 쩔쩔맨다고들 한다. 심지어 어떤 학생들은 중요한 대목을 철저히 공부했는데도 문제가 사소한 하찮은 대목에서 출제되었다든가 각주에서만 출제되었다고도 불평한다.

이와 같이 교사작성 검사는 표준화검사에 비하여 일반적으로 결함이 없지 않다. 이러한 결함 중 특히 유의해야 할 결함은 다음과 같다.

① 무엇을 재고 있는지 뚜렷하지 않은 검사가 많다. 즉 평가의 목표가 설정되어 있지 않은 상태에서 막연히 시험문제를 제작하고 있는 것이다. 사전에 이원분류표를 작성하여 출제를 해야 함에도 불구하고 이를 무시하고 주먹구구식으로 출제하는 경향이 있다.

② 단순히 지식만을 평가하는 경향이 있다. 평가라고 하면, 으레 학과지식의 양을 재는 것으로 알던 시대는 이미 지난지 오래다. 지식영역에는 지식 외에도 응용력, 추리력, 분석력, 종합력 등 말하자면 지적 기능(Intellectual skills)이 포함되는 것이다.

③ 평가의 방법이 자명하지 못하다. 교사작성 검사는 대체로 신뢰도가 얕고 타당도가 의심되는 방법을 쓰고 있다고 비판되고 있다. “사회과 시험”은 사실은 국어 시험일 때도 있고 과학적 사고력을 측정하는 시험이 실제로는 기억력을 재고 있는 수가 많다. 같은 학생의 수학 실력을 어떤 선생은 50점으로 매기고, 어떤 선생은 80점으로 매기는 일이 허다하다. 또한 문제가 애매하다든가, 과장적인 어투를 사용한다든가 정답을 암시한다든가 하는 측정도구

작성 그 자체가 잘못되어 있는 수도 많다.

2) 시험문제 출제 절차상의 유의점

(1) 사전 검토 사항

① 검사의 목적은 무엇인가? 나는 그 목적의 설정 이유를 설명할 수 있겠는가?
② 기능, 지식, 태도 등 교육목표 중 내가 측정하고자 하는 것은 무엇인가?
③ 나는 나의 수업목표를 교사의 행동이 아닌 학생의 행동으로 명확하게 정의하고 진술할 수 있겠는가?
④ 나는 이원분류표를 마련할 수 있겠는가?
⑤ 내가 원하는 평가방식(문항형식)은 어떤 유형의 것이며 그것을 원하는 이유는 무엇인가?
⑥ 검사의 길이는 어느 정도로 정할 것이며 그 이유는?
⑦ 시험문제는 어느 정도 어렵게 만들 것인가?
⑧ 내가 만드는 검사 문항들의 변별도수준은 어느 정도로 해야 할 것인가?
⑨ 시험문제 출제에 있어서 여러 가지 문항형식을 적절히 배합 정리 반영할 수 있겠는가?
⑩ 각각의 문항형식에 따라서 문항들을 적절히 배열할 수 있겠는가?
⑪ 객관식 문항의 경우, 학생들에게 답을 어떻게 쓰게 할 것인가? 답안지를 별도로 준비할 것인가?
⑫ 논문식 문제의 경우엔, 어떻게 채점할 예정인가? 총체적으로 채점할 것인가, 요소적 · 부분적으로 채점할 것인가?
⑬ 채점된 점수는 어떻게 정리될 것인가? 도표화할 것인가?
⑭ 학생 개개인의 점수(서열, 성취수준 등)는 어떤 방식으로 분류되고 평정될 것인가?
⑮ 검사 결과는 어떻게 정리되고 활용될 예정인가? 또한 어떻게 보고서를 쓸 것인가?

(2) 시험문제 출제상의 유의사항

학급교사가 시험문제를 제작하는 일은 순간적이거나 무계획적으로 이루어져서는 안 되며 앞서와 같이 사전에 엄밀한 계획 아래에서 이루어져야 한다. 문항제작상 사전에 지켜져야 할 유의사항은 다음과 같다.

① 수업목표를 주의깊게 명확히 진술해야 한다. 수업목표의 명확한 정의 없이는 타당한 검사 제작을 준비한다는 것은 불가능한 일이다.

② 문제를 출제하기 전에 반드시 이원분류표를 준비해야 한다. 이원분류표는 교과학습 목표와 교과내용으로 구성되어 있기 때문에 출제과정에 있어서 처음부터 끝까지 하나의 지표구실을 해 주며 검사문제의 내용타당도를 높여 주는 계기가 되는 것이다.

③ 최종적으로 필요한 문항수보다 더 많은 문항이 제작되어야 한다. 33문항이 필요한 경우엔 약 50문항 정도를 제작하여 이를 충분히 검토한 후 엄선된 33문항을 최종적으로 확정하는 것이 검사의 타당도를 높일 수 있기 때문이다.

④ 어떤 유형의 평가문항을 사용할 것인지를 사전에 결정해야 한다. 학생수준에 적합한 문항형식의 선정이 요구된다.

⑤ 평가문항의 수를 사전에 결정해야 한다. 평가문항의 수는 일차적으로는 검사시간을 어느 정도 허용하느냐에 의해 좌우되지만 동시에 평가의 목적에 따라서도 결정되어야 한다. 평가의 목적이 교과영역을 골고루 평가하는데 있다면 검사문항, 즉 검사의 길이는 길어야 할 것이고 제한된 범위의 학습내용을 평가하는 경우, 즉 형성평가의 경우는 검사시간을 짧게 결정할 수 있다.

⑥ 문항형식이나 문항장면이 참신하게 제작되어야 한다. 참신도란 학생이 얼마나 새로운 경험을 주느냐의 정도에 의존한다. 가능하면 새로운 자료에서 새로운 능력을 측정하는 새로운 문항형식이 요구된다. 그러나 지나치게 참신성만 구하다가 학생에게 전혀 생소한 퀴즈식 문제가 되어서는 안 된다.

⑦ 문제가 검사받으려고 하는 학생들에 비추어 보아 지나치게 어렵거나 지나치

게 쉽게 출제되어서는 안 된다. 문제가 너무 어려우면 학생 개개인의 학습진전 상황을 밝히기가 힘들게 되므로 난이도가 조절되어야 한다.

3) 서술형 시험문제의 출제방법

(1) 문항의 형식과 출제요령

[1] 문제의 형식

서술형, 즉 주관식 문제의 답안작성에 있어서 어느 정도의 범위와 자유를 허용하는가에 따라 확장형과 제한형으로 분류할 수 있다.

확장형은 논의할 내용의 범위나 조직 또는 제시 방식에 있어서 아무런 제한을 두지 않는 형태로서 보통 2~3 페이지 정도의 답안구성을 요구하고 있다.

확장형에 있어서 학생은 ① 사실적인 지식 내용을 회상할 수 있어야 하고, ② 이 지식을 평가할 수 있어야 하며, ③ 그의 사고와 아이디어를 조직하고, 또한 ④ 논리적 · 체계적인 형태로 이를 제시할 수 있어야 한다.

따라서 확장형은 문제를 종합하고 평가하는 수준의 고등정신 능력을 측정하는 데 크게 공헌한다.

반면에 제한형은 응답의 범위와 제시방식을 제한함으로써 채점의 신뢰도를 높이고 또한 채점상의 편의를 도모할 수 있지만, 어떤 문제에 대하여 논리적 · 체계적으로 사고하여 이를 종합적으로 표현할 수 있는 능력은 측정하기가 어렵게 된다. 이 제한형은 보통 반 페이지 정도의 답안구성을 요구한다.

[2] 문항의 출제요령

① 학생집단의 성질을 고려해야 한다.

교사가 가르친 학생을 대상으로 할 때와 입학시험에서와 같이 이질적인 학생의 집단을 대상으로 할 때와는 경우가 좀 달라진다. 비교적 동질적인 집단에서는 그리 얼토당토않은 다른 대답은 안 나오지만, 이질적인 집단일수록 아주 딴판의 답이 나올 수 있다.

서술형 문제는 그 형식이 반응의 자유도를 최대한으로 허용하고 있기 때문에 학생집단의 성질에 따라 반응이 다양해질 가능성이 있다는 사실을 잊지 말아야 한다.

② 수업목표에 비추어 그에 적합한 행동목표를 측정할 수 있도록 주관식 검사의 진술양식을 적절히 표현해야 한다.

서술형 문항은 단답형이나 선택형 형식으로 도저히 평가하지 못하는 행동목표에 한하여 사용하는 것이 좋다.

③ 지식보다 고등정신 기능을 측정하도록 만들어야 한다.

서술형 문제는 사고력, 추리력, 종합력, 비판력, 분석력, 표현력, 창의력, 응용력, 평가력과 같은 정신기능을 비교적 쉽게 측정할 수 있는데 그 특징이 있다. 그러므로 단순한 기억력의 측정에 서술형 검사를 사용할 필요는 없는 것이다.

④ 여러 문항 중에서 몇 개를 선택해서 답하도록 해서는 안 된다.

여러 개의 문제를 주고 이 중에서 몇 개의 임의로 선택하여 답하게 하면, 서로 다른 질문에 답하게 되어 사실상 그들간의 비교는 불가능하게 된다. 즉 능력의 표본이 다르기 때문에 나온 결과의 가비교성(可比較性)을 상실하기 쉬운 것이다.

⑤ 응답의 범위나 정도를 알맞게 고려해서 규정해야 한다.

주관식 문항은 "마음대로 아무것이나 써라"는 식으로 완전한 자유를 줄 수도 있고 적절히 응답의 범위를 제한할 수도 있다.

질문내용이 광범위하고 복합적인 경우에는 채점이 상당히 어려워질 뿐만 아니라, 신뢰성이 적어지고 또한 질문내용이 학생에게 불명료해지므로서 타당한 검사문항이 되지 못할 우려가 있게 된다. 그러므로 대개의 경우엔 지나친 자유를 주는 것은 바람직하지 못하다.

⑥ 문항수를 적절히 조정해야 한다.

주관식 검사에서는 많은 문항을 출제할 수는 없지만 너무 적어도 곤란하다. 너무 적으면 학생의 학습내용을 고루고루 표집할 수 없기 때문이다.

그러므로 한정된 시간 내에 학생이 학습한 것은 고루 평가할 수 있을 정도로는 출제되어야 한다.

⑦ 학생이 어떻게 답하여야 할런지, 즉 무엇을 묻고 있는지 그 한계를 명료히

규정하도록 해야 한다.

검사가 무엇을 묻고 있는지 어떤 근거하에서 답을 해야 하는지에 대한 한계를 학생에게 명료히 제시하여야 한다. 그렇지 않으면 퀴즈게임이 되는 셈이 되고 만다.

⑧ 난이도를 조절하여 제한된 시간 내에 모든 문제에 답할 수 있도록, 문제를 쉬운 것부터 배열해야 한다.

첫 문항부터 어려워서 좌절감에 빠지게 하거나 응답하는데 시간이 오래 걸리면 능력을 제대로 발휘할 수 없게 된다. 그러므로 쉬운 문항부터 어려운 문항으로 배열해 주는 것이 바람직하다.

⑨ 가능하면 채점기준을 미리 제시하면 좋다.

채점기준을 미리 제시하면 학생들이 응답하는 데 공통적으로 사용되는 의거점 탓으로 답안을 하나의 방향으로 구성하게 하는데 도움을 주며, 학생들이 어떻게 응답하는 것이 유리한 것인지 그 기준을 알리는데 도움이 된다.

(2) 서술형 시험문제의 장 · 단점

1 서술형 시험문제의 장점

① 특징적인 장점

(i) 서술형 시험문제는 피검사자의 태도나 가치관 및 의견 등을 간접적으로 측정하는데 유용하다.

(ii) 서술형 문제는 객관식 문제보다 그 준비가 용이하다. 그러나 이 말은 같은 검사시간에 대하여 고등정신 기능을 측정하는 검사를 만드는 것이 객관식 검사보다 비교적 용이하다는 말이며, 결코 좋은 주관식 검사를 만드는 것이 쉽다는 것을 의미하지는 않는다.

(iii) 서술형 문제는 학생에게 좋은 학습경험을 시킨다고 할 수 있다. 즉 주관식 문제를 통하여 자기의 생각을 선정하여 조직하고 종합하여 이를 체계적으로 표현하는 기회를 갖는다는 것은 하나의 좋은 학습경험이 되는 것이다.

② 타당치 못한 장점

서술형 검사가 갖는 장점이라고 흔히 지적되고(이미 간행되어 있는 책들 속에서 자주 발견된다) 있지만은 지금까지의 연구에 의하면 이러한 주장은 타당한 것이 되지 못한 것으로 증명되고 있다.

(i) 서술형 검사는 조직력, 분석력 및 평가력 등 고등정신 과정의 측정에 사용될 수 있는 유일한 도구이다.

이러한 생각은 교사들에 널리 상식적인 신념으로까지 받아들여지고 있다. 그러나 지금까지의 연구에 의하면 이것이 반드시 보장될 수 없는 주장이며, 오히려 중요한 것은 주관식이냐, 객관식이냐 하는 것이 아니다. 검사문항의 제작기술이 문제가 되며, 이 두 가지 검사문항간에 근본적 차이는 있다고 볼 수 없다는 점이다. 단지 주관식 검사의 특징으로는 문장력에 관계되는 조직력 및 표현력을 측정하는데 있다. 또한 이해나 분석 등의 능력은 객관식 검사가 비교적 더 적절한 반면에 사고를 종합하고 평가하는 능력의 경우에는 주관식 검사가 일반적으로 더 적절하다는 것을 들 수 있을 뿐이다.

[2] 서술형 시헙문제의 단점

① 특징적인 단점

(i) 서술형 검사에서 가장 문제가 되는 점은 내용표집의 제한성이다. 예를 들어 아무리 서술형 검사문항이 잘 제작되었다 하더라도 6개의 서술형 문제보다는 90개의 선다형 검사가 교과내용을 더 철저하게 골고루 표집하여 측정해 줄 수 있다. 일반적으로 문제 수가 적을 때에는 어떤 학생은 어떤 문제에서 더 좋은 점수를 받는데 비해 다른 학생들은 다른 문제들에게서 더 좋은 점수를 받는다고 한다. 이것은 문제 수가 적기 때문에 요행에 의해서 점수가 좋아질 수도 있고 낮아질 수도 있는 것이다. 따라서 검사수가 많으면 많을수록 한 피검사자가 받을 점수의 오차는 적어지게 된다. 이런 점에서 한두 개의 긴 확장형보다는 여러 개의 제한형 검사문항이 더 바람직한 주관식 검사라 하겠다.

(ii) 채점의 비객관성 · 비신뢰성을 들 수 있다. 서술형 검사의 경우 채점자간의

점수의 불일치는 큰 단점이라 하겠다. 서술형 검사의 경우 응답의 질보다는 누가 채점하였느냐 또는 언제, 어떤 조건하에서 채점하였느냐에 따라 상당히 검사점수가 달라지게 되어 점수의 신뢰도가 낮아지게 된다.

(iii) 서술형의 단점으로써, 흔히 피검사자는 검사문제가 무엇을 물어 보고자 하는지를 정확히 이해 못하여 어떻게 답하여야 할지를 모를 때가 있게 되는 단점이 있다(이 문제는 객관식 검사에서도 일어나지만 서술형 검사보다는 덜하다).

(iv) 학생의 응답내용을 읽고 채점하는 데 걸리는 시간 부담이 크다는 점을 들 수 있다.

비록 서술형 검사에서 신뢰할 만한 채점을 할 수 있다고 할지라도 여기에 투입되는 시간과 노력은 상당한 것이다. 객관식 검사는 기계나 채점반에 의해서 누구나 채점할 수 있지만, 서술형 검사의 경우에는 사무원이나 교사조원에게 맡길 수 없으며 오직 교사 자신이나 전문가에 의해서만 채점되어야 한다는 문제가 있다.

② 제한된 용도

지금까지 서술형 검사의 장 · 단점을 살펴보았다. 이를 근거로 하여 주관식 검사를 사용하는 것이 보다 적절한 검사상황인 경우를 들면 다음과 같다.

(i) 검사를 해야 할 집단의 수가 적고 또한 같은 검사를 다시 사용할 필요가 없는 경우

(ii) 문장에 의한 표현능력을 강조하고 이를 배양하고자 할 때

(iii) 학생의 학업성취의 측정보다는 그의 태도나 의견을 알아보는 데 더 관심이 있을 때

(iv) 객관식 검사를 만드는 것보다 주관식 검사를 비판적으로 읽고 채점하는데 더 자신이 있는 경우

(v) 검사를 채점할 시간보다는 검사를 제작할 시간적 여유가 더 없을 경우

4) 객관식 시험문제의 출제방법

(1) 문항제작의 일반적 준거

1 기본적 준거

문항의 기본적 준거는 이 조건이 만족되지 않으면 문항으로서의 역할을 할 수 없는 기본적인 조건을 뜻한다. 즉 한 개의 문항으로 성립하기 위해 필수적으로 갖추어야 할 최소의 필요조건이다.

① 문항은 가능한 그 뜻을 명확하게 진술하라.

물건을 재는 자의 눈이 흐리멍텅하지 않고 명확해야 하는 것처럼 검사의 문항은 무슨 질문을 하고 있는지 또는 어떤 방식으로 대답할 것인지가 모호해서는 안 된다.

예컨대,

나쁨 : 고교시의 학업적성검사 점수와 대학 입학 후의 재학 성적간의 상관도는 높다. (맞음, 틀림)

좋음 : 고교시의 학업적성검사 점수와 대학 입학 후의 재학 성적간의 상관도는 약 0.50이다. (맞음, 틀림)

위의 나쁜 문항의 예는, "높다"라는 뜻이 매우 불명료하기 때문에 이를 어떻게 해석하느냐에 따라 응답 내용이 다르게 된다. 즉 상관도 0.50만 하더라도 갑돌이에겐 높게 판단되고 갑순이에겐 낮게 판단될 수도 있다. 또한 그 역도 가능한 것이다. 심지어 언어적 표현인 "높다"라는 뜻은 너무나 추상적이며 모호한 말이라 하겠다.

나쁨 : 한국에서 큰 도시 이름은? ＿＿＿＿＿

좋음 : 한국에서 가장 큰 도시 이름은? ＿＿＿＿＿

위의 나쁜 예에 있어서 서울, 대구, 부산 등 큰 도시 중 어느 도시 이름을 써 넣어야 할지 모호하기 때문에 학생은 큰 고민을 하게 된다. 심지어 어떤 학생은 서너 개의 도시 이름을 적어 넣는 수도 있다.

② 될 수 있는 한 정확한 의미를 가진 단어를 사용하라.

예컨대,

나쁨 : 광주는 인구가 많다. (맞은, 틀림)

좋음 : 광주는 공주보다 인구가 많다. (맞음, 틀림)

위의 나쁜 예에서와 같이 "많다"라는 단어는 이 경우에는 정확한 뜻을 갖지 못한다. 진주는 부산이나 인천보다는 인구가 적기 때문에 정답이 달라질 수도 있기 때문이다.

우리가 별 주의없이 쓰는 말에는 대단히 부정확한 말이 많은 것이다.

③ 정답의 판별에 필요한 조건은 빠짐없이 다 진술되어 있어야 한다.

예컨대,

나쁨 : 물은 보통 100°에서 끓는다. (맞음, 틀림)

좋음 : 물은 보통 100℃에서 끓는다. (맞음, 틀림)

위의 나쁜 예에선, 100°가 화씨인지, 섭씨인지가 진술되어 있지 않아 정답을 판단하기가 곤란하다. 더 엄밀히는 기압조건도 진술되어 있어야 할 것이다.

2 일반적 준거

일반적 준거는 기본적으로 필요한 조건은 아니지만 좋은 문항이 되기 위한 조건들이다. 그래서 이 조건이 만족되지 않더라도 문항으로서는 사용될 수는 있다.

① 교과서에 있는 말 그대로 문항을 만들지 말라.

교과서에 있는 말 그대로(Verbatim from the text) 문항을 만들면 학생들로 하여금 책이나 강의 노트를 무조건 외우는 식의 학습습관을 조장하기 쉽다. 다시 말하면 의미는 몰라도 돌돌 외기만 하면 되는 문제를 만들지 말라는 말이다. 이런 문항이 많은 검사는 교육목적 평가의 타당한 척도가 못되려니와, 또 학생을 이런 방향으로 공부하게끔 나쁜 자극을 주는 셈이 된다.

예컨대,

나쁨 : 내용타당도란 평가도구가 그것이 평가하려고 하는 내용을 어느 정도로 충실히 측정하고 있는지를 분석 측정하려는 타당도다. (맞음, 틀림)

좋음 : 수학고사의 경우, 평가목표와 내용을 이원분류표에 의해서 검증하는 타당한 유형은?

㉠ 내용 ㉡ 예언 ㉢ 공인 ㉣ 구인

② 상투적이며 언어적 관련성이 많은 말(interrelated items)로서 문항을 만들지 말라.

'중세-암흑시대', 'Hegel-정신철학', 'Dewey-진보주의 교육'식의 언어적 연관이 짙은 상투적인 표현을 사용하면, 말의 의미는 모르지만 낱말만 맹목적으로 암기하고 있는 학생도 정답을 하게 된다. 교수-학습과정에 이런 피상적인 상투적 연관이 범람하고 있기 때문에 이런 문제를 만들어 내기가 쉽다.

예컨대,

나쁨 : 자유를 존중하는 것은?

㉠ 민주주의 ㉡ 독재주의 ㉢ 공산주의 ㉣ 전제주의

좋음 : 국민의 복지를 우선적으로 생각하는 것은?

㉠ 민주주의 ㉡ 독재주의 ㉢ 공산주의 ㉣ 전제주의

위의 나쁜 예에서, '민주주의-자유', '민주주의-평등', '자유-평등' 등 연관어는 평상시에 상투적으로 너무나 많이 사용하기 때문에 잘 몰라도 맹목적으로 정답을 택하기 쉽다.

③ 검사목적 뿐 아니라 피검사자의 연령이나 능력 수준에 합당한 난이도를 지닌 문항을 만들라.

검사대상자의 연령이나 능력수준, 검사의 목적, 용도 등에 비추어서 각 문항이 적절한 큰 난이도를 지니고 있어야 한다. 너무 쉬워서 피검사자 전원이 다 풀거나, 반대로 지나치게 어려워서 한 사람도 못 푸는 문항은 있으나 마나다. 저학년에선 '사실에 관한 지식', '이해력', '단순한 응용력' 등을 측정하는 문제가 좋겠고, 고학년에선 복잡한 자료의 분석이나 평가력을 묻는 문항이 좋을 것이다.

④ 문항을 간결하게 표현하라.

문항의 문장은 간결하고 필요한 내용만 진술해야 한다. 답의 판단에 아무런 영향과 도움을 주지 않을 소용없는 말을 너저분하게 집어 넣어서는 안 된다.

예컨대,

나쁨 : 개척정신으로 유명하며 재임시에 암살된 케네디 대통령은 미국의 몇 대째 대통령인가?

좋음 : 미국의 죤 F 케네디는 몇 대째 대통령인가?

⑤ 정답은 반드시 하나가 되도록 만들라.

교사 작성검사에 있어서 흔히 발견되는 예이지만, 학생이 이 답도 맞지 않느냐고 항의를 하는 경우에 교사가 그것도 정답으로 처리하겠다고 수긍하거나 그것은 정답이 아니라고 고집하게 될 때 어느 경우에 있어서나 교사와 학생간의 관계나 교실의 분위기가 깨지기 쉬운 것이다. 과거의 '무즙 사건'이나 '창칼 사건'의 재발을 막아야 할 것이다.

⑥ 가능한 부정적인 질문은 하지 말라.

부정적으로 물어 보는 문항은 학생들의 사고를 혼란시키기 쉽다. '아니다', '아닌', '틀린', '없는', '아니', '않는', '못한', '반대, "……이 아닌 것은……아니라"라는 부정어나 부정문은 피검사자에게 판단의 혼돈을 줄 위험이 개제되기 때문에 비교육적이라 하겠다.

예컨대,

나쁨 : 국회의원 선거는 매 2년마다 선거하지는 않는다.

좋음 : 국회의원 선거는 매 2년마다 선거한다.

⑦ 지나친 특수도는 피하라.

예컨대,

나쁨 : 현재 한국에는 농민이 전 인구의 몇 %나 되는가?

ㄱ 44.7%　ㄴ 53.6%　ㄷ 61.4%　ㄹ 66.3%

좋음 : 현재 한국에는 농민이 전 인구의 약 몇 %나 되는가?

ㄱ 약 40%　ㄴ 약 50%　ㄷ 약 60%　ㄹ 약 70%

위의 나쁜 예처럼 문제를 내기 때문에 학생은 맹목적으로 특수한 숫자, 지명, 인명, 연대만 외우려 든다. 어떻게 보면 이런 종류의 시험에서 두각을 나타내는 학생이 못 알아내는 학생보다 우둔한 학생일 수도 있다.

⑧ 정답에 대한 단서를 주지 말라

주의하지 않으면, 학생이 잘 몰라도 정답을 알아낼 수 있는 단서가 문항에 들어가 있을 때가 있다. 이런 단서는 여러 가지 모양으로 문항에 끼어 들어간다. 정답에 대한 단서는 문항전체를 쉽게 답하게 하거나 못쓰게 만들어 버린다.

정답의 단서가 되는 요인에는 다음과 같은 형태가 있다.

· 문법적 구조에 의한 단서가 있다.

'……이', '……가'라는 토씨는 위에 오는 명사의 받침에 의해 결정된다.

따라서 받침없는 말 다음에 '가'가 올 때 자연히 정답의 단서를 주게 된다.

· 어떤 문항의 정답이 다른 문항의 단서가 된다.

예컨대, 1번 문항의 정답을 9번 문항에서 알려 주는 수가 있다. 즉 9번을 읽으면 저절로 1번의 정답을 짐작할 수 있게 되는 단서이다.

· 정답의 길이(The length of the correct answer)가 단서가 된다.

정답을 오답보다 길고 자세하게 쓰는 경향 때문에 주는 단서이다. 특히 선다형의 경우, 답지 중 정답만이 길고 자세하다든지 하는 경향은 문항 제작 초보자에서 흔히 발견되는 현상이나, 이러면 어림 짐작으로 학생은 정답을 고를 수 있게 된다.

· 언어적 연상이나 교과서에서 그대로 따오는 말 때문에 주는 단서가 있다.

· 정답의 위치나 순서가 고정적인 경향 때문에 주는 단서가 있다.

대개 문항제작자는 정답을 위치나 순서를 일정하게 놓는 버릇이 있는데 이것을 학생이 눈치채면 정답의 단서로 삼는다. 정답의 위치나 순서가 언제나 비슷한 경향을 나타내거나 주기가 있으면 정답의 좋은 단서가 되는 것이다.

· 절대적인 어구들인 '모두', '결코', '반드시', '절대로', '언제나', '확실히' 하는 말이 정답의 단서가 된다.

보통 이런 어구들은 오답지에 많이 들어 있다.

· 전문적인 특수용어의 사용이 단서를 제공한다.

· 선다형의 경우, 문항과 답지 사이에 유사성의 부족이 단서가 된다.

⑨ 제작된 검사문항들은 다른 동료교사의 검토를 받도록 하라.

같은 학년의 같은 교과목을 가르치는 동료 교사들에게 문항검토를 받음으로써, 문항의 난이도 수준이나 내용표준의 적절성 여부, 또는 문항제작의 기술적 문제 등에 대한 조언을 얻게 되고 문항의 타당성을 높이는 계기가 되어 주기 때문에 이런 절차를 밟는 것이 꼭 필요하다.

(2) 단답형

1 문항의 형식

단답형은 서답형으로 단어, 숫자, 그밖의 다른 부호를 보충하여 답을 직접 써넣는 형식이다. 문항 속에 제시되어 있는 답들 중에서 정답을 골라 뽑는 선택형과 대립되는 것이다.

대개 직접질문이나 "……을 들어라", "……쓰라"와 같은 명령문으로 되어 있다. 단답형의 형식에는 다음과 같은 것들이 있다.

① 질문형
- 누가 처음으로 지능검사를 제작하였는가?
- 미국의 수도 이름은 무엇인가?

② 완성형
- 불교는 (   )가 시작한 종교다.
- 물을 전기분해하면 음극에는 (   ), 양극에는 (   )라는 기체가 생긴다.

③ 연상형
- 다음의 각 도시들은 어느 도에 속하여 있는지 그 도 이름을 써라.
  진주 ________, 공주 ________, 전주 ________
- 각 나라의 이름 다음에 그 수도의 소재지를 적어라.
  일본 ________, 파키스탄 ________, 쿠바 ________

④ 열거형
- 피카소의 그림의 특징을 세 가지만 들어라. ________
- 잎의 녹말실험에 필요한 물건을 넷 써라. ________

⑤ 해답형
- $x+2=4$, $x=$________
- $(x^3)^4 \times x^5$를 간단히 하여라. ________

2 문항의 제작요령

① 대답은 간단히 표현할 수 있도록 하라.

요구하는 정답이 길고 복잡하거나 문장으로 대답하게 하면 단답형이 될 수 없다. 답이 간단한 단어, 어구, 수, 수식 등으로 대답할 수 있도록 해야 한다.

예컨대,

나쁨 : 셰익스피어의 작품 중 유명한 것은 무엇이냐? ________

좋음 : 셰익스피어의 작품 중 비극작품으로 가장 유명한 것은 무엇인가? ________

이렇게 묻는 것이 답을 한정시킬 수 있고 간단히 대답할 수 있다.

② 계산문제에 있어서는 답을 기대하는 정도나 단위를 명백히 밝혀 주어라.

수학이나 과학계통의 시험문제에 있어서는 정확한 단위를 사용하게끔 문제가 출제되어야 한다.

예컨대,

나쁨 : π의 값은 얼마인가? ________

좋음 : π의 값은(소수점 이하 6자리까지) 얼마인가? ________

나쁜 예에선 3.1, 3.14, 3.142 등 여러 종류의 답이 나올 수 있으나 좋은 예에선 3.141593의 한 가지 종류의 답만이 기대되고 있다.

③ 질문의 뜻은 명확히 일의적으로 해석되게끔 진술하라.

예컨대, 금강산은 어디에 있느냐? ________

이 문항의 답은 '북한', '강원도', '한국' 어느 것이라도 정답이 된다. 어디라는 질문의 뜻이 불명료해서 학생들은 다의적으로 해석하게 된다. 따라서 "어느 도에 속하느냐"라고 물어야 한다. 따라서 객관도도 보장된다.

④ 가능한 정답은 한 개가 되도록 물어라.

원칙적으로 단답형에는 정답이 하나가 있어야 한다. 그러나 어쩔 수 없이 몇 개의 답이 나올 경우에는 2~3개로 제한해야 한다.

예컨대,

나쁨 : 임진왜란이 일어난 주된 원인은 무엇인가? ________

좋음 : 한국에서 가장 큰 항구 도시는 어디인가? ________

전자의 경우엔, 주된 원인이 여러 개 일 수 있고 그 원인에 대한 논쟁까지 있을 수 있음에 비추어 후자의 문항은 한 개의 답에 논쟁이 있을 수 없는 좋은 문항이다.

⑤ 답을 쓸 수 있는 여백을 적절히 주어라.

학생들은 보통 주어진 여백에 맞추어서 답의 길이를 조절하려고 하기 때문에 답을 쓸 여백을 너무 좁혀서도 안 되며(Don't skimp), 반대로 지나치게 넓혀서 공연히 혼란을 야기시켜서도 안 된다. 단답형의 문제가 여러 개일 때에는 답을 써 넣는 여백의 길이가 비슷하게 통일되는 것이 바람직하다.

⑥ 어떤 술어에 대한 지식이나 이해력을 물을 때에는 술어를 제시해 주는 정의를 대답하게 하라.

보통 어떤 술어에 대한 정의는 짧은 말로 표현하기가 어렵기 때문에 단답형으로는 적절하지 않을 수 있다.

만약 사용시에는, 질문에 술어를 두고 학생이 그 정의를 답하도록 하는 것이 바람직하다.

예컨대,

나쁨 : 편차의 제곱합의 평균의 평방근을 무엇이라고 하느냐?

좋음 : 표준편차란 무엇인가?

(3) 완결형

[1] 문항의 형식

이 형식은 진술의 일부분 또는 몇 부분을 비워 놓고 거기 들어갈 적합한 단어, 어구, 기호 등을 써 넣어서 문장의 뜻을 완결시키는 방법이다.

짧은 답을 요구한다는 면에서는 단답형과 근본적인 차이가 없지만 그 형식에는 차이가 있다. 문항의 형식은 빈 칸에 보충할 자료를 제시하지 않고 자유롭게 답을 쓸 수 있도록 하는 자유완결형과 미리 보충할 자료를 제시하고 그 중에서 선택하도록 하는 제한완결형 두 가지가 있다.

① 자유완결형–불완전문장형

・실험이란 (　)와 (　), 양변인간의 관계성 구명을 말한다.

・☐ 편포에서는 Mdn〉M으로 나타나고, ☐ 편포에서는 Mdn〈M으로 나타난다.

② 자유완결–불완전도표형

・다음은 불규칙동사표다. 빈 칸에 알맞은 단어를 써 넣으시오.

현　　재	과　　거	과 거 분 사
teach	taught	
	threw	thrown
fall		fallen

③ 제한완결형

※ 다음 문제의 빈 칸에 해당하는 답을 보기에서 찾아 그 번호를 빈 칸에 써 넣으시오.

・사회통제의 원동력은 ☐ 와 ☐ 이다.

보기 : ① 정치　　② 교육　　③ 종교　　④ 도덕

2 문항의 제작요령

① 문장 중에서 중요하고 의의있는 부분만을 공란으로 빠뜨리게 하라.

문법이나 철자법 검사가 아닌 이상 부사, 형용사, 동사, 토씨 등 별로 중요하지 않은 부분을 빠뜨리게 해서는 안 된다. 만약 이런 것들을 빠뜨리면 검사의 타당도가 낮아진다. 주로 빠뜨리는 것은 의도하는 목표에 관계된 중요한 말이나 핵심내용에 한해야 한다.

예컨대,

나쁨 : 콜럼버스는 1942년에 미국을 □ 하였다.

좋음 : 콜럼버스는 □ 년에 □ 을 발견하였다.

② 하나의 문항 속에 빈 칸을 너무 많이 집어 넣지 말라.

너무 많은 빈 칸을 집어 넣으면 수수께끼 문제가 되어 아무것이나 써 넣어도 문장이 될 수 있는 결과가 된다. 이때 "교사가 생각하고 있는 답만이 정답"이라고 우기게 되면 신문방송국의 퀴즈문제꼴의 문항이 되고 만다.

예컨대,

나쁨 : (　　)의 (　　)은 (　　)로 한다.

좋음 : 교육공무원의 정년은 (　　)로 한다.

③ 한 문항 속에 공란이 두 개 이상 있을 때에는 공란의 길이를 적절히 조절 제한하라.

학생들은 대개 주어진 공란의 길이에 맞추어서 답을 쓰는 경향이 있기 때문에 요구하는 정답이 짧은 것은 짧게, 긴 것은 길게 공란을 주면 정답의 단서를 주는 결과가 된다. 정답의 길이에 구애됨이 없이 공란의 길이는 꼭 같도록 해 주어야 한다.

예컨대,

나쁨 : 교육위원회는 (　)학예에 관한 사무를 집행하기 위해 (　)에 의해 설치된 합의제(　)이다.

좋음 : 교육위원회는 (교육)학예에 관한 사무를 집행하기 위해 (교육법)에 의해 설치된 합의제(집행기관)이다.

④ 한 개의 공란에는 하나의 정답만이 있도록 하라.

완결형은 어디까지나 객관식 검사에 속하기 때문에 공란 하나에는 절대적인 한 개의 정답만이 있어야 채점의 객관성이 보장된다.

예컨대,

나쁨 : 1년은 (　　)이다.

좋음 : 3주간은 (　　)일이다.

전자는 '열두 달', '4계절' 어느 것이나 정답으로 간주해야지만 후자는 21일이라는 한 개의 정답이 가능하다.

⑤ 문장 속에 답을 암시하는 내용이 들어 있지 않도록 하라. 문장제시 자체가 정답의 단서가 되는 수가 있기 때문이다.

⑥ 문장을 교과서의 습관적인 문구를 그대로 인용하지 말라.
만약 교과서의 문장을 그대로 옮겨 놓으면 학생은 쉽게 정답을 알아맞출 위험이 있다.

⑦ 빈 칸은 가능한 문장의 마지막에 오도록 하라.

(4) 배합형

1 문항의 형식

배합형은 흔히 왼쪽에 전제들이 주어지고 바른 쪽에는 이와 관련된 선택지, 즉 답지가 나열되어 있어서 각 전제와 관련된 답지를 골라 그 번호를 왼쪽에 관련된 전제의 주어진 빈 칸에 기입하도록 하는 방식이다. 즉 배합형은 일련의 전제와 일련의 답지, 그리고 전제와 답지를 어떻게 배합시킬 것인가의 지시문의 세 가지로 구성되는 것이 문항형식상의 큰 특징이다.

이 방법은 주로 이름, 사건의 일시, 외국어와 그의 해석, 원리와 그의 적용, 기계의 각 부분과 그의 기능 등 두 가지 또는 그 이상의 문항간의 관련성을 알고 있는가를 측정하는 데 적합하다. 전제와 답지에는 단어, 어구, 문장, 기호 등 무엇이든지 사용될 수 있다.

① 단순배합형

가장 전통적인 형식으로서 전제의 답지가 하나의 묶음 속에 있는 단순한 배합형식의 문항이다.

예컨대,

지시 : 다음에서 A항에 관계되는 것을 B항에서 찾아 그 번호를 A항의 뒤에 있는 ( ) 속에 써 넣어라.

〈A〉	〈B〉
① 지식 (　)	ⓐ 고증
② 이해력 (　)	ⓑ 기뻐하는 것
③ 적용력 (　)	ⓒ 주의 집중
④ 분석력 (　)	ⓓ 재구성
⑤ 종합력 (　)	ⓔ 인과관계
⑥ 평가력 (　)	ⓕ 민주이념에 헌신
⑦ 감수 (　)	ⓖ 결론의 도출
⑧ 반응 (　)	ⓗ 가치체계의 조직
⑨ 가치화 (　)	ⓘ 작문능력
⑩ 인격화 (　)	ⓙ 일관성 있는 인생 철학
	ⓚ 재생 및 재인

② 복합배합형

이 형식은 한 개의 전제에 대해 두 개 이상의 답지가 배합되도록 하는 방식이다.

예컨대,

지시 : 다음에 든 인명에 대하여 A에서 사상을 고르고 B에서 저서를 가려 내어 A, B의 (　) 속에 해당하는 기호를 기입하여라.

A	B		(A)	(B)
(　)	(　)	1) 루소	ㄱ 진보주의 교육사상	ㄱ 구안법
(　)	(　)	2) 브라멜드	ㄴ 자유주의 교육사상	ㄴ 에밀
(　)	(　)	3) 킬패트릭	ㄷ 국가주의 사상	ㄷ 교육철학의 유형
(　)	(　)	4) 에렌케이	ㄹ 재건주의 사상	ㄹ 아동의 세기
			ㅁ 자연주의 사상	ㅁ 민주주의와 교육

③ 분류배합형

이것은 어떤 원리, 조건, 사실 등을 전제로 삼고 이를 기준으로 주어진 답지를 분류시키는 방법이다.

예컨대,

지시 : 다음에 제시한 내용들을 A, B, C의 시대구분에 따라 분류하라.

A. 삼국시대　　B. 고려시대　　C. 조선시대

( ) 1) 경당 ( ) 6) 종학
( ) 2) 오부학당 ( ) 7) 섬학전
( ) 3) 독서출신과 ( ) 8) 국자감
( ) 4) 4학 ( ) 9) 서원
( ) 5) 4문학

④ 관계분석배합형

이것은 답지에 제시된 두 개의 진술문(사실 또는 주장과 설명 또는 이유) 사이에 인과관계가 있는지 여부를 분석해서 주어진 전제에 따라 분류시키는 방법이다.

예컨대,

지시 : 다음 문제에는 주장과 그 주장에 대한 이유를 들고 있다. 다음 요령에 따라 답하시오.

〈답하는 요령〉

· 만일 주장과 이유가 모두 옳고, 그 이유가 주장에 대한 옳은 이유가 될 때에는 ············1
· 만일 주장과 이유가 모두 옳기는 하나, 그 이유가 주장에 대한 옳은 이유가 되지 못하였을 때에는 ············2 를
· 만일 주장은 옳으나 이유가 옳지 않을 때에는 ············3 을
· 만일 주장은 옳지 않으나 이유가 옳을 때는 ············4 를
· 만일 주장과 이유의 두 가지가 다 옳지 않는 말이라면 ············5 라
고 각각 답안지에 표하시오.

주장		이유
1) 결핵을 예방하려면 어렸을 때 BCC왁찐을 주사한다.	왜냐하면	결핵 박테리아는 공기 중에 있다가 숨쉴 때에 몸 안으로 들어온다.
2) 코일에 전기를 통하면 그 주위에 자장이 생긴다.	왜냐하면	전자석에는 N극과 S극이 있다.
3) ································	············	···

⑤ 관계조건배합형

이것은 하나의 전제에 대하여 두 개의 조건이 제시되는 데 그것이 어떻게 문항과 관계되는 것인지(어느 쪽 하나 만인가? 양방 모두인가, 양방 다 아닌가)를 밝히는 방법

이다.

예컨대,

지시 : 다음에 두 개의 진술문(A · B)이 있다. 각 문제를 푸는데 어느 것이 옳은지 다음 요령에 따라 결정하고 (　　) 속에 답을 넣어라.

· 그 문제가 A에만 관계가 있다면 ································ 1

· 그 문제가 B에만 관계가 있다면 ································ 2

· 그 문제가 A와 B, 둘에 다 관계가 있다면 ················ 3

· 그 문제가 A와 B와도 관계가 없다면 ························ 4 라고 답하라.

1) 삼각형 중 어떤 것이 정삼각형이 되는가? ······································(　　)

A. 세 변의 길이가 같다.　B. 세 각이 다 같다.

2) 문항의 신뢰도를 높이기 위해서는? ··(　　)

A. 문제의 수를 늘리다.　　B. 객관도를 높인다.

3) ··················

⑥ 양적비교배합형

이것은 한 사상에 관계되는 두 가지 사실간의 대소관계를 비교하는 방법이다.

예컨대,

지시 : 다음 문제들에는 두 개의 사실(A, B)이 제시되어 있다. 그 두 개의 크기를 비교하여 다음 요령대로 (　　) 속에 답을 기입하라.

· 만일 A가 B보다 크다면··1

· 만일 B가 A보다 크다면··2

· 만일 A, B가 같거나 비슷하면·· 3

· 만일 A와 B를 서로 비교할 수 없는 것이라면4라고 답하라.

1) 지구 표면의 전체 넓이 ··(　　)

A. 바다　　　B. 육지

2) 뼈 속의 아교질 ···(　　)

A. 어른　　　B. 어린이

3) ·····················

⑦ 공변관계배합형

이것은 ④와 ⑥의 형태를 합친 것으로 변인간 양적 관계를 묻는 방법이다. 예컨대,

지시 : 다음 문제들은 A와 B의 두 조건으로 구성되어 있는 바 이들 조건간의 관계를 다음 요령대로 합하라.

· 만일 A가 늘어나면 B도 늘거나, A가 줄면 B도 준다면……………………1
· 만일 A가 늘어나면 B가 줄거나, A가 줄면 B가 늘어난다면……………2
· 만일 A가 변해도 반드시 B가 거기에 응하여 변하는 것이 아니라면…3

이라고 답하라.

1) 공기의 부피(A)와 압력(B)의 관계………………………… ( )
2) 모터의 힘(A)과 코일의 굵기(B)와의 관계………………… ( )
3) …………………

⑧ 충분조건배합형

이것은 어떤 문제를 푸는데 있어서 필요한 충분한 조건이 무엇인가를 밝혀 내는 방법이다.

지시 : 다음 문제들은 두 조건 A, B로 구성되어 있다. 다음의 요령에 의해 답하라.

· 만일 문제를 푸는데 조건 A만으로 충분하다면 ………………………………… 1
· 만일 문제를 푸는데 조건 B만으로 충분하다면 ………………………………… 2
· 만일 조건 A와 B가 다 있어야 충분하다면 ……………………………………… 3
· 만일 이밖의 다른 조건이 필요하다면 …………………………………………… 4

라고 답하라.

1) 두 학급의 성적을 비교하려고 할 때 필요한 통계치는? ……………( )
   A. 집중경향치 B. 변산도치
2) 학습내용의 조직은 어떤 원리에 의해서 이루어지는가? ……………( )
   A. 계속성의 원리 B. 계열성의 원리
3) 표준화 흥미검사지를 선정하여 사용하려고 할 때 선정기준이

되는 것은? ··( )

A. 신뢰도 B. 타당도

4) ······················

2 문항의 제작요령

① 전제와 답지는 가능한 짧은 문구나 단어, 숫자 등으로 구성하도록 하라. 진술된 단어나 어구들이 길게 되면 학생들은 그 뜻을 읽어 나가는 데 혼란을 받을 위험이 있다. 따라서 간결하게 표현하도록 노력해야 한다.

② 전제는 전제대로, 답지는 답지대로 서로 동질적인 문항이 되도록 진술하라. 예컨대,

나쁨 :

	전제	답지
( )	1) 미국을 발견한 사람	A Newton
( )	2) 페니실린을 발견한 사람	B Fleming
( )	3) 만유인력을 발견한 사람	C Washington
		D Columbus

이 문항에서는 전제가 동질적이지 못하고 이질적이다. 서양사, 의학, 물리학 등 성질이 서로 다른 세 개의 문항구실을 하기 때문에 전제간의 변별이 쉬워져 배합의 본래 뜻이 없어진다. 또한 답지들도 이질적이다.

좋음 :

	전제	답지
( )	1) Spearman	A 다요인설
( )	2) Thorndike	B 지적 구조설
( )	3) Thurstone	C 군집요인설
		D 이요인설

위의 문항은 전제는 심리학자로 구성되고 답지는 지능에 관한 학설들로 구성되어 있어서 고도의 동질성을 시사하고 있다.

③ 전제와 답지의 수가 너무 많지 않도록 하라.

문항구성은 전제와 답지가 각각 너무 많거나 너무 적어져선 안 된다. 보통

배합되는 수의 범위는 5~12개 정도가 알맞다. 저학년의 경우엔 5~6개 정도이고 상급학년에선 10~12개 정도가 되도록 해야 할 것이다.

④ 일대일의 대응배합을 피하라.

전제의 수와 답지의 수가 같으면, 맞추어 나갈수록 쉬워지는 셈이며, 최종의 짝은 '거저먹기'가 된다. 따라서 전제의 수와 답지의 수를 다르게 하는 것이 제작의 원칙이며, 배합되지 않는 것을 하나 둘 더 집어 넣는 것이 보통이다. 또 답지의 하나가 전제의 여러 개와 배합되게 하는 수도 있다.

⑤ 전제나 답지를 보기 쉽고 알기 쉽게 배열해 놓아라.

알고 있어도 맞추어 나가기가 어지러운 형식으로 전제와 답지가 배열되어 있어서는 안 된다. 전제끼리 답지끼리 서로 무슨 논리적 순서나 체계가 있다면 그 순서대로 배열해 두는 것이 좋다.

예컨대,

지시 : A항에 적혀 있는 학교가 요구하는 법정 수업일수를 B항에서 찾아 그 번호를 A항 앞의 (　　) 속에 써 넣어라.

	〈A〉	〈B〉
(　　)	1) 유치원	① 170일 이상
(　　)	2) 초등학교	② 200일 이상
(　　)	3) 중학교	③ 210일 이상
(　　)	4) 고등학교	④ 230일 이상
(　　)	5) 대학교	⑤ 250일 이상
		⑥ 270일 이상

위의 예는, 전제는 학교수준별로 답지는 수업일수가 적은 쪽에서 많은 쪽으로 체계있게 진술되어 있어 학생들에게 편의를 제공하고 있다.

특히 전제의 경우엔 학교수준별이 아닌 가나다 순서로 배열할 수도 있겠으나 위 문제에선 학교수준별이 더 바람직한 배열법이라 하겠다.

⑥ 어떤 관계로 배합할 것인지가 명백히 지시되어야 한다.

흔히는 아무런 지시없이 전제와 답지만 써 놓고 "맞춰라" 하는 식인데 간단한 배합문항에서는 자명할 때도 있지만 경우에 따라서는 이렇게 늘어 놓는 것만으로는 배합할 기준이 명백하지 않을 때가 있다. 이런 경우에는 어떤 기초에서 배합할 것인지가 지시되어야 한다. 지시문은 별도의 문장으로 독립되게 진술하는 것이 좋다.

⑦ 문법적인 일관성을 유지하라. 단어나 어구들이 복수면 복수, 단수이면 단수로 통일되어야 한다. 여자들 인명 속에 남자 인명이 끼어 있다든가 해서도 안 된다. 과학자 속에 예술가 이름이 끼어 있는 것도 피해야 한다.

⑧ 답지 하나하나는 모든 전제에 연관이 있는 것처럼 꾸며서 학생들에게 그럴듯한 답으로 간주되어 정답으로 선택되게끔 매력있게 만들어야 한다.

⑨ 하나의 배합형 문제는 동일한 페이지에 오도록 편집해야 한다.

(5) 진위형

[1] 문항의 형식

진위형검사 문항이란 하나의 선언적 진술문에 대하여 그 진위를 학생들로 하여금 판단하게 하는 방법으로서 흔히는 이자택일형이라고도 불리운다.

① 진위형

이것은 어떤 표현이 진실이냐 허위이냐를 가리게 하는 방법이다.

예컨대,

1) 모든 인간은 숨을 쉰다. (맞는다, 틀린다)

2) 산업혁명은 13세기에 일어났다. (ㅁ, ㅌ)

3) 한글은 소리글자이다. (○)

위의 예에서와 같이 진위형은 대답하는 방식을 여러 가지로 꾸밀 수 있다. 흔히 하는 식으로 맞으면 "○"표, 틀리면 "×"표를 하라고 할 수도 있고, "ㅁ", "ㅌ"를 인쇄해 놓고 맞으면 "ㅁ"에, 틀리면 "ㅌ"에 ○표를 치라고도 할 수 있고, "맞는다, 틀린다"라는 문장 위의 해당란에 ○표를 치게 할 수도 있다.

② 예-아니오형

직접적인 질문이나 선언적인 질문에 “예” 또는 “아니오”로 답하게 한다.

예컨대,

· 석유가 한국에서 산출되는가? (예, 아니오)

· 운명은 베토벤이 작곡하였는가? (예, 아니오)

이 형식은 또한 태도, 신념, 의견, 가치관 또는 흥미 등의 측정에 많이 사용되기도 한다.

(예, 아니오) 나는 바둑두기를 좋아한다.

(예, 아니오) 학생데모는 다시는 일어나지 않도록 근절시켜야 한다.

③ 정오형

이것은 옳게 판단되었느냐를 가려서 정오를 표시하게 하는 방식이다.

예컨대,

지시 : 다음 글을 읽고 비슷한 말끼리 짝지어져 있으면 ( ) 속에 정, 의미가 전혀 다르면 ( ) 속에 오자를 써 넣으시오.

(정) 1) 어버이-부모

(정) 2) 나라-국가

(정) 3) 달무리-월식

④ 군집형

이것은 하나하나가 진위로 판단될 문장을 모아놓은 방식이다. 보통 불완전한 전문장의 문항으로 시작한다.

예컨대,

· 산술평균이란

(○) (a) 하나의 집중경향치다.

(×) (b) 중앙치보다 극단의 점수의 영향을 덜 받는다.

(×) (c) 상관계수로 사용된다.

( ) ……………………

⑤ 수정형

틀린 곳이 있으면 수정하라는 방식인데, 보통 틀린 곳 밑에 밑줄을 긋고 틀린 내용을 바르게 고쳐 써 넣게 된다.

예컨대,

(×)　1) 64의 평방근은 $\frac{9}{8}$이다.

(○)　2) 이순신은 조선시대 장군이다.

(×)　3) 진주는 <u>경기도</u>에 속하는 도시다.
　　　　　　경상남도

(　)　4) ……………………

이 수정형의 변형으로서 특히 외국어나 국어시험에서 사용하는 형식을 들어 보겠다.

예컨대,

(A)		(B)		(C)		(D)	A B C D
<u>Doesn't</u>	/	<u>them</u> children know	/	it <u>ain't</u> right	/	to steal?	■ ■ ■ ❘❘
Don't		those		isn't			

위와 같이 하나의 문장을 제시하고 문장 뒤에는 ABCD의 네 개의 ❘❘표를 인쇄해 놓고, 틀린 곳이 있으면 그곳 밑에 밑줄을 긋고 내용을 수정 기입해 놓으며 또한 문장 앞의 틀린 부분의 ❘❘표 사이를 까맣게 칠해 놓게 한다.

이 형식은 A, B, C, D 네 부분의 진위형을 합쳐 놓은, 즉 ④형식과 ⑤형식을 절충한 방식이다.

[2] 문항의 출제요령

① 간결하고 명확한 언어를 사용하라. 불명료한 진술을 때때로 진위형을 망치는 원인이 되고 있다.

가능한 한 질적 표현보다는 정확한 수량의 표현의 방법을 사용하는 것이 좋다. 질적 표현을 나타내는 단어들인 '대다수', '거의', '많은' 등의 표현은 사람마다 그 정도의 의미와 해석이 다르므로 오해를 가져오기 쉽다. 따라서 이런 경우에는

70%라든가의 양적 표현을 가능한 사용하도록 해야 할 것이다.

예컨대,

나쁨 : (○) 한국에는 많은 사람이 농업에 종사하고 있다.

좋음 : (○) 한국에는 전 국민의 약 40%가 농업에 종사하고 있다.

위에서 '많은 사람'은 얼마를 가리키는 뜻일까, 이것은 40% 또는 50% 또는 60% 중 어느 것에 해당되는지 불명료하다. 따라서 진술되는 문장은 명확한 뜻인 수량적인 표현이 되어야 한다.

② 조건이나 예외없이 절대적으로 맞거나 틀리는 진술문을 사용하라.

어떤 진술문은 교사의 단순한 의견이나 내용 전개에 관한 절차일 수도 있고 또한 한 문구를 전체적 관계 속에서 따로 떼어 문항에 사용함으로써 그 의미가 전연 상실될 수도 있기 때문에 반드시 진(true) 아니면 반드시 위(false)인 문장만을 사용해야 한다. 특히 위인 문항은 근본적으로 부정확한 개념이어야 한다. 논쟁거리가 될 수 있는 내용은 절대로 삼가야 한다.

예컨대,

나쁨 : ( ) 지적 결함 경계선은 IQ 70~79이다.

좋음 : (○) WAIS(웩슬러 성인용 지능검사)에 의하면 지적 결함 경계선은 IQ 70~79이다.

지적 결함 경계선은 고정된 것이 아니고 지능검사의 종류에 따라 다르게 표현되기 때문에 전자의 진술방식은 피해야 하는 것이다.

③ 어떤 특수한 수식어 사용은 피하라.

'반드시', '절대로', '결코', '~뿐', '모두', '항상', '전연' 등의 수식어가 있는 경우에는 대개 위인 문장이 많다. 모두, 절대적으로 맞는 상황이나 조건은 그리 흔하지 않기 때문이다. 반면에 '흔히', '보통', '때때로' 등과 같은 수식어를 가진 진술문은 진인 경우가 많다. 따라서 진위형 검사받는데 익숙한 학생은 정답을 모르더라도 이러한 단서에 의해서 정답할 가능성이 크게 된다.

④ 맞는 문장의 진술이 틀린 문장보다 길지 않도록 하라.

틀린 문장의 경우에는 수식어나 조건의 첨가를 반드시 해야 할 필요는 없으므로 이를 소홀히 하는 반면에, 진이 되는 문장의 경우에는 맞는다는 것을 확실히 하기 위해서 많은 수식어나 조건이 첨가될 가능성이 크므로 문장의 길이가 길어지고 또한 이것이 정답의 단서를 주게 됨에 유의하여야 할 것이다.

⑤ 교과서에서 그대로 혹은 조금 고쳐서 따온 문장을 쓰지 말라.

이것은 ②에서도 지적하였지만 교과서에서 혹은 기타에서 아무 생각없이 따온 문장은, 그 문장의 전제조건이 없어지기 때문에 대개는 절대적으로 진 혹은 위인 문장이 되지 못한다.

⑥ 가능한 한 부정문장을 사용하지 말라.

학생이 대답을 하는데 혼돈을 일으키기 때문에 부정문장은 삼가야 하지만, 꼭 사용해야 하는 경우에는 '~아니다', '아니', '반대', '않는', '틀린', '못한', '관계없는' 등의 부정어 밑에 줄을 긋거나 고딕체로 인쇄해 주는 것이 학생들의 실수나 판단의 위험을 방지할 수 있다.

⑦ 복잡한 문장구조나 조건이 많이 붙은 문장은 쓰지 말라.

이런 것도 학생을 괴롭히게 되고 문제가 무슨 뜻인지 판단 못하게 한다. 때에 따라서는 내용보다 독해력 시험이 되기 쉽다.

⑧ 개념을 한 문항에 하나씩만 집어 넣어라.

한 개의 진술문에는 진이거나 위인 아이디어가 한 개만 들어가야 한다. 두 개의 개념이 들어가면 한쪽은 진이고 다른 한쪽은 진이 아닌 경우가 생길 수 있다.

예컨대,

나쁨 : 부산은 항구도시로서 한국에서 가장 큰 도시이다.

(전반은 진, 후반은 위)

좋음 :(○) 1) 부산은 항구도시이다.

(×) 2) 한국에서 가장 큰 도시는 부산이다.

전자의 경우에는 진이라고도 할 수 없고 위라고도 할 수 없는 경우다.

⑨ 진의 문항수와 위의 문항수를 대략 서로 비슷하게 출제하도록 하라.

어떤 학생들은 진으로 응답하는 경향이 있는가 하면 다른 학생들은 위라 응답하는 경향이 있기 때문에 서로 문항수를 비슷하게 하는 것이 검사의 타당도를 올리는 계기가 된다.

그런데 진과 위의 문항수를 정확하게 같게 하면 눈치 빠른 학생에겐 정답의 단서를 제공하게 된다.

Ebel(1995)에 의하면 틀리게 진술된 문항에서 학생들이 더 변별력을 쉽게 발휘한다고 한다.

⑩ 속임수의 질문은 피하도록 하라.

가끔 교사들이 수박 겉핥기식으로 공부하거나 시험문제를 소홀히 읽는 학생의 버릇을 고칠겸 혼줄나게 해 주려고 다음과 같은 속임수를 쓰는 경우가 있다.

(×) 물은 100°F에서 끓는다.

여기에서의 속임수는 100℃을 100°F로 바꾸어 써 놓은 것인데 까불거나 경솔한 학생, 대충 읽고 빨리 시험을 치루는 학생 또는 기초가 철저하지 못한 학생들은 보통 속아서 "○"표를 치고 만다.

이러한 속임수가 자주 있게 되면 교사와 학생간의 정의적 관계가 위태롭게 될 가능성이 커지며 또한 검사의 타당도를 낮게 만드는 계기가 된다.

(6) 선다형

1 문항의 형식

선다형은 문두와 이에 따르는 세 개 이상의 답지로 구성된다.

문두는 대개 의문문이나 불완전문장으로 되어 있다. 이 형식은 문제의 상황이나 조건을 제시해 주는 문두를 읽고 정답과 오답이 섞여 있는 답지 중에서 정답을 골라내게 하는 방식이다. 답지는 보통 4개로 구성되어 있어 이를 특히 4지선다형이라고 부른다. 그러나 답지가 3개 또는 5개로 구성된 경우도 있다.

예컨대,

· 고려의 첫 임금은 누군가? (의문문)

ㄱ 이성계　ㄴ 왕건　ㄷ 홍경래 (3지형)

· 한국에서 가장 큰 도시는? (불완전문장)

ㄱ 광주　ㄴ 서울　ㄷ 진주　ㄹ 포항 (4지형)

① 최선답형

이것은 답지들이 다소간에 알맞은 것인데 그 중에서 '가장 중요한 것' 하나만을 고르게 하는 방식이다.

예컨대,

1) 다음 중 통계적으로 가장 신뢰로운 변산도치는?

ㄱ 범위　ㄴ 사분편차　ㄷ 평균편차　ㄹ 표준편차

위에서는 ㄱ보다는 ㄴ이 ㄴ보다는 ㄷ이 ㄷ보다는 ㄹ이 가장 신뢰로운 변산도치이다. 따라서 이 방식은 고도의 변별력을 요하는 형식이자 만들기가 힘든 방식이다.

② 정답형

이것은 하나의 정답만이 절대적으로 옳고 나머지 답지는 오답으로 되어 있는데 그 한 개의 정답을 골라 내라는 형식이다. 비교적 많이 사용되고 있다.

예컨대,

· 라디오를 발명한 사람은?

ㄱ 스티븐슨　ㄴ 싱거어　ㄷ 에디슨　ㄹ 화이트

①과 ②의 형식에 있어서 정답이 다같이 하나 뿐이다.

이 두 형의 차이는 정답형에서는 객관적, 역사적 사실을 취급하기 때문에 정답에 딴 의견이 있을 수 없으나 최선답형은 이런 의미에서 정답을 정하기 어려운 경우에 사용된다.

③ 다답형

이것은 정답이 두 개 이상 들어 있어 그것을 모두 선택하게 하는 방식이다. 분명한 정답이 여러 개 있고 그것을 한 문항 속에 담고 싶을 때 사용되는 형식이다.

학생에게는 반드시 답지 중에서 정답인 것을 '여러 개' 골라야 한다는 것을 주지시키지 않으면 함정이 될 수도 있다.

예컨대,

나쁨 : 1) 변산도 계산에 사용되는 것은?

ㄱ 평균　ㄴ 표준편차　ㄷ 범위　ㄹ 최빈치

좋은 : 2) 변산도를 알고 싶을 때 다음의 어느 것들이 이용될 수 있는가?

ㄱ 평균 ㄴ 표준편차 ㄷ 범위 ㄹ 최빈치

전자의 경우엔 어떤 학생은 ㄴ과 ㄷ 모두를 답할 수도 있고 어느 하나만 답할 수도 있다. 문두에 답이 있는대로 여러 개를 골라라는 시사가 없어 혼란이 야기되나 후자의 경우에 있어선 '어느 것들이'라는 문두상의 지시가 표현되어 있어 혼란이 일어날 까닭이 없다.

④ 불완전문장형

이것은 문두가 불완전 문장으로 진술되어 있고 답지가 후속하면 완전한 문장이 되는 형식이다.

예컨대,

· 연탄 냄새를 맡으면 두통이 생기는 것은 ________ 때문이다.

ㄱ 산소 ㄴ 탄산가스 ㄷ 일산화탄소 ㄹ 질소

⑤ 부정형

이것은 정답이 몇 개 있을 때에 정답이 아닌 것, 즉 위(false)인 것 하나를 고르게 하는 방식이다.

예컨대,

· 국민의 의무가 아닌 것은?

ㄱ 교육 ㄴ 국방 ㄷ 노동 ㄹ 납세

⑥ 대입형

이것은 표현 방법의 정확성, 유효성 등을 측정하는데 사용된다. 문장 중의 일부를 틀리게 진술해 놓고 거기에 어떤 것을 대입시키면 좋을지를 물어 보는 방식이다.

예컨대,

· 어디선가 멀리서 힘차게 울려오는 종소리

ㄱ 웅장하게　ㄴ 처량하게　ㄷ 은은히　종소리

⑦ 합답형

이것은 정당한 정답의 조합을 요구하는 방식이다. 정답의 답지가 많을 때 사용된다.

예컨대,

· 중앙치(mdn)가 사용되는 경우는?

ㄱ 분포의 순서상의 위치를 알고 싶을 때

ㄴ 분포가 편포되어 있을 때

ㄷ 분포가 정상분포일 때

ㄹ 신뢰로운 대표치를 구할 때

① ㄱ, ㄴ, ㄷ　② ㄱ, ㄴ　③ ㄴ, ㄷ　④ ㄷ, ㄹ

⑧ 기호형

이것은 정답을 그대로 기입해 두면 너무 정답이 들어나게 될 때에 좀 정답의 명백성을 감추고 싶을 때 쓰이는 방식이다.

예컨대,

· 「격몽요결」을 쓴 사람의 이름은 ______으로 시작된다.

① ㅂ　② ㅇ　③ ㅈ　④ ㅎ

⑨ 유사형

이 형식은 보통 교사작성 검사에서보다 표준화검사인 적성검사나 학력검사에서 많이 발견되는 선다형의 변형이라 할 수 있다.

예컨대,

· 제외되는 항목

지시 : A항에 적은 항목 중 그 성질이 다른 것 하나를 골라 내고, 그 이유를 B항목에서 찾아라.

〈A〉	〈B〉
ㄱ 대전	ㄱ 항구도시
ㄴ 대구	ㄴ 도청소재지
ㄷ 인천	ㄷ 군청도시
ㄹ 전주	ㄹ 관광도시

· **다답완성형**

이것은 앞에서 들은 합답형과 기본적으로 같은 것인데, 고정된 틀(set)을 만들고 그것으로써 모든 문항을 통일시키는 방식이다.

지시 : 다음 각 문제에는 하나 또는 몇 개의 답지가 정답이다. 어느 답지가 옳은 지를 결정하고 다음 요령에 의하여 답을 답안지에 표하여라.

· 만일 ㄱ, ㄴ, ㄷ 셋이 옳으면 ………………………………… 1

· 만일 ㄱ, ㄴ이 옳으면 ……………………………………………… 2

· 만일 ㄴ, ㄹ이 옳으면 ……………………………………………… 3

· 만일 ㄹ만이 옳다면 ……………………………………………… 4 라고 표하시오.

문제 1. 진보주의 교육사상의 특징이 되는 것은?

ㄱ 아동중심 교육

ㄴ 흥미중심 교육방법

ㄷ 지식중심 교육

ㄹ 장래 생활의 준비 교육

· **역형**

이것은 답지들을 전제로 둔 다음 각 진술문에 대하여 관계되는 답지의 번호를 써 넣게 하는 문항형식이 거꾸로 된 방식이다.

A. 평균치　　B. 중앙치　　C. 최빈치

___① 분포상의 상위와 하위의 각 50으로 나누는 점수이다.

___② 극단의 점수의 영향을 받는다.

___③ 가장 신뢰로운 집중경향치이다.

④ 가장 빈도가 많은 점수이다.

2 문항의 출제요령

① 문두는 직접 질문형이거나 불완전문장으로 제시하라. 문항의 뜻이 명확하다는 입장에서 볼 때 일반적으로 직접적인 질문 형식이 좋다.

② 불완전문장으로 문두를 제시할 때는, 그 자체가 의미있고 직접 질문을 암암리에 표명하는 것이라야 하고, 아무 상관없는 진위형식의 문장을 주워 모은 것에 연결하지 않도록 하라.

예컨대,

나쁨 : 한국은

ㄱ 1억의 인구를 가지고 있다.

ㄴ 석유를 많이 생산하고 있다.

ㄷ 농토가 국토의 8할을 차지한다.

ㄹ 반만 년의 역사를 가지고 있다.

좋음 : 한국인이 가장 많이 종사하고 있는 산업은?

ㄱ 수산업　ㄴ 임업　ㄷ 공업　ㄹ 농업

③ 문두는 문제의 핵심적인 것만을 포함하도록 하고 또한 읽기 쉽고 이해하기 쉽도록 간결하게 표현하라.

문두의 표현이 지리멸멸하거나 복잡하면 오해하기 쉽고 읽는데 시간이 걸릴 수 있다. 따라서 문두의 문장 표현에 깊은 관심을 가져야 할 것이다.

④ 답지에서 계속적으로 반복되는 말은 문두에 넣어 답지의 표현을 간결하게 하라.

예컨대,

나쁨 : 케네디는 누구였니?

ㄱ 미국의 대통령이었다.　ㄴ 프랑스의 대통령이었다.

ㄷ 영국의 대통령이었다.　ㄹ 독일의 대통령이었다.

좋음 : 케네디는 어느 나라 대통령이었나?

ㄱ 미국　ㄴ 프랑스　ㄷ 영국　ㄹ 독일

⑤ 답지에는 반드시 타당한 정답 또는 최선답이 들어 있도록 하라. 답지 속에 권위자들이 합의할 수 없는 것을 자기 혼자 정답이라고 집어 넣어서는 안 된다.

⑥ 문두와 답지는 그 내용이나 형식에 있어서 문법적으로나, 의미상으로 적절히 연관되게끔 구성하라.

예컨대,

나쁨 : 중상주의에 반대되는 것은?

ㄱ 중농주의 ㄴ 중공주의 ㄷ 공산주의 ㄹ 자본주의

답지에 중상주의와 반대되는 답지가 없다. 본래 중상주의의 반대란 생각할 수도 없다.

⑦ 문두의 길이는 일반적으로 답지의 길이보다 길게 만들라.

예컨대,

나쁨 : 한국은

ㄱ 많은 식민지를 가진 나라다.

ㄴ 반만 년의 역사를 지녔다.

ㄷ 아시아에서 가장 후진국이다.

ㄹ 유목민이 많은 나라이다.

좋음 : 한국에서 가장 높은 산 이름은?

ㄱ 한라산 ㄴ 지리산 ㄷ 백두산 ㄹ 태백산

⑧ 답지 중 오답을 소홀히 정하지 말 것이며, 실력이 부족한 학생들은 정답보다도 오답지에 매력을 느껴서 오답을 선택하게끔 만들어라.

오답지가 매력 있다는 것은 정답처럼 느껴지거나 정답과 같은 개념에 관계되거나 합리적이고 자연적인 것을 말한다. 선다형의 생명은 어떻게 보면 답지 중에 어떤 오답을 정하느냐에 달려 있다.

오답지를 매력 있게 하는 한 방법은 그들을 교과서에 있는 문구로 표현하고 정답은 보통문구를 쓰는 것이다. 정답을 모르더라도 오답지가 너무 뚜렷하므로 정답할 수밖에 없는 경우가 생겨서는 곤란하다.

⑨ 답지는 연대순이나 크기의 정도 등 어떤 논리적인 순서로 배열하라.

이것은 답지의 배열이 무질서할 때 이로 연하여 실수로 학생이 오답을 하게 되지 않도록 하기 위한 교육적 배려이다. 불필요한 기교를 써서 재고자 하는 능력 이외에 학생의 부주의한 성격 특성이 시험결과에 영향을 준다는 것은 바람직한 일이 못된다.

예컨대,

나쁨 : $\sqrt{16}$ 은 얼마냐?

ㄱ 5 ㄴ 2 ㄷ 6 ㄹ 4

좋음 : $\sqrt{16}$ 은 얼마냐?

ㄱ 2 ㄴ 4 ㄷ 5 ㄹ 6

⑩ 답지의 중첩을 피하라.

예컨대,

나쁨 : 농작물의 몇 %가 매년 충해를 입고 있는가?

ㄱ 20% 이하 ㄴ 30% 이하 ㄷ 50% 이상 ㄹ 70% 이상

이 문제에서는 30% 이하라면 20% 이하도 말하는 것이며, 50% 이상이라면 70% 이상도 말하는 것이 된다. ㄱ이 맞으면 ㄴ도 맞는 것이 되며 ㄹ이 맞으면 또 맞는 것이 되어 결국은 양자택일의 문제가 되고 만다.

좋음 : 농작물의 몇 %가 매년 충해를 입고 있는가?

ㄱ 약 10% ㄴ 약 20% ㄷ 약 30% ㄹ 약 40%

⑪ 어떤 술어의 정의를 요구하는 문항에선, 술어를 문두에, 정의를 답지에 두도록 하라.

예컨대,

나쁨 : 물이 대기 속으로 들어가는 과정을 무엇이라고 하는가?

ㄱ 삼투작용 ㄴ 여과작용 ㄷ 압축작용 ㄹ 증발작용

좋음 : 증발작용은 어떤 작용인가?

ㄱ 수증기가 액체로 변하는 것

ㄴ 액체가 수증기로 변하는 것

ㄷ 고체가 액체로 녹는 것

ㄹ 기체가 고체로 변하는 것

⑫ 특수한 경우를 제외하고는 문두를 부정문으로 하지 말라.

⑬ 문두에는 정답을 할 수 있는 충분한 근거와 정보가 주어졌는가를 검토하라.

⑭ 가능한 복잡한 말 대신에 그림, 도표, 수표 등을 사용하여 문항을 만들도록 하라.

⑮ 답지의 길이는 비슷하게 만들라.

대개 정답의 길이는 길고 자세하고, 오답은 짧게 되는 경향이 있다. 정답에의 단서를 주지 않기 위해서는 오답도 정답의 길이와 비슷하고 자세히 만들어야 할 것이다.

⑯ "정답이 없다" 또는 "이상 모두 맞는다" 등의 답지는 특별히 주의하여 사용하라.

"정답이 없다"라는 답지를 사용할 때는 특히 어떠한 답지의 정답이 있다든가 그렇지 않으면 전연 다른 답지들이 완전히 틀린다는 확신이 있어야 한다. 특히 수학이나 과학분야가 아닌 인문사회과학 분야에서 최선답이 있을 가능성이 있는 경우에는 이와 같은 답지는 학생에게 혼란을 주게 된다.

한편 "이상 모두 맞는다"라는 답지는 별로 그 사용을 장려할 것이 못된다. 예를 들어 다섯 개의 답지 중에서 어떤 두 개가 맞는다는 것을 알면 더 이상 생각할 필요없이 무조건 마지막의 "이상 모두 맞는다"라는 답지에 답하게 될 것이다. 또한 "이상 모두 틀린다"라는 답지도 마찬가지라 하겠다.

⑰ 습관적인 문구의 관련성으로 정답을 암시하거나 한 문항의 내용이 다른 문항의 정답을 암시하는 일이 없도록 하라.

⑱ 한 문항 속의 모든 답지들은 동질적으로 구성되도록 하라.

예컨대,

나쁨 : 알키메데스의 법칙은 어느 것에 관한 것이냐?

ㄱ. 낙하하는 물체　　ㄴ. 액체를 배제한 물체

ㄷ. 가열한 물체　　ㄹ. 발광체

좋음 : 알키메데스의 법칙에 의하면 물에 뜬 물체는?

ㄱ. 자체의 수준을 유지하려 한다.

ㄴ. 물체의 크기만한 물의 무게를 배제한다.

ㄷ. 물로부터 압력을 받는데, 그 방향은 모두 같다.

ㄹ. 수면과 그릇의 밑바닥 사이에 떠 있을 수 없다.

⑲ "나는 모르겠다"라는 답지의 구성은 신중히 취급하라.

총합평가나 진단평가 등에서는 이 답지는 사용되어서는 안 된다. 어디까지나 형성평가에서만 이용가치가 있다고 하겠다.

⑳ 답지의 수는 가능한 한 4내지 5개로 하라.

학생의 연령수준 또는 허용된 시험시간 나아가서는 검사의 목적에 따라 답지의 수가 달라질 수 있겠으나 적정수준의 답지수는 4~5개로 연구 보고되고 있다.

(7) 자료해석형

[1] 문항의 형식

자료해석형 또는 문제문항형으로 불리우는 이 형식은 학생들에게 어떤 자료를 제시하고 주어진 자료에 비추어 적절한 해석과 결론을 지을 줄 알고, 자료의 의미를 정확히 캐내어 판단할 것을 요구하는 방식이다. 자료는 아무 자료라도 좋다. 과학적인 것, 사회생활적인 것, 문학기행적인 것, 연설문, 논설문, …… 기타에서도 문제를 따올 수 있고, 또한 자료가 문장이라도, 수표, 도표 또는 지도 혹은 악보라도 좋을 것이다.

일반적으로 문장의 문맥을 통한 문항구성이 많이 이용된다. 몇 가지 자료와 문항 예를 들면 다음과 같다.

① 국문자료

다음 글을 읽고 물음에 답하라.

> 문학 작품을 하나의 [　　　] 로 본다면, 작가는 Ⓐ 언어를 특수하게 사용하여 그 의미들이 긴밀한 상호 연락을 가지게 함으로써 하나의 완결된 의미의 덩어리를 이루도록 짜야 할 것이다. 이렇게 짜인 전체, 다시 말하면 치밀한 내부 조직을 가지고 있는 하나의 완성된 형체를 구조라고 한다. Ⓑ 우리는 흔히 권력구조니 의식구조니 하는 말을 듣거니와, 이 구조의 개념은 21세기의 여러 학문에서 공통적으로 쓰이며, 문학을 하나의 언어 구조라고 보는 것 또한 우리 시대의 한 특징이라고 할 것이다.

우리는 흔히 구조를 형식이나 조직과 혼동하는 일이 있는데, © 사실은 형식이나 조직도 구조를 이루는 하나의 요소인 것이다. 따라서, 구조는 형식이나 조직보다 포괄적인 개념이다.

- 이 글의 주제로 올바른 것은?
  ㄱ) 구조의 개념 ㄴ) 문학의 본질 ㄷ) 구조의 원리 ㄹ) 구조와 언어
- 윗 글의 [ ] 안에 보충되어야 할 가장 알맞은 구절은?
  ㄱ) 필연성 있는 사실
  ㄴ) 개연성 있는 허구
  ㄷ) 진실성 있는 구조
  ㄹ) 현실성 있는 허구
- 구조의 개념을 체계화함으로써 오늘날 여타의 제 학문에 크게 기여를 한 것은?
  ㄱ) 문학 ㄴ) 언어학 ㄷ) 철학 ㄹ) 시학

② 영문자료

다음을 읽고 물음에 답하라.

Our present day system of recording ⓐ is a hodgepodge inherited from many sources. We acquired our 60-minute hour from the Baby-lonians, our 24-hour day from the Egyptians and the seven-day week from the Hebrews. Our months came from the ancient Greeks, via the Romans, ⓑ <u>who made a thorough mess of them</u>. Julius Caesar and his successor, the Emperor Augustus, renamed "July" and "August" in their own honor; for prestige, each stole a day from February to make his month 31 days long. To account for the extra quarterday of the solar year, Julius added an extra day to February every four years.

- ⓐ에 윗 글의 내용에 맞는 가장 적합한 말은?
  ㄱ) time ㄴ) man ㄷ) history ㄹ) sources
- 밑줄 친 ⓑ 부분과 뜻이 같은 것은?
  ㄱ) who put them in complete disorder.
  ㄴ) who measured them thoroughly.

ㄷ) who calculated them faithfully.

ㄹ) who counted them precisely.

③ 도표자료

다음 그림은 방위판의 눈금을 나타낸 것이다. 이 방위표를 자세히 보고 아래 물음에 답하라.

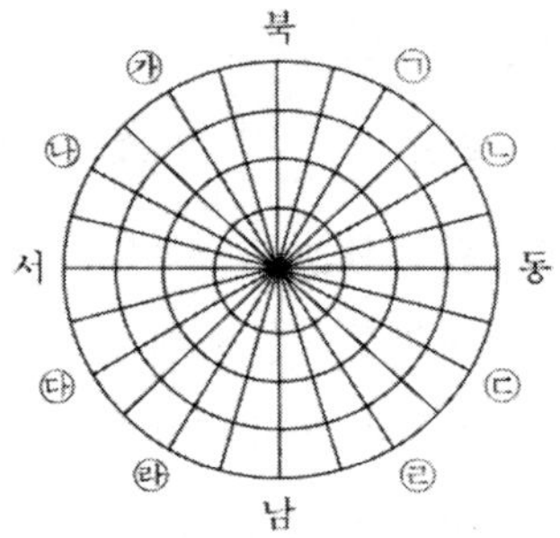

· 위 방위판의 한 눈금은 몇 도이겠는가?

ㄱ 10도　ㄴ 15도　ㄷ 20도　ㄹ 30도

· 위의 답은 어떻게 계산해 낸 것인가?

ㄱ 360÷180　ㄴ 180÷6　ㄷ 360÷24　ㄹ 180÷12

· 동에서 남으로 30도 되는 곳의 기호는? ………………………………… (　)

ㄱ ㉠　ㄴ ㉡　ㄷ ㉢　ㄹ ㉣

2 문항의 출제요령

① 문제자료는 교과목적이나 내용을 잘 반영시킬 만한 유의한 것을 선정하라. 문제자료는 교과서에 실려 있는 교실에서 다루어 본 것을 직수입해 오는 것은 대금물이다. 문제라면 반드시 일종의 신기성이 포함되어 있어야 하기 때문이다.

② 문항은 반드시 선정제시하는 자료의 내용 범위에 국한시켜 작성하라. 제시되는 자료와 관계없는 질문은 학생들을 혼돈시키기 쉬우며 본래의 취지에 어긋나는 것으로서 검사의 타당도를 떨어뜨리는 계기가 된다.

③ 자료해석에 관한 문항형식은 가능한 선다형과 진위형을 사용하라.

④ 문제자료는 정도에 맞는 한 다형다종일 수 있다. 문제자료의 자원은 신문,

잡지, 여러 기록, 여러 단행본 …… 등 무수하다. 흔히 이런데서 따온 것을 그대로 문제자료로 사용하지 말고 적절히 수정 내지 재편집할 필요가 있는 것이 보통이다.

⑤ 해석이나 분석에 필요한 사실, 개념, 원리의 기억을 어느 정도로 요구할 것인가를 정하라.

⑥ 도표나 수표 등 그림자료를 사용할 때에는 고도로 선명 정확한 자료를 선정 제시해야 된다.

지도, 다이아그램, 차트 등은 명확하게 잘 그려져 있어서 피검사자에 의해서 손쉽게 읽혀질 수 있어야 한다. 엉성한 자료는 학생을 혼란시키고 검사의 타당도에 영향을 미친다.

(8) 객관식 시험문제의 장 · 단점

1 시험의 장점

① 일반적 장점

· 채점의 객관성, 신뢰성이 높다.

객관식 시험의 문항은 모두 정답이 자명하기 때문에 채점에 비객관성이나 주관적 판단이 개입될 가능성이 거의 없다. 또한 채점자의 편견, 기분, 인상 등에 의한 채점의 오류는 제거된다.

즉 누가 채점하더라도 또한 한 교사가 똑같은 답안지를 몇 번 채점하더라도 채점의 결과에 오차가 일어나지 않을 만큼 객관도가 대단히 높다. 객관도가 높으니까 신뢰도는 자연히 높아진다.

· 주관식 시험에 비해 보다 광범위한 내용의 표집을 통하여 학생의 성취도를 평가할 수 있다.

즉 문항의 내용타당도가 높다는 것이 큰 장점이다. 왜냐하면 일정시간 동안에 많은 문제를 다룰 수 있기 때문에 학습한 내용과 목표영역을 골고루 표집해서 포괄적인 시험을 할 수 있기 때문이다.

마치 10개의 눈금을 가진 자보다는 50개의 눈금이 표시된 같은 길이의 자가 길이를 더 정확히 측정할 수 있는 이치와 같다고 하겠다.

· 채점의 통계적 분석이 쉽다.

채점에 소요되는 시간과 노력이 주관식 시험에 비해 엄청나게 적어진다. 더욱이 컴퓨터로도 채점할 수 있어 시간과 노력의 절약은 큰 장점이 된다.

특히 기계를 사용하지 않는 경우라도 출제자가 아닌 비전문적인 대리자가 채점할 수도 있다. 그리고 문항분석을 위한 통계적 처리가 간편하다는 점도 장점이라 하겠다.

이상과 같이 객관식 시험은 주관식 시험의 단점인 내용표집의 제한성, 채점의 비신뢰성, 채점에 소모되는 시간과 노력부담 등 결점을 보완할 수 있다.

② 단답형과 완결형의 장점

· 교수목표에 따라 어떤 사실의 회상을 요구하는 경우에 도움이 된다.
단답형과 완결형은 수학, 과학 등의 교과에서 필요로 하는 어떤 수치나 계산이나 방정식의 해답에 특히 요구된다. 또한 철자법이나 외국어 평가에 유용하게 사용될 수 있고 단편적 지식이나 사실에 관한 평가에 도움이 크다.

· 문항제작이 쉽게 이루어지는 장점이 있다.

· 비교적 광범위한 학습내용을 표집할 수 있다.

③ 배합형의 장점

· 배합형은 용어, 정의, 연대나 일자, 사건 등의 단순히 지식수준을 평가하는데 적절하다.

· 두 가지 또는 그 이상의 문항간의 관련성을 파악하고 있는가를 측정하는데 도움을 준다.

· 진위형이나 선다형처럼 기계적으로 채점될 수 있으며, 손으로 직접 채점하더라도 주관식 시험보다는 시간과 노력이 훨씬 적게 든다. 또한 누구에게나 채점을 시킬 수도 있다.

④ 진위형의 장점

- 진위형은 측정영역상의 용도가 다양하다. 문항이 신중히 만들어지면, 사실적인 지식, 이해력, 응용력, 문제해결, 추론 등의 측정에 도움이 된다고 한다.
- 독해력이 낮은 초등학교 저학년이나 독해력이 부족한 학생에겐 매우 효과적이다.
- 주어진 시간 안에 다른 객관식 시험형보다 더 많은 양의 교과문제를 언급할 수 있다.

  학생들이 보통 선다형 문제 2개를 푸는 시간에 진위형 문제는 3개를 답할 수 있다고 한다.
- 시험시간 단위당 신뢰도는 매우 높게 나타난다.
- 모든 내용영역의 측정에 사용될 수 있다.

⑤ 선다형의 장점

- 선다형은 사실적인 회상 뿐만 아니라 학생들의 비판력, 판단력 및 자신을 정확하게 효율적으로 표현하는 능력까지 측정할 수 있다.
- 기계, 사무직원, 조교는 물론, 심지어 학생 자신에 의해서도 정확하게 빨리 채점할 수 있다.
- 시험문항의 난이도는 답지의 동질성의 정도의 변경에 의해서 조절 · 통제될 수 있다.
- 진위형에 비해, 선다형은 우연에 의한 정답의 가능성, 즉 추측에 의해 정답을 고를 확률이 상대적으로 적다.
- 만일 학생들이 그들이 아는대로만 답하게 된다면 선다형은 교사들에게 가치 있는 진단적 정보를 제공할 수 있게 된다.

  교사는 이런 정보에 의해서 학습의 결손을 치료할 수 있을 것이며 다음 단계를 위한 학습처방을 내리는 데 기준자료로 활용할 수도 있다.
- 선다형은 항상 진위형보다 한 개의 문항당 시험신뢰도를 크게 높여 준다.
- 선다형은 진위형문항보다 쉬우며 학생들이 더 좋아하는 경향이 있다.
- 선다형은 모든 선택형 객관식 문제 중 답지형식이 가장 자유로운 방식이다.

선다형은 유형도 많지만 쉽게 자유로이 문항형식을 변형시킬 수 있는 것이다.

- 선다형은 특히 사회, 경제, 정치 등에 관한 문제에는 하나의 정답이 있기보다는 어떤 기준에 비추어 비교적 보다 나은 최선답이 있으므로 이러한 분야의 학업성취를 측정하는데 보다 적합한 방법이다.

⑥ 자료해석형의 장점

- 자료해석형 중 문제문항은 주요한 교육목적 특히 사고력에 관계되는 여러 가지 능력을 측정하는 좋은 수단이 된다.
- 문제문항은 자료해석력, 원리응용력, 논리적 사고력과 같은 일반적 능력도 요구하지만 동시에 특수한 면의 지식, 개념, 사실, 원리를 이해하거나 기억할 것도 요구할 수 있다.
- 문제유형은 구체적 학습내용이 서로 다른 여러 집단의 학생의 일반적 교육목적의 도달도 평가에 특히 유용하다.

2 객관식 시험문제의 단점

① 일반적인 단점

- 일반적으로 자기표현을 평가의 목적으로 하는 경우에는 부적당하다. 즉 자기생각을 문장으로 표현함으로써만, 행동의 증거를 나타낼 수 있는 교육의 목적의 평가에서는 반응의 자유가 없고 오직 선택만 하게 되는 객관식 시험의 사용은 부적절하다고 하겠다.
- 객관식 시험은 주관식 시험에 비하여 문항을 제작하는 데 상당한 시간과 노력이 요구된다.

  주관식 시험문항은 시험보기 전일 혹은 시험시간 직전에도 출제할 수 있겠지만 객관식 시험의 문항을 제작할 때에는 충분한 시간을 두고 숙고해서 만들지 않으면 십중팔구 반드시 빈약한 나쁜 문항이 작성되고 만다.
- 종이가 많이 든다. 문제가 많다 보니 한 시간의 시험내용이 보통 A4 용지로 3~4면 이상이 요구되며 인쇄 복사에 비용이 많이 든다.

  이 단점은 이론적 단점이 아니고 실용적인 단점이라고 하겠다.

・추측요인을 제거하기 힘들다.

객관식 시험은 주어진 답에서 선택을 하기 때문에 추측요인이 작용하기 쉽다. 정답을 모르고서도 아무렇게나 선택한 답이 정답일 가능성을 완전히 배제하기란 힘든 것이다. 극단적으론 대학에서의 객관식 시험 문제를 초등학교 1학년 학생이 모든 답지의 ①번 답지를 정답으로 고르더라도 0점은 나오지 않을 것이다. 이것이 객관식 시험의 큰 단점인 것이다.

② 타당치 못한 단점

흔히 객관식 시험은 이것이냐 저것이냐의 흑백의 사고를 요하는 소위 OX적인 인간과 투기성을 조장할 가능성이 있으며, 또한 단편적인 지식의 암기만을 조장한다고 하여 객관식 시험을 전적으로 부인하는 사람도 있으나 이런 비난은 객관식 시험의 진정한 특징을 이해하지 못한 처사라고 할 수 있다.

주관식 시험의 질이 채점에 달려 있다고 본다면 객관식 시험의 질은 주로 시험 제작기술에 달려 있다고 하겠다. 고등정신 기능을 측정할 수 있는 객관식 시험문항이 교실현장에서 많이 만들어져 나와야 할 것이다.

③ 제한된 용도

주관식 시험과 비교하여 객관식 시험을 사용하는 것이 보다 적절한 상황을 들면 다음과 같다.

・시험칠 학생수가 많거나 또는 동일한 시험지를 재사용할 가능성이 많을 경우
・보다 신뢰로운 시험을 바랄 때
・평가의 공정성・객관성을 지향하고자 하는 경우
・주관식 시험의 답안을 채점하는 것보다 객관식 시험을 제작하는 데 더 자신이 있을 경우
・성적결과를 분석하여 보고해야 하는 경우

④ 단답형과 완결형의 단점

・하나의 단어, 문구, 기호, 숫자 등으로 대답할 수밖에 없기 때문에 질문이

제한된다.

· 하나의 답만을 정확히 요구하기 때문에 종합적이고 해석적인 능력을 표현할 것을 요구하는 문제는 불가능하다.

· 고도로 특수한 사실들(연대, 인명, 장소, 단어)의 측정에 지나치게 사용하다 보니 학생들에게 기억중심의 나쁜 학습습관을 배양하기 쉽다.

· 채점에 어느 정도 주관적 판단이 개입될 여지가 있다.

⑤ 배합형의 단점

· 단순한 지식수준의 측정에는 알맞지만, 이해, 적용 등의 상위수준의 학습결과를 측정하기가 어렵다.

· 사전에 충분한 주의를 하지 않으면, 배열항목들은 학생들에게 연상보다 기억을 조성하기 쉽다.

· 때로는 배합형에 적절한 동질성을 가진 일련의 내용구성이 쉽지 않다.

⑥ 진위형의 단점

· 학생의 점수가 추측요인의 작용으로 그날의 운에 따라 크게 좌우된다.

· 객관식 시험 중 시험문항의 내적 합치도가 가장 낮다.

· 커닝(cunning)하기 쉽고 시험준비를 약화시키기 쉽다.

· 선다형에 비해 문항변별력을 저하시키기 쉽다.

· 다른 객관식 시험보다 그 의미가 불명료하여 학생이 잘못 해석할 가능성이 크다.

⑦ 선다형의 단점

· 선다형은 그 제작이 어렵다.

오답을 그럴듯하게 만들어 정답처럼 느껴지게 만드는 것은 많은 경험과 기술을 요한다.

· 객관식 시험의 선택형 중 학생이 답하는데 가장 시간이 많이 걸리며, 특히 답지문의 엄밀한 구별을 요구하는 경우에는 더욱 그렇다.

⑧ 자료해석형의 단점

- 문제문항의 제작에 시간이 많이 걸린다. 즉 여러 자료를 조사하고, 그 적절성 여부를 판단하고, 목적하는 반응이 나오도록 문항을 만들기 위해서는 보통 문항의 작성에서보다 시간과 노력이 요구된다.
- 문항제작에 따르는 목적설정, 학생의 행동의 조사분석, 이에 따르는 타당한 문항의 초안 등에 상당한 고도의 기술과 훈련이 요구된다.

5. 시험실시와 채점법

1) 시험의 준비

(1) 출제문제의 재검토

출제가 끝나면 인쇄에 들어가기 전에 최종적으로 다시 한 번 더 문항제작의 원리에 따라 출제된 문항들을 반드시 재검토하여야만 한다.

문항의 재검토시에는 다음과 같은 기준하에 검토되어야 할 것이다.

1 작성된 이원분류표에 합당한 문항인가?

평가목적 이원분류표에 구체적으로 나타나 있는 내용과 행동 중에서 그 어느 부분을 측정하려는 것이 목적이기 때문에 모든 문항은 이원분류표에서 벗어난 문항이어서는 안 된다. 따라서 문항을 제작할 때 어느 부분을 재기 위한 것이라는 것을 밝혀 두는 게 좋다.

2 각 문항난이도는 알맞은가?

각 문항이 시험을 치룰 사람에게 적당한 것인가를 검토하기 위해서 또는 문항을 어려운 정도에 따라 배열할 수 있도록 하기 위해서 문항난이도에 관한 재검토는

가해져야 한다.

③ 문제장면이 명확히 제시되고 있는가?

문항이 제시하는 과제는 모든 수험자가 이해할 수 있게 진술되어야 한다. 즉, 문제장면의 제시가 지식이나 능력 외 문제를 잘못 이해하거나 같은 다른 요인들의 작용 때문이어서는 안 된다.

④ 각 문항의 해답에 대한 단서가 될 만한 것은 없는가?

지식이나 능력이 없는 자가 정답을 할 수 있게 해답에 대한 단서가 될 만한 것이 포함되어 있으면 안 되기 때문에 이를 검토해 보는 것은 중요한 일이다.

⑤ 문항 중 중복되는 문항은 없는가?

자료해석력을 묻는 복합형 문항에서 문항이 서로 엇갈려 있는 경우가 많다. 또한 한 문항에 나와 있는 정보가 다른 문항을 답하는 데 도움이 될 때도 마찬가지의 문제가 생기기 때문에 재검토 과정에서 조절해야 한다.

(2) 문항편집

제작 검토된 문항들은 편집을 통해서 비로소 하나의 시험으로 구성된다. 편집시의 유의사항은 다음과 같다.

① 문항을 문항난이도에 따라 배열하라.

문항배열은 쉬운 문항부터 어려운 문항순서로 배열하는 것이 바람직하다. 이렇게 함으로써 수검자는 어려운 문제에 막혀 뒷 문항은 손도 대지 않고 포기해 버리는 일을 예방할 수 있다. 문항의 배열을 어떻게 하느냐에 따라 전체 시험의 신뢰도, 난이도 및 변별도가 그렇게 심각한 영향은 받지는 않는 것 같다.

② 측정 내용이 같은 문항은 가능한 한 같이 묶어라.

이러한 배열 방법은 문항을 난이도에 따라 배열하기 쉽게 해 줄 뿐만 아니라 때로는 학생들의 학업부진을 진단하고 한 과목의 여러 가지 학습결과를 고루고루 학습하도록 동기를 형성해 줄 수 있다는 이점을 가지고 있다.

3 가능한 한, 문항형식이 같은 문항들을 같이 묶어라.

선다형은 선다형끼리 형식별로 묶어 배열하는 것이 표준적인 방법이며 또한 학생들이 시험을 볼 때 혼란을 일으키는 것을 막을 수 있다. 이 방법은 또한 한 가지 형식의 문항에 대해서는 한 번의 지시문으로 충분하게 된다.

(3) 시험지시문의 준비

지시문은 원칙적으로 간단하고 명료해야 하지만 적어도 다음의 세 가지 점을 분명히 밝혀 주는 것이어야 한다.

① 소요시간

② 해답을 기입하는 방법

③ 정답을 잘 모르는 경우 추측할 것인가, 하지 않을 것인가?

그리고 한 가지 시험에 두 가지 이상의 문항형식을 쓰고 있을 때는 시험 전체의 지시문과 각 부분별 지시문을 만드는 것이 좋다. 이럴 경우 전체 지시문에는, 소요시간과 추측에 관한 것을 설명하게 하고, 부분 지시문에는 각 부분에 대한 해답을 어떻게 기록할 것인가를 적어 두는 것이 좋다.

문제지와 답지를 별도로 마련하는 경우에는 답의 기입방법을 지시하고 난 다음에 예문을 두고 그 예문에 대한 정답의 표시 방법을 예로 들어 주는 것이 좋다.

(4) 시험문제지의 인쇄

논문형 시험 중에는 교사가 문제를 직접 칠판에 적어 주기도 하지만 대개의 시험물은 프린트나 인쇄되는 것이 보통이다. 시험은 글씨가 정확하고 등사가 선명하여 쉽게 읽을 수 있어야 할 뿐만 아니라 읽고 싶은 마음이 우러나게 할 수 있게끔 매력적이어야 한다.

시험 각 부분마다 별도의 번호를 매기기보다는 시험 전체를 통한 일련번호를 쓰는 것이 시험을 칠 때나 채점할 때 편리하다. 그리고 문항들 간에는 충분한 간격을 두는 것이 보다 바람직하다.

문제지가 두 장 이상일 때에는 페이지를 문제지의 하단에 꼭 표기 인쇄해 두어야 한다. 특히, 지도, 도표, 수표 또는 그림 등은 선명하게 가시적으로 인쇄되어 있어야 한다.

2) 시험의 실시

(1) 시험실시의 기본적 조건

시험의 실시에는 두 가지의 기본적인 조건이 있으니 그 하나는 개개인으로 하여금 최대의 능력이나 정확한 정보를 제시할 수 있는 조건을 마련해 주는 것이고, 다른 하나는 수검자 전원에게 균등한 실시조건을 마련해 준다는 것이다. 즉 시험은 모든 수검자가 자기의 지식이나 능력을 최대한으로 발휘할 수 있도록 실시되어야 하며, 그 결과로 얻어진 시험의 점수는 상대적으로 서로 비교해 볼 수 있어야 하기 때문이다. 먼저 시험점수들을 서로 비교해 볼 수 있는 타당한 결과를 얻기 위해서는 시험실시의 조건이 같은 집단의 어느 누구에게 있어서나 엄밀하게 동일하여야 한다. 다른 조건하에서 많은 점수를 서로 비교한다는 것은 무의미할 뿐만 아니라 또한 비교해 볼 수도 없는 것이다.

시험실시의 기본 조건은 다음과 같다.

① 먼저 시험장의 물리적 조건을 일정하게 하고 작업하기에 알맞도록 해야 한다. 무엇보다도 환기, 채광과 온도를 적당히 조절함으로써 수검자가 지장을 받지 않아야 한다.

② 수검자의 심리를 조절하고 고려해야 한다. 만약 사람이 피로할 때나 다른 일에 정신이 없을 때 또는 정신적으로 동요되어 있을 때 시험을 본다면 그 시험의 결과가 그 사람의 학력이나 행동을 대표하리라고 생각하기는 힘들다. 따라서 시험을 실시할 때는 수검자의 시험에 대한 태도, 신체적 · 정신적 건강을 고려해 넣어야 한다.

③ 시험 지시문을 엄격히 준수한다. 시험을 공정하게 실시하기 위해서는 시험을 실시하는 사람이 그 시험과 실시요령에 대하여 익숙하여야 하며 시험의 지시문을 엄격히 준수해야 한다. 시험의 지시문은 자동적으로 시험이 실시될 수 있을 만큼 상세하고 명백히 꾸며져 있어야 하지만 때로는 시험실시 때 구두로 보충설명을 하는 것이 도움이 될 때가 있다.

④ 모든 시험자료는 주의깊게 조직하고 효과적으로 배부해야 한다. 그리고 소요시간은 칠판에 적어 두는 것이 학생들이 시간을 조절해서 활용케 하는데 도움이 된다.

(2) 시험감독

시험 중의 부정행위란 자기의 학력이나 능력 이상의 성적을 받으려는 모든 행동을 포괄하는 것이기 때문에 광범위한 것들이 포함될 수 있을 것이다. 그러면 부정행위는 어떻게 방지할 것이며 또 부정행위가 일어났을 때 그것을 어떻게 처리할 것인가?

① 만약 부정행위를 하게 되면 그 과목의 실격 또는 정학이나 퇴학과 같은 처벌을 한다는 것을 분명해 해야 한다.

② 시험을 출제할 때나 인쇄나 보관을 할 때 비밀을 유지해야 한다.

③ 교실이 좁아서 학생들이 가까이 앉아야 할 때는 두 가지의 동형검사를 쓰는 게 좋다.

④ 시험 감독 중 감독의 의무를 철저히 해야 한다.

학생이 시험 중 부정행위를 하면 모든 시험자료를 회수하고 규정에 따라서 실격, 정학 또는 퇴학을 명해야 한다. 그리고 시험 중에는 책상 사이를 가능한대로 충분히 멀리하여 부정행위에 대한 유혹을 받지 않게 해야 한다.

부정행위는 학생들의 학력에 대하여 다음과 같은 악영향을 끼치고 있다.

① 부정행위를 해도 처벌받지 않는다면 정직하게 시험치른 학생들이 오히려 인정을 받지 못하고 간접적인 처벌을 받는 셈이 되기 때문에 학생들의 학업

에 대한 동기를 감퇴시키게 된다.

② 학생들이 무엇을 배웠고 무엇을 배우지 못하느냐를 타당하고 신뢰롭게 측정할 길이 없다.

3) 채점의 방법

시험의 채점이란 시험을 통해서 얻어진 자료를 숫자로 정리하고 종합하는 것을 말한다. 아무리 타당하고 신뢰로운 방법으로 시험이 제작되고 실시되었다고 하여도 채점이 제대로 되지 않으면 모든 것이 헛수고가 되고 만다. 채점의 생명은 객관성과 신뢰성에 있다.

(1) 서술형 시험문제의 채점법

1 일반적 유의사항

① 채점기준표를 작성해서 활용하라.

작문이나 논문과 같이 반응의 자유도가 극히 높은 것이 아니고 반응의 자유도가 비교적 낮은 논문형을 채점할 때는 채점기준표를 작성 · 활용하는 것이 도움이 된다. 채점기준표는 내용에 관한 논문형 시험을 채점하는 데 특히 적당한 방법이다.

채점기준표를 작성할 때는 먼저 각 문항에 대하여 모범답안을 만들고 그 문항 전체에 대하여 몇 점을 줄 것인가를 설정해야 한다. 그리고 난 다음에 모범답안의 주요 구성요소를 분석 · 추출하고 각 요소에 대한 배점을 어떻게 할까를 결정해야 한다.

물론 반응의 자유도가 아주 큰 답안지, 예컨대 작문같은 것에는 일정한 모범답안을 작성할 수는 없다. 그러나 이런 때에는, 적어도 채점할 요점, 평정할 주요항복만은 미리 작성하고 들어가야 한다.

② 학생에게서 나올 만한 답을 미리 짐작하고 대책을 세워라.

주관적 시험에서는 반응이 자유롭기 때문에 여러 가지 답이 튀어나오는 것이 보통이다. 때로는 기대치 않은 답이 많이 튀어나오며, 그 중에는 전연 오답인 것도 많지만, 또 정답으로 볼 수 있는 것, 반쯤 정답으로 볼 수 있는 것도 많이 있다.

③ 문항이 여러 개 있을 때에는 학생 단위로 채점하지 말고, 문항 단위로 채점하고, 후에 학생 단위로 종합하라.

문제가 여러 개인 경우에는 답안지 단위로 채점하기보다는 문제 단위로 채점하는 것이 좋다. 다시 말하면 한 문제에 대하여 모든 답안지를 채점하고 그리고 다음 문제로 넘어가서 그들 문제의 채점을 끝내가는 방법이다. 이와 같이 문제 단위별 채점을 함으로써 채점을 해가는 과정에서 일어나기 쉬운 채점기준의 동요를 막고 채점기준의 통일성을 가지게 된다. 또한 이 방법은 한 문제의 응답에 대한 인상이 다른 문제의 채점에 영향을 미치는 인상의 착오를 배제할 수 있다는 큰 장점을 가지고 있다.

④ 이름을 가리고 채점하라

주관식 시험의 답안 채점에는 여러 가지 인상의 착오, 논리의 착오가 작용한다. 답안지의 학생의 이름, 그 학생이 과거에 주어진 인상, 혹은 답안의 글씨의 청결도…… 등이다. 또는 엄격한 의미에서는 과학의 답안지에서 철자법이 틀렸다고 점수를 깎는 것은 부당하다.

이런 점에 비추어 학생의 이름을 감추어 둔 채 보지 않고 채점하는 것이 퍽 요망된다. 이름 대신 적당한 번호로 대신해 두는 것이 좋다. 이름을 알면 암만해도 채점자는 그 영향을 받는다.

⑤ 가능한 경우 답안지를 두 사람 이상이 채점하라.

몇 사람의 채점자가 독립적으로 채점한 다음 그 채점결과의 평균치를 내는 방법은 주관식 시험 채점의 신뢰도를 높이는 것이 좋은 방법 중의 하나이다. 이때 채점기준에 관한 토의와 합의는 사전에 이루어져야 한다.

2 척도기준표의 사용

작문이나 논문에서처럼 반응의 자유도가 극히 높은 문항을 채점할 때는 모범답안에 따라 채점기준표를 작성하기가 몹시 어렵거나 거의 불가능하다. 이런 경우에는 평가척도 기준표를 제작해서 채점하는 것이 보다 효과적이다. 평가척도법에 의한 채점은 채점기준표에서처럼 주요한 요소에 따라 채점하는 것이 아니라, 미리 만들어 놓은 일련의 기준에 비추어 볼 때 답안의 내용이 평가척도 부분의 어디에 해당하느냐에 따라서 채점한다.

(2) 객관식 시험문제의 채점법

1 채점방식의 결정

언제 정답수를 점수로 하고 언제 교정된 점수를 취하느냐에 일반적 원칙은 세울 수 없다. 실제의 조건이나 시험의 내용에 비추어 보고, 정답점수, 교정된 점수의 장단점에 비추어서 결정해야 한다. 결정하되 사전에 결정되어야 하며, 학생이 그것을 알고 있을 필요가 있다.

이것은 비단 선택형의 실시에서만 아니라, 서답형의 실시에도 적용되는 것이지만, 답안지가 어떻게 어떤 방식, 어떤 요점에 비추어 채점될 것인가를 아느냐 모르느냐에 따라 학생의 반응에 큰 차가 나타날 수 있는 것이다. 가령 서답형에서 글씨를 깨끗이 쓰면 점수를 더 준다는 채점방식이라면, 학생은 글씨를 깨끗이 쓰려고 애쓸 것이다. 시험은 역사고사인데, 이런 식으로 채점하고, 또 그 채점방식을 학생에게 일반적으로 공표하지 않는다면 불평등하다. 정답수를 점수로 하느냐, 오답은 일정하게 감정하느냐 하는 것도 학생이 알 권리가 있다.

2 채점요령

① 문제지와 답안지가 한 종이인 경우

현재로 보아 우리 나라에서는 대개 문제지가 곧 답안지인 형식을 취하고 있다.

한 문항이 있고 그 옆 혹은 그 아래에 답을, 선택형인 경우에는 해당하는 기호를 기입하게 되어 있는 형식이다.

· **무조직적 문항 배열**

선택형인데, 그 문항이나 답의 기입란이, 채점의 편의를 생각해서 요령있게 배열되어 있지 않고, 생각나는 대로 그대로 배열되어 있는 시험이 많다. 이때에는 일일이 각 문항별로 채점할 수밖에 없다.

· **도려낸 채점반**

문제지의 주위에 4각의 틀을 인쇄해 두고, 그 규격과 꼭 맞는 좀 두꺼운 종이를 만들어서, 정답지를 위치를 도려 내서 구멍을 만들어 둔다. 그러면 각 문제지 위에 이것을 덮어서, 구멍에 나온 것을 정답의 수로 헤아리면 된다.

② 문제지와 답안지를 따로 하는 경우

애당초 문제지와 답안지를 따로 하여, 문제지에 아무것도 못쓰게 하고, 답은 모조리 딴 답안지에 기입하게 하는 방법이 있다. 이 방법에서는 채점이 좀더 신속해진다. 채점할 학생의 수가 많을 때에는 따로 특별한 이유 없으면, 이 형식을 취하는 것이 최선이다.

6. 시험문제의 양호도 검증법

1) 전체문항의 양호도 검증

바람직한 평가도구(전체 시험문제)가 갖추고 있어야 할 특성, 기준 또는 조건으로서는 타당도, 신뢰도, 객관도가 높아야 하며 또한 실용도가 커야만 한다. 이 네 가지 조건을 자세히 설명하면 다음과 같다.

(1) 타당도

1 타당도의 개념

타당도란 한 검사 또는 평가도구가 측정하려고 하는 것을 어느 정도로 측정하고 있느냐의 정도를 의미하며 얼마나 충실하게 목적하는 바를, 즉 '무엇을 재고 있느냐'의 개념이다.

타당도의 개념에는 준거의 개념이 수반된다(타당도가 있다는 주장 뒤에는 무엇에 비추어 보아서인가라는 질문이 수반된다).

타당도는 측정하려고 한 이외의 것을 재지 않는 순수성의 정도를 나타내게 되며 또한 검사나 평가도구에 의미를 주고 실용적 가치를 부여하게 된다.

2 타당도 확인의 방법

① 내용타당도

- 내용타당도를 논리적 타당도, 안면타당도라고도 한다.
- 내용타당도란 평가도구가 그것이 평가하려고 하는 내용(대개의 경우 교육목표가 된다)을 어느 정도로 충실히 측정하고 있는가 하는 타당도이다.
- 내용타당도는 주로 교수-학습과정에서 설정했던 교육목표를 평가도구가 얼마나 충실히 측정하고 있느냐는 것을 결정할 때 쓰이는 타당도이다.
- 내용타당도는 중요한 목표(또는 행동)와 내용(이원분류표에 의해서 검증된다)을 평가도구가 빠트리지 않고 포괄하고 있는가의 정도를 말한다.

② 예언타당도

- 예언타당도란 한 평가도구가 그 검사 결과로서 피험자의 미래의 행동이나 특성을 어느 정도로 정확하게 또한 완전하게 예언하느냐의 능률의 정도를 말한다.
- 예언타당도의 준거는 시간적으로 미래의 행동 특성이 된다.
- 예언타당도란 어떤 평가도구가 목적하는 준거(예컨대 입학 후의 재학성적)를 정확

히 높게 예언하는 힘을 말한다.

- 내용타당도의 준거는 내적 준거이지만 예언타당도는 실제적인 외적 준거에 관련시켜 해석한다.
- 예언타당도는 선행검사 X와 준거 Y와의 상관계수로 표시한다(상관계수가 크면 그 만큼 정확성이 크고 반대로 예언의 오차가 작다는 뜻이 된다).

(2) 신뢰도

1 신뢰도의 개념

신뢰도는 '얼마나 정확하게', '얼마나 오차없이' 측정하고 있느냐의 개념이며, 측정하고 있는 정도의 일관성이 있느냐의 문제에 관계한다. 즉, 신뢰도는 측정의 오차가 얼마나 작으냐 하는 문제에 관련되며 또한 신뢰도 개념은 측정치의 안정성, 신뢰성, 예민성, 정확성의 뜻 등이 포함된다.

위에서 언급한 바와 같이 검사점수의 안정도(신뢰도)를 측정하기 위하여 각 개인의 두 점수의 분포간의 관계를 나타내는 상관계수를 사용하게 된다. 신뢰도를 표시하기 위하여 상관계수를 사용하게 되는데, 이런 경우 이 상관계수를 신뢰도계수라고 특별히 부른다. 즉, 신뢰도계수란 두 다른 시기에 같은 집단에 같은 검사를 실시한 검사점수간의 상관관계를 말한다.

2 신뢰도 확인의 방법

① 재검사 신뢰도

검사-재검사 신뢰도는 동일한 검사를 동일한 피검자들에게 두 번 시행하고 그 결과에 대하여 상관관계를 산출하는 신뢰도 추정치다.

신뢰도나 타당도 계수 산출은 상관계수 산출법을 이용한다. 즉, 다음과 같은 Pearson의 적률상관계수(r)의 산출공식(A)을 이용한다.

$$r_{xy}=\frac{N\Sigma XY-(\Sigma X)(\Sigma Y)}{\sqrt{[N\Sigma X^2-(\Sigma X)^2][N\Sigma Y^2-(\Sigma Y)^2]}} \quad \cdots\cdots\cdots\cdots (A)$$

예제) 다음 자료는 재검사법에 의해 검사지의 신뢰도를 검정하기 위해 10명의 학생들에게 똑같은 검사지를 1주일 간격으로 두 번 실시한 결과다. 재검사 신뢰도 계수를 구하라.

학생	*A*	*B*	*C*	*D*	*E*	*F*	*G*	*H*	*I*	*J*
월요일 조사(X)	13	12	10	8	7	6	6	4	3	1
토요일 재조사(Y)	7	11	3	7	2	12	16	2	19	16

* X, Y 점수는 개인별 각각 총점

풀이) 위 자료를 공식 (A)에 적용 대입하면

X	Y	X^2	Y^2	XY
13	7	169	49	91
12	11	144	121	132
10	3	100	9	30
8	7	64	49	56
7	2	49	4	14
6	12	36	144	72
6	6	36	36	36
4	2	16	4	8
3	9	9	81	27
1	6	1	36	6
70 ΣX	65 ΣY	624 ΣX^2	533 ΣY^2	472 ΣXY

$$r = \frac{10 \times 472 - (70)(65)}{\sqrt{[10 \times 624 - (70)^2][10 \times 533 - (65)^2]}}$$

$$= \frac{4720 - 4550}{\sqrt{(6240 - 4900)(5330 - 4225)}}$$

$$= \frac{170}{\sqrt{1340 \times 1105}}$$

$$= \frac{170}{\sqrt{1480700}} = \frac{170}{1216.84} = +0.14$$

위의 상관계수 $r=+0.14$는 매우 낮게 나타났다. 따라서 시험문제의 신뢰도는 매우 낮다고 해석된다. 신뢰도계수(타당도계수도 마찬가지)는 $r=+0.70$ 이상 산출될 때에 한하여 신뢰도가 높은 평가문제 도구라고 판정한다.

② 반분신뢰도

- 반분신뢰도는 한 개의 평가도구 혹은 검사를 한 피험자 집단에 실시한 다음 그것을 적절한 방법에 의해서 두 부분의 점수로 분할하고 이 분할된 두 부분을 독립된 검사로 생각해서 그 사이의 상관을 내는 방법이다.
- 반분신뢰도는 재검사 신뢰도가 부적당할 때, 또 동형검사를 만들기가 어려울 때 쉽게 사용할 수 있는 방법이다.
- 두 부분으로 분할하는 방법에는 전후반분법, 기우반분법 등이 있다.
- 반분신뢰도는 두 부분의 검사 사이의 상관이 기초가 된다.
- 이때 얻은 신뢰도는 검사 전체의 신뢰도가 아니라 반분된 부분 검사의 신뢰도가 된다. 따라서 이 두 부분을 합쳤을 때의 검사 전체의 신뢰도를 계산하기 위해 Spearman-Brown 공식($r'=\frac{2r}{1+r}$)을 사용해서 교정해야 한다.

(3) 객관도

1 객관도의 개념

객관도는 채점자의 채점이 어느 정도로 신뢰롭고 일관성이 있느냐 하는 개념이다.

객관도는 채점자의 변덕에 의해 결정되는 신뢰도이기 때문에 객관도란 한 가지 반응 결과에 대해 여러 사람의 채점 및 평가가 일치하는 정도의 채점자간 신뢰도라 부를 수 있다. 또한 객관도란 한 채점자가 시간적 간격이나 상황의 차이에 따라 같은 대상에 대해 다른 채점(평가) 결과를 나타내는 정도의 채점자 내 신뢰도라 할 수 있다.

② 객관도의 확인방법

① 비객관성의 가장 중요한 원칙은 평가도구 및 평가기준이 비객관적인 경우다.
② 비객관성의 원인은 평가자의 소양 부족에 기인한다.
③ 비객관적 비구조화된 평가도구인 경우에는 가능하면 여러 사람이 공동으로 평가하여 그 결과를 종합하는 것이 객관성을 높이는 데 도움이 된다.
④ 객관도의 계산은 한 사람의 채점자가 한 묶음의 답안지를 일정한 기간을 두고 두 번 채점해서 그 간의 상관계수를 낸다.
⑤ 한 장의 답안지를 여러 사람이 채점을 해서 그 결과의 일치도를 본다.
⑥ 한 묶음의 답안지를 두 사람의 채점자가 각각 따로 채점을 해서 그 결과에 대한 상관계수를 낸다.

(4) 실용도

① 실용도의 개념

타당도, 신뢰도, 객관도는 유용한 평가도구가 갖추어야 할 이론적 기준인데 비해 실용도(utility)는 실제적인 기준으로서의 개념이다. 즉, 한 평가도구가 얼마나 경비와 실용적이며 소기의 목적을 달성할 수 있느냐의 정도를 말한다.

② 실용도의 확인방법

① 검사 또는 평가가 쉽게 이루어지며 채점이 용이하게 이루어지는가를 확인한다.
② 평가의 결과를 쉽게 해석할 수 있는지 또 그 결과를 유효적절하게 활용할 수 있는지를 검토한다.
③ 비용, 시간, 노력이 절약될 수 있는지를 확인해 본다.

2) 개별문항의 양호도 검증

하나하나의 문항 자체가 얼마나 잘 만들었는지를 검증하는 방법을 문항 양호도 검증법이라 한다. 이에는 크게 세 가지 방법이 있다.

(1) 문항난이도의 분석

1 문항난이도의 개념

문항난이도란 문항의 어렵고 쉬운 정도를 말하며, 검사를 실시한 결과 그 문항의 몇 %의 피험자가 정답을 했는가로 결정된다. 즉 정답을 한 피험자의 %가 곧 문항난이도 지수가 된다.

문항난이도는 0~100%에 이르기까지의 변산을 갖고 있으며, 집단에 따라 변한다.

2 난이도의 계산방법

$$P = 100 \times \frac{R}{N} \quad \begin{bmatrix} P = \text{난이도 지수} \\ R = \text{정답자수} \\ N = \text{전체 학생수} \end{bmatrix}$$

3 문항난이도의 이용

- 문항편집 배열의 순서는 난이도의 서열에 따른다.
- 문항난이도는 50% 정도에 머무는 것이 이상적이며, 보통 30~70% 사이에 드는 난이도가 바람직하다.
- 검사의 목적이나 대상에 따라 문항 난이도는 적절히 고려되어야 한다. 총합평가에서는 30~70% 사이의 문항 난이도가 요구되지만, 형성평가에서는 전혀 문제시 되지 않는다.

(2) 문항변별도의 분석

1 문항변별도의 개념

한 검사에서 타당도를 검증했듯이 그 검사 속에 들어 있는 개개의 문항에 대해서도 그 문항의 타당도를 알아볼 수 있을 것이다. 이러한 문항의 타당도를 우리는 일반적으로 문항변별력이라고 부르며, 특히 준거가 이 검사 이외의 외부준거인 경우에는 문항타당도, 준거가 바로 이 검사의 총점, 즉 내부준거인 경우에는 문항 내적 합치도라고 부르기도 한다.

문항변별도란 한 검사에서 총점이 높은 사람과 낮은 사람간에 한 문항에 대한 통과율을 비교할 때 검사의 총점이 높은 사람이 정답률이 높은 반면에 총점이 낮은 사람이 비교적 정답률이 낮으면 낮을수록 그 문항은 변별력이 큰 문항이라고 하며 '이러한 변별의 정도'를 지수로 나타낼 때 이를 문항변별도 지수라고 한다.

문항변별도란 검사의 총점이라는 내적 기준에 의해 문항의 타당도를 보고자 하는 것이며, 문항변별도 지수는 상관계수와 마찬가지로 -1.00~+1.00 사이에 분포된다. 바람직한 지수는 +0.3~+1.0 사이에 드는 지수이다.

2 문항변별도의 계산방법

채점이 끝나면 답안지들을 점수의 총점의 순서로 정리한 다음 이 답안지들을 점수상층부(H), 점수하층부(L)의 두 부분으로 나눈다. 이 때 상층에 속하는 답안지의 수와 하층에 속하는 답안지의 수를 같게 한다.

다음에 상층집단의 답안지에서 문항 Ⅰ에 정답한 사람의 수를 헤아려서 기록하고, 하층집단의 답안지에서 문항 Ⅰ에 정답한 사람의 수를 헤아려서 기록하면 예컨대 다음과 같은 4간표식 문항상관표가 만들어진다.

〈문항 1〉

	-	+	계
H	5	35	40
L	15	25	40
계	20	60	80명

H=점수 상층부집단
L=점수 하층부집단
+=정답자수
-=오답자수

이런 표를 문항상관표라고 부른다. 이런 표가 만들어지면, 문항 Ⅱ, Ⅲ……의 순으로 전문항의 상관표를 각각 만들 수 있다.

문항변별도를 계산하는 가장 일반적인 공식은 다음과 같다. 지수를 ULI 또는 D.I.(Discriminating Index)라고 부르기도 한다.

$$D.I. = \frac{H_+ - L_+}{\frac{N}{2}}$$

$D.I.$= 변별도지수

H_+=점수 상층부의 정답 학생수

L_+=점수 하층부의 정답 학생수

N=총 학생수

예컨대, 위 표의 경우에는 $D.I. = \frac{35-25}{\frac{80}{3}} = \frac{10}{40} = .25$

보통 문항난이도가 극단(0%나 100%)에 가까울수록 변별도는 줄어들고, 난이도가 50%일 때에 변별도는 가장 크다.

제 7 장

창의적 체험활동의 지도방법

1. 창의적 체험활동의 성격
2. 교육목표
3. 내용 및 교수 · 학습 방법
4. 운영 및 평가

1. 창의적 체험활동의 성격

1) 배경

1955년 8월 1일에 공표된 초·중등학교 교육과정은 교과활동과 특별활동의 2개 영역으로 편성할 것을 강조해 오다가 제7차 교육과정에서 재량시간을 신설하여 우리나라 초·중·고등학교 교육과정은 교과활동, 재량시간 및 특별활동의 세 영역으로 구성되었다. 그리고 「2007개정교육과정」에서 부분 개정시에 재량시간을 창의적 재량활동으로 명칭을 변경하였으며, '2009 개정교육과정'에서 다시 부분 개정하여 특별활동과 창의적 재량활동을 통합하여 '창의적 체험활동'을 도입하였다. 현재 우리나라 초·중등학교 교육과정은 크게 두 개의 영역, 즉 '교과활동'과 '창의적 체험활동'으로 구성되기에 이르렀다.

2) 기본성격

창의적 체험활동은 교과 이외의 활동으로서 교과와 상호보완전 관계에 있으며, 앎을 적극적으로 실천하고 나눔과 배려를 할 줄 아는 창의성과 인성을 겸비한 미래지향적 인재 양성을 목적으로 한다. 창의적 체험활동은 기본적으로 자율성에 바탕을 둔 집단활동의 성격을 지니고 있으며, 집단에 소속된 개인의 개성과 창의성도 아울러 고양하려는 교육적 노력을 포함한다.

3) 활동영역

창의적 체험활동 교육과정은 자율활동, 동아리활동, 봉사활동, 진로활동의 4개 영역으로 구성된다. 각 영역별 구체적인 활동 내용은 학생, 학급, 학년, 학교 및 지역사회의 특성에 맞게 학교에서 선택하여 융통성 있게 운영할 수 있다. 여기에 제시되는 영역과 활동 내용은 권고적인 성격을 띠고 있으며, 학교에서는 이보다 더 창의적이고 풍성한 교육과정을 선택과 집중하여 운영할 수 있다.

4) 기본적 지침

창의적 체험활동에서는 학생의 자주적인 실천 활동을 중시하여 학생과 교사가 공동으로 협의하거나 학생들의 힘으로 활동 계획을 수립하고 역할을 분담하여 실천하게 한다. 아울러, 지역과 학교의 독특한 문화 풍토를 고려하여 특색 있고, 인적 · 물적 자원과 시간을 폭넓게 활용하여 융통성 있게 운영하는 것이 중요하다.

① 초등학교의 창의적 체험활동에서는 학생의 기초생활습관의 형성, 공동체의식의 함양, 개성과 소질의 발현에 중점을 둔다.

② 중학교의 창의적 체험활동에서는 남과 더불어 살아가는 태도의 확립, 자신의 진로에 대한 탐구, 자아의 발견과 확립에 중점을 둔다.

③ 고등학교의 창의적 체험활동에서는 학습자의 다양한 욕구를 건전한 방향으로 유도하고, 원만한 인간관계를 형성하며 진로를 선택하여 자아실현에 힘쓰도록 하는데 중점을 둔다.

2. 교육목표

1) 총괄목표

학생들은 창의적 체험활동에 자발적으로 참여하여 개개인의 소질과 잠재력을 계발 · 신장하고, 자율적인 생활 자세를 기르며, 타인에 대한 이해를 바탕으로 나눔과 배려를 실천함으로써 공동체 의식과 세계 시민으로서 갖추어야 할 다양하고 수준 높은 자질 함양을 지향한다.

2) 하위목표

① 각종 행사, 창의적 특색활동에 자발적으로 참여하여, 변화하는 환경에 적극적으로 대처하는 능력을 기르고, 공동체 구성원으로서의 역할을 수행한다.
② 동아리활동에 자율적이고 지속적으로 참여하여 각자의 취미와 특기를 창의적으로 계발하고, 협동적 학습능력과 창의적 태도를 기른다.
③ 이웃과 지역사회를 위한 나눔과 배려의 활동을 실천하고, 자연환경을 보존하는 생활습관을 형성하여 더불어 사는 삶의 가치를 깨닫는다.
④ 흥미와 소질, 적성을 파악하여 자기 정체성을 확립하고, 학업과 직업에 대한 다양한 정보를 탐색하여 자신의 진로를 설계하고 준비한다.

3. 내용 및 교수 · 학습 방법

1) 내용체계

영역	주안점	활 동
자율활동	학교는 학생중심의 자율적 활동을 추진하고, 학생은 다양한 교육활동에 능동적으로 참여한다.	- 적응활동 - 자치활동 - 행사활동 - 창의적 특색활동 등
동아리활동	학생은 자발적으로 집단활동에 참여하여 협동하는 태도를 기르고 각자의 취미와 특기를 신장한다.	- 학술활동 - 문화예술활동 - 스포츠활동 - 실습 노작활동 - 청소년 단체활동 등

봉사활동	학생은 이웃과 지역사회를 위한 나눔과 배려의 활동을 실천하고, 자연환경을 보존한다.	- 교내 봉사활동 - 지역사회 봉사활동 - 자연환경 보호활동 - 캠페인활동 등
진로활동	학생은 자신의 흥미, 특기, 적성에 적합한 자기 계발활동을 통하여 진로를 탐색하고 설계한다.	- 자기 이해활동 - 진로 정보 탐색활동 - 진로 계획활동 - 진로 체험활동 등

2) 영역별 내용 및 교수·학습 방법

이 교육과정에서 제시한 각 영역별 활동 내용은 예시적 기준이므로, 학생의 발달 단계, 학교 실정 및 지역 특성 등을 고려하여 목표 달성에 적합한 내용을 선정, 운영할 수 있다.

(1) 자율활동

1 목표

① 전입학과 진급 등에 따른 생활변화에 적응하고 이를 주도하는 능력을 길러 원만하고 즐거운 학교생활을 한다.

② 다양한 협의 및 실천 경험을 통해 문제를 합리적으로 해결할 수 있으며, 민주적인 의사결정의 기본 원리를 익힌다.

③ 학급과 학교에서 일어나는 제 문제에 대해 적극적으로 참여하여 협의하고 실천함으로써 협동심과 유대감을 기른다.

④ 교내외에서 실시되는 여러 행사의 의의와 중요성을 이해하고, 행사에 자발적으로 참여하여 학교와 지역사회의 발전을 위해 노력하는 태도를 가진다.

⑤ 학급, 학년, 학교의 특성 및 학습자의 발달 단계에 맞는 다양한 특색활동을 계획하고, 이에 참여함으로써 자신감과 창의성을 기른다.

⑥ 학교의 전통을 계승하고 이를 창의적으로 발전시키려는 노력을 통해 소속감

과 애교심을 기른다.

2 활동별 내용

① 적응활동

- 입학, 진급, 전학 등에 따른 적응활동 등
- 예절, 질서 등의 기본생활습관 형성활동, 축하, 친목, 사제동행 등
- 학습, 건강, 성격, 교우 등의 상담활동 등

② 자치활동

- 1인 1역, 학급회 및 학급 부서활동 등
- 학생회 협의활동, 운영위원 활동, 모의의회, 토론회 등

③ 행사활동

- 시업식, 입학식, 졸업식, 종업식, 기념식, 경축일 등
- 전시회, 발표회, 학예회, 경연대회, 실기대회 등
- 학생건강체력평가, 체격 및 체질 검사, 체육대회, 친선경기대회, 안전생활 훈련 등
- 수련활동, 현장학습, 수학여행, 학술조사, 문화재 답사, 국토순례, 해외문화체험 등

④ 창의적 특색활동

- 학생 특색활동, 학급 특색활동, 학년 특색활동, 학교 특색활동, 지역 특색활동 등
- 학교 전통 수립활동, 학교 전통계승활동 등

3 교수·학습 방법

① 학생들의 자발적이고 자율적인 활동이 되도록 해야 하며, 그 활동이 바람직하고 창의적인 방향으로 이루어지도록 지도한다.

② 모든 구성원들이 골고루 참여할 수 있는 기회를 제공하고, 다양한 의견을 존중하여 참여 의식을 높이며 소속감을 가지게 한다.
③ 학생 전원이 학급 생활에 필요한 한 가지 이상의 일을 분담하여 자율적으로 실천하게 하되, 필요할 경우 역할을 교체하여 다양한 경험을 가지도록 한다.
④ 행사활동의 계획 수립, 준비, 시행, 반성 등에 있어서 학생들이 적극적으로 참여하도록 지도하고, 적절한 역할 분담을 통하여 자치적인 운영이 되도록 한다.
⑤ 행사계획을 수립할 때에는 행사명, 목적, 시기, 장소, 대상, 행사 과정, 역할 분담, 유의점, 배치도, 상황 변동시의 대책 등을 충분히 고려하고, 필요에 따라 사전 답사 및 사전교육을 실시한다.
⑥ 학교 행사의 실시에서 필요한 경우 지역사회와의 연계성을 고려하되, 지역사회의 요청에 의한 학교 행사는 그 교육적 가치를 충분히 검토하여 선택적으로 운영할 수 있다.
⑦ 학생들이 교실과 교내를 벗어나 다양한 실생활과 자연을 접하여 호연지기를 기를 수 있는 기회를 적극 마련한다.

(2) 동아리활동

1 목표

① 흥미, 취미, 소질, 적성, 특기가 비슷한 학생들로 구성된 활동 부서에 자발적으로 참여하여, 창의성과 협동심을 기르고, 원만한 인간관계를 형성한다.
② 다양한 활동에 참여하여 자신의 잠재 능력을 창의적으로 계발 · 신장하고, 자아실현의 기초를 닦는다.
③ 여가를 선용하는 생활습관을 형성한다.
④ 지역 내 학교간 각종 동아리 경연대회를 통해 우의를 다지는 협력과 공정한 경쟁을 익히도록 한다.

2 활동별 내용

① 학술활동
- 외국어 회화, 과학 탐구, 사회 조사, 탐사, 다문화 탐구 등
- 컴퓨터, 인터넷, 신문 활용, 발명 등

② 문화 예술활동
- 문예, 창작, 회화, 조각, 서예, 전통예술, 현대예술 등
- 성악, 기악, 뮤지컬, 오페라 등
- 연극, 영화, 방송, 사진 등

③ 스포츠활동
- 구기운동, 육상, 수영, 체조, 배드민턴, 인라인스케이트, 하이킹, 야영 등
- 민속놀이, 씨름, 태권도, 택견, 무술 등

④ 실습 노작활동
- 요리, 수예, 재봉, 꽃꽂이 등
- 사육, 재배, 조경 등
- 설계, 목공, 로봇제작 등

⑤ 청소년 단체활동
- 스카우트연맹, 걸스카우트연맹, 청소년연맹, 청소년적십자, 우주소년단, 해양소년단 등

3 교수·학습 방법

① 학생의 취미, 흥미, 적성, 욕구, 학교 실정 및 지역 특성 등에 알맞은 활동 부서를 조직하고, 모든 학생에게 자세히 안내한다.
② 학교는 학생의 희망을 존중하여 활동 부서를 조직한다.

③ 교사가 주도적인 역할을 하지 않도록 유의하여 학생중심의 흥미롭고 창의적인 운영을 도모한다.

④ 학생의 개성과 소질을 최대한 신장시키기 위하여 방과후 및 휴업일, 방학 중에도 활동을 지속적 · 집중적으로 운영할 수 있다.

⑤ 동아리활동의 각종 프로그램을 활성화시키기 위하여 교내외의 인적 자원, 물적 자원을 적극 활용한다. 특히 지역사회 인사와 학부모의 자발적 봉사 협력을 통해 동아리활동이 이루어질 수 있도록 이를 장려한다.

⑥ 동아리활동을 활성화시키기 위해 교내 및 학교간 경연대회, 전시회, 발표회, 봉사활동과 연계 등을 적극 추진한다.

(3) 봉사활동

[1] 목표

① 타인을 배려하는 너그러운 마음과 더불어 사는 공동체 의식을 가진다.

② 나눔과 배려의 봉사활동 실천으로 이웃과 서로 협력하는 마음을 기르고, 호혜 정신을 기른다.

③ 지역사회의 일들에 관심을 가지고 참여함으로써 사회적 역할과 책임을 분담하고, 지역사회 발전에 이바지하는 태도를 가진다.

[2] 활동별 내용

① 교내 봉사활동

· 학습부진 친구, 장애인, 병약자, 다문화가정 학생 돕기 등

② 지역사회 봉사활동

· 복지시설, 공공시설, 병원, 농 · 어촌 등에서의 일손 돕기 등

· 불우이웃돕기, 고아원, 양로원, 병원, 군부대에서의 위문활동 등

· 재해 구호, 국제 협력과 난민 구호 등

③ 자연환경 보호활동

- 깨끗한 환경 만들기, 자연 보호, 식목활동, 저탄소 생활 습관화 등
- 공공시설물, 문화재 보호 등

④ 캠페인활동

- 공공질서, 교통안전, 학교 주변 정화, 환경 보전, 헌혈, 각종 편견극복 등에 대한 캠페인활동 등

3 교수-학습 방법

① 봉사활동의 참된 의미와 가치를 인식시키고 미래 생활과도 연계되도록 지도한다. 효율적이며 진정한 봉사활동이 될 수 있도록 사전 교육을 실시하며, 관련 정보를 충분히 수집하고 면밀한 계획을 세워 추진한다.

② 봉사활동의 내용은 학교나 지역사회의 여건을 고려, 학교 재량으로 선정하여 융통성 있게 운영할 수 있다.

③ 학생들의 처지와 능력 수준에서도 봉사가 가능하며, 보람을 느낄 수 있도록 하기 위해서, 서로 협력하는 기회를 만들고, 특히 동아리활동의 성과를 봉사활동에 적극 활용한다.

④ 활동의 전 과정이 교육적 의미를 가질 수 있도록 활동의 계획과 과정 및 결과에 대한 사후 평가를 실시하고, 이를 향후의 활동 계획 수립에 반영한다.

⑤ 지역사회 유관 기관 및 봉사 단체와 협조 체제를 유지하여 효율적인 봉사활동이 이루어지도록 한다.

(4) 진로활동

1 목표

① 자신의 특성, 소질과 적성, 능력 등을 이해하고, 이를 바탕으로 자신의 정체성을 확립하고 자신만의 독특한 진로를 탐색한다.

② 각종 검사, 상담을 통해 진로 정보를 탐색하고 자신의 진로를 계획한다.

③ 진로와 직업 선택의 중요성을 인식하고, 자신의 적성과 소질에 맞는 진로를 탐색·설계한다.

④ 학업과 직업 세계를 이해하는 직업 체험활동 기회를 통해 진로를 결정하고 준비한다.

2 활동별 내용

① 자기 이해활동

- 자기 이해 및 심성 계발, 자기 정체성 탐구, 가치관 확립활동, 각종 진로 검사 등

② 진로 정보 탐색활동

- 학업 정보탐색, 입시정보 탐색, 학교 정보탐색, 학교 방문 등
- 직업 정보탐색, 자격 및 면허 제도 탐색, 직장 방문, 직업 훈련, 취업 등

③ 진로 계획활동

- 학업 및 직업에 대한 진로 설계, 진로 지도 및 상담활동 등

④ 진로 체험활동

- 학업 및 직업 세계의 이해, 직업 체험활동 등

3 교수·학습 방법

① 학생이 자신에 대한 충분한 이해를 바탕으로 자신의 진로를 개척하려는 태도를 갖게 한다.

② 학생의 인성, 적성, 진로 성숙도 등 다양한 측면을 파악할 수 있는 각종 검사를 실시하고 그 결과에 대해 필요한 상담을 실시한다.

③ 진로 관련 상담활동은 담임교사가 하는 것을 원칙으로 하되, 특히 중등학교에서는 학생의 진로와 가장 밀접한 교과교사를 진로지도교사로 하여 학생 개인별 혹은 집단별 진로상담에 도움을 주도록 한다. 진로활동 내용에 따라

서는 상담교사나 전문적 소양을 가진 학부모 또는 지역사회 인사의 협조를 받는다.

④ 학생의 학업 진로, 직업 진로에 대한 진로계획서를 작성하고 꾸준히 수정하는 활동을 실시한다.

⑤ 진로 선택에 중요한 시기를 맞고 있는 중등학교의 경우 '직업과 진로' 과목과 연계하여 지도한다. 특히 중학교 3학년에선 고교 진학, 고교 1학년에선 진로에 따른 교과목 이수 그리고 고교 3학년에선 대학진학 혹은 직업 선택을 지도하는데 중점을 둔다.

⑥ 학교 및 지역사회 인사, 지역사회 시설 등을 활용하여 장래에 학생들이 선택하게 될 학업과 직업에 대해 탐구하고, 직접 체험할 수 있는 기회를 제공한다.

4 진로지도의 단계

일반적으로 진로발달 단계에 이르면, 일생의 과정은 성장기(환상기 · 흥미기 · 능력기)→탐색기(잠정기 · 전환기 · 시행기)→확립기(시행기 · 안정기)→유지기→쇠퇴기로 분류하고 있다. 이것을 우리 나라의 학교제도와 결합시켜 각 학교 · 학급별 단계와 연결시켜 보면 [7-1]과 같이 진행된다.

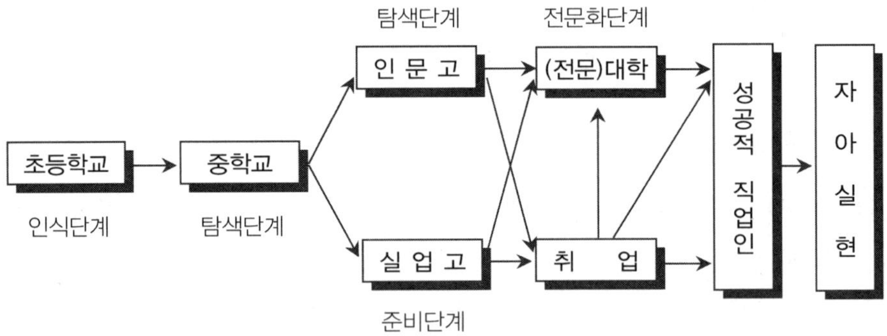

[7-1] 진로지도의 단계

초등학교는 진로인식단계에 해당하고 중학교는 자기에게 적합한 잠정적으로 진로를 탐색하는 진로탐색단계로 본다. 고등학교는 두 가지 갈레로 나누어진다.

인문계 고등학교는 계속해서 진학을 위한 진로탐색단계에 해당하지만 실업계 고등학교는 완성교육인 진로준비단계에 해당한다. 그리고 전문대학 · 대학은 진로전문화단계로 간주한다. 실업계 고등학교도 개인의 노력과 의욕에 따라 준비단계이긴 하지만 개인의 능력향상에 따라 얼마든지 대학에 진학할 수 있으며 취업 이후에도 계속교육차원에서 개인적으로 얼마든지 진학할 수 있는 제도로 되어 있다.

결국 이와 같은 진로발달단계에 따라 결국에 가서는 취업에 이르게 되는데 이 취업, 즉 직업을 갖게 되면 평생동안 이를 유지하게 된다. 직업을 선택하여 평생동안 만족할 수 없게 되면 중도에 다시 변경할 수도 있는데, 이것을 진로변경이라고 한다. 한번의 소중한 진로선택으로 평행동안 유지하는 것이 바람직하다. 진로변경 또는 진로수정(career change)은 현실적으로 좀처럼 어려운 처지이긴 하지만, 필요하다면 다시 한 번 도전할 수밖에 없다. 진로수정은 될 수 있는 한 하지 말아야 한다. 진로변경은 초등학교 시절부터 인식 · 탐색 · 준비 과정이 잘못 선정 · 선택되었거나 이를 무시하고 눈앞에 놓인 현실에만 추종, 또는 맹종한 결과에 따라 일어난 현상이기 때문에 개인에게 문제가 심각해진다. 이런 현상이 우리 나라 교육계에 범람하고 있어 개인적으로나 국가적인 차원에서 보면 막대한 고급인력을 낭비하고 마는 결과를 초래하고 있다. 뿐만 아니라 우리 모두에게 큰 불행을 자아낸다. 현재 우리나라 직업인들이 평생동안 평균 다섯번 정도의 진로변경을 하는 것으로 나타나고 있다.

앞에서 이미 언급한 바와 같이 이상적인 진로방향은 진로인식단계→진로탐색단계→진로준비단계→취업(직업선택)→직무수행→성공적 직업인→행복한 인생→자아실현의 수단이 되어야 하는 것이다.

5 진로결정 과정의 모형

진로지도에 있어서 준비해야 할 기본적인 자료는 ① 학생의 개성조사, 특히 그 흥미와 방향 · 적성 · 신체적 특성 등 ② 가정환경 조사, 특히 그 경제적 사정과 부모의 의견 ③ 직업조사, 특히 작업내용, 경영 혹은 고용조건, 요구되는 성능, 노동 및 환경조건 ④ 상급학교 특성조사 ⑤ 자격요건 등이다.

진로지도는 다음과 같이 개인적 요인, 환경적 요인 · 직업적 요인 · 진학요인 · 취업요인을 고려한 연후에 진로결정에 임해야 한다.

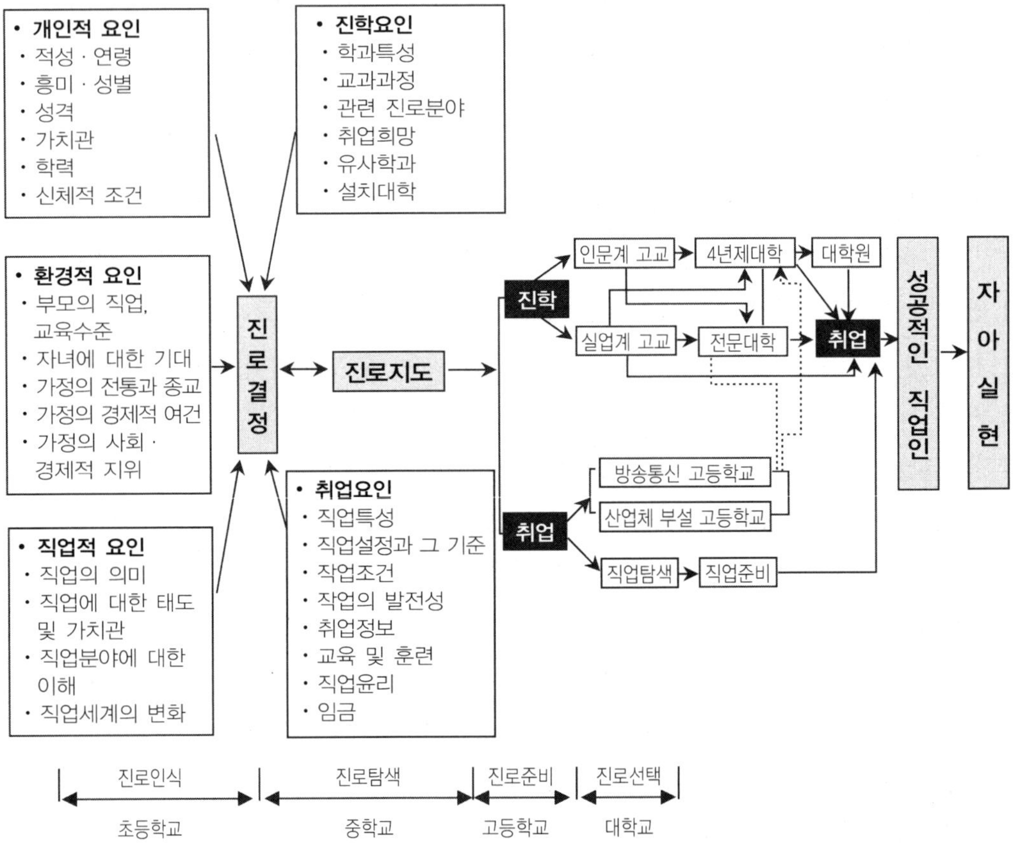

[그림 7-2] 진로결정 과정 모형

4. 운영 및 평가

1) 운영 및 지원

① 창의적 체험활동에 배당된 시간(단위) 수는 영역별로 학생의 요구, 학교 및

지역의 특성을 고려하여 학교의 재량으로 배정하되, 학생의 발달 단계를 고려하여 학교 급별, 학년별로 활동 영역 및 내용을 선택하여 집중적으로 운영할 수 있다.

② 창의적 체험활동의 운영의 효율성을 높이기 위해 관련 교과 및 창의적 체험활동의 하위 영역간에 통합하여 편성 · 운영할 수 있다.

③ 창의적 체험활동 운영 계획은 학생들의 흥미와 소질, 학교와 지역사회의 실정을 고려하여 작성하되, 계획을 수립하고 운영하는 과정에서 학생들의 의사를 적극적으로 표현되어 반영되도록 한다.

④ 창의적 체험활동은 학교의 필요에 따라 기준 시간(단위)보다 더 많은 시간을 확보하여 운영할 수 있으며, 시간 운영은 통합, 집중 등 다양한 방식으로 융통성 있게 할 수 있다.

⑤ 활동의 내용, 조직 단위, 장소, 시설 등 규모와 여건을 고려하여 정일제, 격주제, 전일제, 집중제 등과 같이 융통성 있게 운영할 수 있다.

⑥ 자율활동의 국토 순례활동, 봉사활동, 진로 체험활동 등은 활동의 특성에 따라 방학 기간을 이용하여 집중 운영할 수 있다.

⑦ 입학 초기 적응활동은 창의적 체험활동의 자율활동 중 '적응활동'의 일부로 편성하여 지도한다. 특히 초등학교 1학년과 사춘기 학생들의 적응활동을 위한 적절한 교육 프로그램을 개발하여 적용한다.

⑧ 학교와 교사, 학생의 요구와 필요에 따른 범교과 학습과 자기주도적 학습을 창의적 체험활동의 영역과 연계하여 운영할 수 있다.

⑨ 지역사회의 인적 · 물적 자원을 최대한 활용하기 위하여 창의적 체험활동 영역별로 활용 가능한 인사, 시설, 기관, 자료 등의 자원 실태를 파악하고, 다양한 활동 프로그램을 개발하여 창의적으로 운영한다.

⑩ 시 · 도 교육청 및 지역 교육청은 창의적 체험활동을 운영하는 데 필요한 지도자, 보조자 등의 인적 자원과 제반 시설, 설비, 자료 등의 물적 자원 및 프로그램을 지원한다.

⑪ 시 · 도 교육청 및 지역 교육청은 창의적 체험활동 지도 자료 및 프로그램의 개발 및 보급, 연수 과정의 개설, 연구학교의 운영 등을 통하여 각급 학교의

창의적 체험활동 운영과 개선을 지원한다.

2) 평가

① 학교와 지역사회의 실정 및 교육 목표에 비추어 적합하게 이루어지도록 평가한다.

② 교육 목표의 설정, 평가 장면의 선정, 평가 도구의 제작, 평가의 실시 및 결과 처리, 평가 결과의 해석 및 활용의 절차를 고려하여 평가한다.

③ 각 영역별로 평가 관점을 마련하고 참여도, 협력도, 열성도 및 그 이외의 활동 실적 등이 골고루 반영되도록 평정척도를 작성, 활용한다.

④ 학생의 자기평가, 상호평가, 활동 및 관찰기록, 질문지, 작품 분석, 포트폴리오 등 다양한 방법으로 평가한다.

⑤ 평가 결과는 평소의 활동 상황을 누가기록한 자료를 토대로 학생의 활동실적, 진보의 정도, 행동의 변화, 특기 사항 등을 담임 또는 담당교사가 수시로 평가한다.

⑥ 학생이 창의적 체험활동에 참여한 정도와 성과를 지속적으로 기록하고, 학교가 제공한 창의적 체험활동 프로그램의 특성을 상세히 기록하여 상급학교 진학자료로 활용되도록 한다.

⑦ 학생 개개인의 성장, 발달, 변화를 평가하여 그 결과를 학생의 계속적 진보와 계발을 돕는 자료로 활용함은 물론, 학급 또는 학교 차원에서 전체 집단의 성장, 발달, 변화 등을 평가하여 지도 방법 개선 자료로 활용한다.

⑧ 프로그램 평가에는 운영계획, 운영과정, 운영결과 등이 포함되도록 하며, 평가 결과는 차후 창의적 체험활동 계획 수립 및 운영의 개선 자료로 활용한다.

제 8 장

생활지도의 방법

1. 생활지도의 개념과 목적
2. 생활지도의 원리와 조직
3. 진로지도
4. 건강지도
5. 학생문화와 일탈행동
6. 상담지도의 방법과 본질

1. 생활지도의 개념과 목적

1) 생활지도의 개념

'생활지도(Guidance)는 학생이 일상 생활에서 해결하여야 할 여러 가지 문제 ― 교육적, 가정적, 사회적, 직업적, 신체적, 정서적 문제 ― 를 자력으로 해결할 수 있도록 지도하기 위한 조직적인 봉사활동이다.'

이 정의는 세 가지 요소로 구성되어 있는 데, 첫째로 생활지도는 학습자의 각종 문제해결력을 증대시킴을 목적으로 하며, 둘째, 이 목적을 위한 여러 가지 방법, 예컨대 심리검사 · 면적 · 직업자료 등을 구사하며, 셋째로 학급, 학년, 학교 내에 생활지도를 위한 효과적인 조직체가 있어야 한다는 것이다.

2) 생활지도의 필요성

(1) 개인적 필요

첫째, 통합된 전인적 존재로서의 균형있는 삶을 영위하도록 도와줄 필요가 있다.

둘째, 학생 개개인의 일상 생활에서의 적응 문제를 효율적으로 해결할 수 있게끔 도와줄 필요가 있다.

셋째, 학생의 문제 행동을 올바르게 교정해 줌으로써 건전한 삶을 누리게끔 도와줄 필요가 있다.

넷째, 학생 개개인의 부적응을 예방하고 적극적인 이해를 통해서 학습자의 성장 · 발달을 촉진시킬 필요가 있다.

(2) 사회적 필요

첫째, 학교교육의 팽창에서 기인되는 사회적 부적응을 예방하고 지도할 필요가 있다.

둘째, 직업적 기회의 증가로 인한 적성의 발견과 직업선택의 지도가 필요하다.

셋째, 가족제도의 변천과 더불어 가정문제에 기인한 부적응 문제를 지도할 필요가 있다.

넷째, 정신건강을 유지하고 증대시키기 위해 정신적 장애를 예방 지도할 필요가 있다.

다섯째, 사회적으로 문제시 되는 청소년의 문제 행동을 학교가 책임지고 해결하고 예방할 것을 그 어느 때보다도 크게 사회가 기대하고 있다.

3) 생활지도의 목적

학생 각 개인이 자기 자신을 정확히 이해하도록 도우며 학생 각 개인이 가능한 자신의 노력으로서 자기가 지닌 성장 가능성으로서의 능력과 흥미와 기타 제 자질을 발견하고 그것을 최대한으로 발전시키도록 돕는 데 목적이 있는 바 구체적 목적은 다음과 같다.

① 학생 각 개인이 수시로 부딪히는 자신의 문제를 정확히 파악하고 자기 힘으로 해결할 수 있도록 돕는다.

② 다양하고 복잡한 생활환경 속에서 학생 각 개인의 현명한 선택과 적응을 할 수 있도록 돕는다.

③ 학생 각 개인이 앞으로의 성장과 생활을 위하여 보다 건전하고 성숙한 적응을 할 수 있는 능력을 함양한다.

2. 생활지도의 원리와 조직

1) 생활지도의 원리

(1) 연속성의 원리

생활지도는 종합적 계획 밑에 연속적으로 운용되어 나가야 한다. 입학한 후의 정치활동(placement service)에서부터 졸업 후의 추후지도(follow-up service)에 이르기까지 계속적인 과정이 요구된다.

(2) 통합성의 원리

생활지도의 제 영역 중 어느 부분에만 치중되어서는 안 된다. 생활지도는 전인적 입장에서 다루어져야 한다. 즉 무슨 일에나 잘 적응할 수 있도록 통합적이고 조화적인 발달을 하도록 도와주어 전인적 발달이 되도록 지도해야 한다.

(3) 균등의 원리

생활지도는 학생 개개인의 가능성을 최대한으로 발달하도록 도와주는 것이기 때문에 문제 학생이나 부적응아 뿐만 아니라 우등생이나 모범생까지도 대상으로 삼아야 한다.

(4) 과학성의 원리

생활지도를 운영함에 있어서는 정확하고, 객관적인 자료 없이는 그 성과를 기대할 수가 없다. 학생에 관한 객관적 자료수집의 근본이 되는 것은 공평 무사하고 편견이 없는 교사의 태도인 것이다. 따라서 심리학적, 통계학적 소양을 바탕으로 한 카운슬러의 과학적인 지도와 조언은 생활지도의 원리 중 가장 주요한 원리라고 보겠다.

(5) 적극적 예방의 원리

생활지도의 치료적 기능을 소극적인 방법이라고 말하고 예방적인 기능을 적극적인 방법이라고 하는데 개인의 올바른 발달을 으뜸가는 목적으로 삼는 생활지도는 치료보다 예방에 그 중점을 두어야 한다.

(6) 협동의 원리

생활지도는 학교 전체 교사 상호간의 협동은 물론, 학교와 가정 또는 지역사회 인사들의 협동없이는 그 효과의 극대화가 기대될 수 없다.

(7) 조직의 원리

생활지도는 구체적 조직기구를 가지고 이루어져야 한다. 생활지도 조직체제와 조직활동은 목표달성의 효율적인 수단이 되기 때문이다.

2) 생활지도의 영역

생활지도의 중요 영역은 일반적으로 다음과 같은 여섯 가지 영역을 말할 수 있다.

(1) 교육지도

교육지도는 주로 학습활동 전반에 걸친 지도를 말한다. 신입생지도, 특별활동이나 클럽활동의 선택지도, 학업부진이나 특수아의 지도, 독서력 향상을 위한 지도, 학습습관과 학습방법의 개선을 위한 지도, 상급학교 진학지도 및 졸업한 학생을 위한 추후지도 등이다.

(2) 진로지도

진로지도란 각 학생의 진로선정, 준비 및 적성의 발견을 도와주는 과정을 말한다. 진로에 대한 정보의 제공, 진로준비교육, 진로상담, 취업알선, 추후지도 등이다.

(3) 건강지도

건강지도는 학생 각자로 하여금 자신의 건강을 유지하도록 함을 목적으로 한다. 신체적 건강지도, 정신위생지도, 공중위생지도, 안전지도 등이다.

(4) 사회성 지도

사회성 지도는 사회의 미풍 양속과 전통에 대하여 순응하도록 지도하며 친구와의 바람직한 인간관계를 발달시키기를 지도한다.

(5) 성격지도

성격지도는 학생으로 하여금 원만한 성격을 발달하도록 지도함을 말하는 바, 개인적 습관과 태도, 개인적 적응문제에 관한 지도를 한다.

(6) 여가지도

여가지도는 학생 각자가 가지고 있는 여가를 가장 유효 적절하게 활용하는 것이 얼마나 의의가 있는가를 학생으로 하여금 자각하게 하고, 이에 따라 보다 적합한 여가활동을 선택하게 하여 또한 여가활동에 숙달되도록 지도한다. 교양지도, 취미오락활동지도, 봉사활동지도 등이 포함된다.

3) 생활지도의 제 활동

(1) 학생 조사활동(inventory service)

이 활동은 학생을 개별적으로 이해하는 데 도움이 되는 정보자료를 조사 · 수집하고 해석하고 기록하는 활동이다.

조사 · 수집되는 정보자료는 부분적, 단편적이기보다는 전체적이고 통합적인 성격을 띤 자료이어야 하며 객관적이고 신뢰도와 타당도가 높은 것이어야 한다.

조사활동에 사용되는 도구는 학생을 올바르게 이해하기 위해 조직적으로 사용되는 수단으로서 일반적으로 사용되는 도구로는 관찰법, 면접법, 질문지, 각종 성적기록, 각종 심리검사, 각종 행동평가척도, 일화기록, 사회성 측정법, 사례연구, 종합생활기록부 등이 있다.

조사방법은 하나의 방법이나 기술에만 의존해서는 안 되며 얻어진 정보는 그것을 기록하고 보관하고 효과있게 사용하여야 한다. 조사활동은 생활지도 활동의 기본이 된다.

(2) 정보제공활동(information service)

이는 학생의 생활환경과 그의 문제에 관련된 여러 가지 정보를 제공하는 모든 활동을 말한다.

모든 정보는 학생의 성숙도와 필요와 흥미에 맞추어 교육적으로 제시되어야 하고 정보활동에는 학교 내외의 가능한 자원을 총동원해야 한다.

(3) 상담활동(counseling service)

이는 counselor의 counselee의 두 사람 사이에 행해지는 극히 개별적인 과정을 말한다.

상담활동의 궁극적 목표는 생활지도의 목표와 일치되며 효과적인 상담활동이 기대하는 결과는 부적응의 제 증상을 해소하는 일로 나타난다.

상담활동의 효과는 영속적이고 전이 가능한 고차적인 적응력이 실현되게끔 하는 데 있으며, 상담활동은 하나의 학습과정이라 할 수 있다.

상담활동에 있어서는 면접기술과 래포(rapport)의 성립이 특히 요청된다.

(4) 정치활동(placement service)

정치활동이란 동아리활동이나 봉사활동의 그룹편성, 진급, 월반, 직장이나 상급학교 진학 등의 다음 단계로 옮아가는데 필요한 조력을 하는 활동을 말한다.

교육정치에 관계되는 활동은 각 학년의 교사와 교장, 교감의 협조로 이루어져야 하며 직업정치에 있어서는 학교와 지역사회와의 유대가 긴밀한 것이 기대된다.

(5) 추후활동(follow-up service)

추후활동이란 지도를 받은 학생이 그 지도를 통하여 어느 정도로 건전하게 적응을 하는가를 알아보고 계속적인 지도를 가하는 활동을 말한다.

추후활동은 학교의 전체지도 프로그램의 평가 및 개선을 위한 가치있는 자료를 제공하게 되며 추후활동의 대상엔 재학생, 중도 퇴학자, 졸업생이 포함된다.

4) 생활지도의 조직과 운영

(1) 조직의 원리

생활지도상 필요한 업무내용의 분석이 조직의 주요 지침이 되어야 하는 바 조직계획은 그 계획면에서 전체직원의 참여가 허용되도록 조직하여야 하고 생활지도 프로그램의 임무부서도 명확히 규정되어 전직원에게 충분히 이해되어야 한다.

(2) 담임교사의 임무

학생들의 부적응 행위를 발견 · 기록하고 개인의 목록기록작성(교우관계, 자서전 등 종합적 누가기록)의 일부를 분담한다.

가정과의 연락을 긴밀히 하며 자신이 지도하기에 힘겨운 학생은 카운슬러에게 그 학생의 상담을 위탁시킨다.

(3) 상담교사의 임무

상담교사의 구체적인 임무는 다음과 같다.

① 본인이 원하거나, 타인이 보낸 학생을 상담지도한다.
② 생활지도 방침을 결정하는 일에 기술적 지도를 담당한다.
③ 생활지도 방침을 집행한다.
④ 다른 교사들로 하여금 가이던스를 이해하고 협조하도록 도와주고 격려한다.
⑤ 모든 학생의 개인 목록을 잘 보관하고 활용한다.

3. 진로지도

1) 진로지도의 개념

진로교육의 하위개념으로, 학교교육이 학생들을 행복한 개인으로, 그리고 생산적인 사회 성원으로 성장하도록 도와 주는 활동, 즉 '개인이 자신의 진로를 현명하게 선택하고, 선택한 진로에 들어가서는 계속 발전해 나갈 수 있도록 도와 주는 과정'이라는 평생교육의 차원으로 정의된다.

2) 진로지도의 학교급별 목표

학교급별	지 도 목 표
초등학교	· 자신의 소질, 흥미를 발견한다. · 지역사회의 각 산업체 및 여러 기관, 단체들이 하는 일에 대한 이해를

학교급별	지 도 목 표
	통하여 모든 직업이 똑같이 소중함을 안다. · 직업의 소중함을 인식함으로써 장래 직업인으로서의 포부를 갖는다.
중 학 교	· 자신의 적성과 능력을 이해한다. · 직업의 사회적 역할을 이해함으로써 개인은 직업을 통해 사회에 공헌할 수 있음을 인식한다. · 다양한 직업에 관한 지식을 갖고 자신의 진로를 잠정적으로 계획한다.
고등학교	· 자신의 적성 및 여러 가지 여건을 고려하여 구체적인 진로 계획을 수립한다. · 진학 또는 직업에 필요한 정보를 넓게 수집 · 분석하여 자신에게 적합한 직업 및 학교를 선정하고 이를 위해 준비한다. · 건전한 직업 및 직업 윤리를 형성한다.

3) 진로지도 담당자의 임무

담 당	추 진 내 용
교장, 교감	진로지도 계획 및 예산 편성의 중심, 진로상담부장 및 관계 직원의 임무 설정, 진로지도 여건 정비 등
진로상담부장	계획 추진 책임자, 예산 편성 협의, 신년도 진로지도 계획의 입안, 학교와 지역사회 단체와의 협력 체제 구축, 계원간의 협조체제 구축, 진로지도의 평가 등
카운슬러	진로지도의 본질에 입각한 상담활동, 학생의 진로 선택 능력 향상, 각종 자료의 수집 · 배치 · 해석 · 활용 등
학급 담임	학급 학생과의 원만한 인간관계 조성, 학생 개개인의 특성과 가정환경 이해, 학생 개개인의 표준화 검사 결과의 활용, 진로 정보 제공, 특별활동을 통한 진로지도 연간 계획 수립 및 추진, 진로 관련 집단 및 개별상담, 가정과의 유기적 협조체제 유지, 진학 및 취업자 상담지도
교과 담임	담당 교과 내용 중 진로 관련 요수 추출 및 지도, 교과 관련 진로 정보의 제공, 진로 정보실의 자료활용 지도 등
상담 자원 봉사자	연수 · 연찬을 통한 자질 및 전문성 함양, 학생 개별 및 집단 상담지도, 학교 진로 관련 업무 보조, 상담 분위기 및 여건 조성
학부모	자녀의 소질 · 적성 · 흥미 · 인성 · 가치관 · 능력의 이해, 직업 세계에 대한 바른 이해와 정보 제공, 학력보다 능력 중시, 자격증 시대의 도래 등에 대한 사회 변화 이해, 자녀의 진로 결정 보조, 진로지도 협력체에 적극 참여

4) 진로지도의 방법

(1) 교과활동을 통한 지도

각 교과별 진로지도 관련 요소를 추출하고 그 교과와 관련된 일과 직업 세계를 이해할 수 있는지를 판별하여 각 교과별로 진로지도의 가능성을 탐색한 후, 각 교과 진로지도 관련 단원의 연간 지도 계획을 수립하고 진로지도 학습 지도안을 작성 활용하는 것이 좋다.

(2) 창의적 체험활동을 통한 지도

적응활동, 동아리활동, 행사활동 등을 통하여 다양한 진로지도 프로그램을 개발 · 적용하도록 한다.

1 적응활동을 통한 지도(예시)

적응활동을 통한 진로지도의 방법에는 조사 발표, 토의하기, 그리기, 역할극 등 다양한 방법을 구상할 수 있다.

① 부모 형제의 직업 소개하기
② 일의 종류 및 일의 세계 조사 발표하기
③ 장래의 희망 발표하기
④ 미래의 유망 직종(첨단 기술)조사 발표하기
⑤ 좋아하는 직업 및 적성에 맞는 직업 조사 발표하기
⑥ 타협이 요구되는 과제에 대하여 자신의 의사결정 과정 발표하기
⑦ 소비 경제와 관련하여 어느 직업이 자기에게 좋은지 열거하기
⑧ 자기의 학습 습관과 장래의 직업관의 관계에 대하여 글짓기
⑨ 과거의 직업, 현재의 직업, 미래의 직업간의 관계에 대하여 토의하기
⑩ 여러 가지 직업군을 소개하는 포스터 그리기

2 동아리활동을 통한 지도(예시)

① 각 부서별로 관련된 일의 종류 알아보기
② 현장견학을 실시한 후 소감문 발표하기
③ 여러 분야의 자원인사를 초청하여 직업의 종류와 일에 대한 강연 듣기
④ 직업에 대한 역할극하기
⑤ 과학 기술이 직업에 어떠한 영향을 주는지에 대하여 작문짓기
⑥ 진로를 결정하는 사례 연구 발표회 갖기
⑦ 각종 봉사활동에 참여하기
⑧ 우리나라의 직업 전망에 대한 토론회 갖기

3 행사활동을 통한 지도(예시)

① 학교 행사를 통한 진로교육 — 경찰의 날, 체신의 날, 약사의 날, 국경일 등 제기교육, 각종 발표회, 훈화, 게시교육, 상담, 집단수련회, 견학, 수학여행 등
② 진로의 시간, 진로의 날, 진로의 주간, 진로의 달 등 운영
③ 진로지도 특별 프로그램의 제작 활용

(3) 상담을 통한 지도

개인의 잠재 가능성을 인식 · 탐색하고 개발시켜 내담자가 원하는 진학 · 직업을 선택하고 적응하게 함으로써 만족과 행복을 느끼며 생활할 수 있도록 도와준다.

1 초등학교

구체적 교수법 사용, 다양한 교육 매체 사용, 진로 발달을 위한 준비와 지도, 직접 경험과 간접 경험을 제공한다.

2 중 학 교

구체적인 방법 제시, 감정의 표현과 탐색 기회 제공, 교과 관련 통합 지도, 집단 토의, 집단 상담을 통한 문제해결력을 증진한다.

3 고등학교

구체적 · 추상적인 방법 적용 가능, 수집된 정보의 활용으로 장래의 현명한 결정, 자아의 탐색과 능력 · 흥미 · 가치관의 인식, 산학 협동의 활성화를 기한다.

4. 건강지도

학생들은 하루생활의 대부분을 학교에서 보내므로 이들이 안전하고 건강한 생활을 영위할 수 있도록 학교 건강교육 지도를 강화하여야 한다. 건강교육의 기본 목표는 보건 및 건강에 대한 정확하고 풍부한 지식을 제공하고, 건강한 생활을 할 수 있도록 자기건강관리 능력을 길러 주며, 신체적 · 정신적 · 사회적으로 건강하고 성숙한 인간을 육성하는 데 있다.

건강교육의 영역은 보건 · 위생, 흡연예방 등 약물 오 · 남용 예방교육, 학교환경 위생정화활동, 학교급식, 성교육, 안전사고 예방 등 다양하지만 여기에서는 흡연 예방교육, 약물 오 · 남용 예방교육에 대해 언급하고자 한다(학교보건법 제9조 및 제12조).

1) 흡연 예방대책

(1) 흡연 피해에 대한 이해 교육

흡연 예방교육은 흡연의 피해에 대한 올바른 이해로부터 출발한다. 물론 청소년들도 피해에 대해서는 알고 있지만 보다 분명하고 구체적으로 피해실태를 인식시켜 주어야 한다.

(2) 규제 법령에 대한 이해와 준수

정부에서는 청소년들을 흡연 피해로부터 보호하기 위하여 다양한 법적 규제 장치를 마련하고 있다. 관련 법령의 취지와 내용을 학생을 포함한 교직원에게 알림으로써 학교를 금연지대로 만드는 데 노력하여야 한다.

- 담배는 WHO가 규정한 금지 약물(마약)이다. 우리나라에서도 담배(니코틴)를 약물로 규정하고 있다(청소년보호법 제2조④).
- 청소년은 담배를 소지할 수 없으며 당연히 판매도 금지되고 판매업자는 이를 고지하여야 한다(동법 제22조 등).
- 학교는 절대금연 시설이며 청소년 출입이 잦은 장소에서는 흡연이 금지되어 있다(국민건강증진법 개정 시행규칙 제6조의 2 등).

(3) 금연지도의 방법

① 관련 교과를 통한 금연 교육을 실시하여야 한다. 금연을 위한 가장 바람직한 방법은 학생들이 흡연을 멀리하고자 하는 가치관과 태도를 갖는 것이다. 체육, 과학(생물), 도덕, 가정 등 관련교과 시간을 활용하여 흡연의 피해와 예방을 가르치는 것이 중요하다.

② 자율적 금연운동을 활성화하여야 한다. 그 동안 시범학교의 운영을 통해 학생 스스로 금연을 실천하는 다양한 프로그램이 개발되었다. 학생회 주관으로 금연 실천 선포식을 한다거나 선도부원 및 학교 환경 자율지킴이 활동, 역할극, 학생 모의재판 등이 교육적 효과가 높은 것으로 알려져 있다.

③ 흡연학생 상담을 강화한다. 집단상담도 가능하며 금연 프로그램과 병행할 수 도 있다.

④ 금연 비디오 시청, 시청 후 독후감 쓰기, 강연, 학부모의 금연 실천사례 소개 등 행사활동을 통한 금연지도를 실시한다.

⑤ 학교를 금연구역으로 선포하고 팻말과 금연 포스터 등을 게시한다.

⑥ 전문기관과 연계하여 금연 프로그램을 운영한다. 특히 중독의 정도가 높은 학생은 보호자의 동의를 얻어 전문기관의 치료를 주선할 필요가 있다.

2) 약물 오·남용 예방지도

일부 여학생들이 살빼기용 약물로 오인하여 감기약 등을 복용하는 사례가 있을 정도로 최근 들어 약물에 중독된 학생들이 나타나고 있어 심각한 우려를 낳고 있다. 유해 약물로는 주로 술이나 담배 등을 남용하고 있으며, 일부는 본드, 부탄가스, 신나 등 유해물질과 진통제, 진해거담제 등 일반 의약품의 남용으로 이어지고 있다.

① 학교 주변 청소년 유해환경 정비활동을 강화한다. 학부모, 시민단체, 자치단체, 유관기관과 공동으로 하는 것이 효과적이다.

② 약물 사용 학생 및 고위험군 학생을 확인하여 개별상담을 실시한다. 담임교사와 상담교사가 협조하여 가족과의 면담도 실시한다.

③ 상담으로 해결되지 않는 경우 전문기관과 협조하여 예방, 치유 프로그램을 실시한다.

④ 치료 후 재발을 방지하기 위한 프로그램을 운영하고 담임교사, 상담교사, 보건교사가 학교생활에 잘 적응하도록 지도한다.

5. 학생문화와 일탈행동

1) 학생문화의 특성

(1) 학생문화의 개념

학생문화와 '학생들이 지닌 사유, 행동, 생활 등 그 집안에서 습득하여 계승해

온 종합적인 생활양식'으로 정의된다.

(2) 학생문화의 교육적 의의

① 학생문화는 학생들에게 특정의 신념이라든가 가치들을 지니도록 함으로써 그들로 하여금 공동의 가치를 지니게 하고 연대감을 증대시켜 무력감과 극단적인 이기심을 극복하고 인간관계를 개선시키며, 나아가서 사회적 자질을 향상시켜 사회적 통합에 이바지할 수 있다.

② 학생문화는 가치와 행동의 판단준거로써 작용할 뿐만 아니라 자기표현의 기회를 제공하는 역할을 담당한다. 청소년은 학생문화로부터 무엇이 좋고 나쁘고, 무엇이 옳고 그르며, 무엇이 아름답고 추한지를 배우게 된다. 또한 학생들은 학생문화를 통하여 사회 일반의 구속으로부터 벗어나 자기 스스로의 느낌, 욕구, 감성 등을 나타낼 수 있는 기회를 얻는다.

(3) 학생문화의 특성

① 학생문화는 한국사회문화의 하위문화이다. 사회 전체의 문화 가운데 한 부분을 이루는 문화라는 뜻이다. 하위문화로서의 학생문화는 한국사회문화의 한 부분을 구성하는 것으로서, 초 · 중 · 고 학생이라는 연령 집단에 적합한 문화요소로 이루어져 있다는 것이다.

② 성적이 학생들의 인간적 가치를 가름하는 유일무이한 평가준거로 대두되면서 이들에게 있어 학교공부와 시험은 일생일대의 최상 과제가 된다. 시험에 실패했을 때, 성적이 떨어졌을 때 이들은 엄청난 좌절을 하게 되며 때론 서슴 없이 가출이나 자살 또는 무서운 범죄와 마약중독이라는 극단적인 선에까지 빠져들게 되는 것이다. 학생들은 이러한 입시문화의 스트레스 속에서 청소년 세대만의 고유한 문화와 성장 가능성을 완전히 외면당한 채 길들여지고 비인간화되어 가고 있음을 보여주는 것이다.

③ 학생들은 신체적으로나 정신적으로 상당한 성숙수준에 이르렀음에도 불구하고 상급학교 입시와 학업이라는 굴레에 묶여 모든 것을 상급학교 압학

후로 또는 성인이 된 이후로 유예시켜야만 하는 타율적 선택을 강요받고 있다. 이러한 상황 속에서 학생들은 무력감과 소외감 그리고 욕구불만과 욕구좌절, 상대적 박탈감을 느끼기 쉽다.

④ 학생들간의 문화 불평등이다. 청소년들 사이에도 많은 이질성이 엄연히 존재하고, 그에 따라 문화적 불평등이 나타난다.

2) 학교폭력의 개념과 발생요인

학교폭력이 갈수록 어려지고, 난폭해져 정부에서는 학교폭력예방과대책에관한법률(이하 법률)을 제정하여 일선학교 및 교원들이 학교폭력 예방과 근절을 위해 해야 할 구체적인 역할을 규정하고 있다.

(1) 학교폭력의 정의

학교폭력이란 학교 내 · 외에서 학생 간에 발생한 폭행 · 협박 · 따돌림 등에 의하여 신체 · 정신 또는 재산상의 피해를 수반하는 행위로서 상해 · 폭행, 감금, 협박, 약취 · 유인, 추행, 명예훼손 · 모욕, 공갈, 재물손괴 및 집단따돌림 그 밖에 피해자의 의사에 반하는 행위를 가하거나 하게 한 행위를 말한다(법률 제2조 및 동 시행령 제2조).

따라서 학교폭력은 폭행이나 상해 등 직접적 폭력만이 아니라 집단따돌림이나 명예훼손, 모욕 등 간접적 폭력도 포함하는 포괄적 범위의 폭력을 지칭한다.

가해학생은 학교폭력을 행사하거나 그 행위에 가담한 학생을 말하고, 피해학생은 학교폭력으로 인하여 피해를 입은 학생을 말한다.

학교폭력으로부터 가해자 자신과 피해자를 보호하기 위한 학교폭력 당사자 교정 프로그램에는 개별적 접근방법과 청소년의 집단지향성을 활용하는 집단적 접근방법이 있을 수 있다.

1 개별적 프로그램

우선 공격적 행동의 지도를 위한 일반적 기법은 다음과 같다.

① 공격적 욕구를 표현하는 대상을 사회에서 용납하는 것으로 바꾸는 것이다. 모래주머니를 때리게 하거나 인형을 때리거나 하는 것이 이런 방법에 속하는 것이다.

② 공격적 행동을 하는 학생들에게 재미있고 유익한 다른 활동에 몰두하도록 하여 공격적 행동을 할 수 있는 기회를 감소시킴과 동시에 바람직한 행동을 육성하는 것이다.

③ 학생들의 공격적 행동의 이면에 작용하고 있는 사고의 체계, 가치, 사적신념을 현실적이고 합리적인 것이 되도록 재교육을 하는 것이다.

다음으로 보다 전문적인 기법으로 주장훈련, 역할연기, 심리극을 제안할 수 있다. 또한 자기 통제력을 스스로 강화할 수 있도록 하여 통제력 결여가 원인이 되어 초래되는 학교폭력을 예방할 수 있는 기법으로는 이완훈련이 효과적이다.

2 집단 프로그램

학생들은 또래집단 지향성이 있고 자신의 어려운 문제를 동질성이 많은 또래와 의논하기를 바라며 또래와의 상호작용을 가장 활발하게 하기 때문에 또래집단의 역동성을 활용하는 프로그램을 적용하는 것이 가장 효율적이다.

이러한 프로그램은 크게 숙식을 함께 하면서 프로그램을 진행하는 집중적 모형과 주로 낮에만 진행하는 분산적 모형으로 대별할 수 있으며, 또한 구체적인 프로그램을 가지고 진행하느냐 그렇지 않으면 구체적인 프로그램 없이 집단의 역동만을 중시하고 진행하느냐에 따라서 구조적 형태의 집단과 비구조적 형태의 집단구성으로도 나눌 수 있다.

집단 프로그래의 예로서, 산악등반 극기훈련 프로그램, 자아개념 강화 및 행동교정 집단프로그램 등을 들 수 있다.

(2) 학교폭력 발생요인

학교폭력의 원인은 매우 다양하며 다차원적이다. 학생뿐만 아니라 가정과 학교 그리고 사회에 이르기까지 모두 일정한 역할과 책임을 가지고 있으며, 이러한 요인들이 복합적으로 적용하여 학교 주변의 폭력화를 야기시키고 있다.

① 가정배경적 요인

학교폭력과 일탈을 촉진시키는 가정배경 요인은 다양하다. 그 중에서도 특히 학교폭력을 발생시키는 중요한 가정요인은 가정교육의 기능 약화 · 상실, 자녀와의 대화 부족, 부모의 부적절한 교육관, 결손 · 문제 · 빈곤가정 등이 있다.

② 학교환경적 요인

학교폭력의 학교환경적 원인도 매우 다양하게 세분화할 수 있으나, 몇 가지 중요한 요인만을 제시하면 입시위주의 시험체제, 과대학교, 과밀학급, 정서 · 감성교육의 소홀, 인간관계의 신뢰 결여 등을 들 수 있다.

③ 사회환경적 요인

사회환경적 요인으로는 산업화로 인한 지역사회의 해체, 과열된 교육열, 각종 매스미디어에 의한 폭력의 모방과 학습, 사회전반의 유해환경 등을 들 수 있다.

3) 학교폭력의 예방과 대책

(1) 법률적 배경

1 학교폭력 예방 및 대책에 관한 법률

① 학교의 장은 학생의 육체적 · 정신적 보호와 학교폭력의 예방을 위한 교육을 학기별로 1회 이상 실시하여야 한다.
② 학교의 장은 학교폭력의 예방 및 대책 등을 위한 교직원에 대한 교육을 학기별로 1회 이상 실시하여야 한다.
③ 학교의 장은 제1항의 규정에 의한 학교폭력 예방교육 프로그램의 구성 및 그 운용 등을 전문단체 또는 전문가에 위탁할 수 있다.
④ 그 밖의 학교폭력 예방교육의 실시와 관련한 사항은 대통령령으로 정한다.

2 학교폭력 예방 및 대책에 관한 법률 시행령

학교폭력 예방교육은 다음 각 호의 기준에 따라 실시한다.

1. 학기별로 정기적으로 실시하되, 교육 횟수 · 시간 및 강사 등은 학교실정에 따라 학교의 장이 정한다.
2. 학급단위로 실시함을 원칙으로 하되, 학교실정에 따라 전체 학생을 대상으로 한 장소에서 동시에 실시할 수 있다.
3. 강의, 토론, 역할연기 등의 방법에 의하되, 다양한 자료나 프로그램 등을 활용하여야 한다.

(2) 학교폭력대책자치위원회의 구성

모든 학교는 학교폭력에 효과적으로 대처하기 위하여 정기적으로 학교폭력 예방교육을 실시하고, 학교폭력 피해자와 가해자 간 분쟁 중재 및 해당자에 대한 선도 · 교육 등과 관련해 제도적인 틀을 마련하여 모든 폭력으로부터 학생들을 보호하고 면학분위기를 조성하기 위해 학교에 '학교폭력대책자치위원회'를 구성하여 학교폭력을 철저히 관리할 필요가 있다.

1 자치위원회의 기능

① 학교폭력의 예방 및 대책을 위한 학교의 체제 구축
② 학교폭력 예방 프로그램의 구성 및 실시
③ 피해학생의 보호
④ 가해학생에 대한 선도 및 징계
⑤ 피해학생과 가해학생 간의 분쟁조정
⑥ 그 밖에 대통령령이 정하는 사항

2 자치위원회의 구성

위원은 다음 자격을 가진 사람들 중에서 학교장이 임명하거나 위촉한다.
① 교감

② 교사 중 학생생활지도의 경력이 있는 교사
③ 학교운영위원회의 학부모 대표
④ 판사 · 검사 또는 변호사의 자격을 가진 자
⑤ 학교를 관할하는 경찰서 소속 경찰공무원
⑥ 의사의 자격을 가진 사람
⑦ 그 밖에 학교폭력 예방 및 청소년 보호에 지식과 경험을 가진 자

(3) 피해학생의 보호

자치위원회는 필요한 경우 다음 내용의 조치를 취할 것을 학교장에게 요청한다.
① 심리상담 및 조언
② 일시보호
③ 치료를 위한 요양
④ 학급교체
⑤ 전학권고
⑥ 보호가 필요한 학생의 결석은 학교장이 인정하는 경우 이를 출석으로 산입할 수 있다.
⑦ 학교의 장은 성적 등을 평가함에 있어 위의 조치로 인하여 학생에게 불이익을 주지 아니하도록 노력해야 한다.

(4) 가해학생에 대한 조치

1 징계의 절차

① 가해학생에 대한 조치를 요청하기 전에 가해학생 및 보호자에게 의견진술의 기회를 부여하는 등 적정한 절차를 거쳐야 한다.
② 학교장은 자치위원회가 요청하는 조치를 취한 후에는 가해학생과 그 보호자에게 이를 통지해야 한다.
③ 자치위원회의 결정으로 학교장이 가해학생에 대하여 조치를 취할 경우 가해학생이 이를 거부하거나 회피하는 때에는 「초 · 중등교육법」 제18조에 따라

징계하여야 한다([초 · 중등교육법 – 일부 개정 2008. 3. 21 법률 8917호] 제18조(학생의 징계)).

④ 학교장은 교육상 필요한 때에는 법령 및 학칙이 정하는 바에 의하여 학생을 징계하거나 기타의 방법으로 지도할 수 있다. 다만, 의무교육과정에 있는 학생을 퇴학시킬 수 없다.

⑤ 학교장은 학생을 징계하고자 하는 경우에는 해당 학생 또는 학부모에게 의견 진술의 기회를 부여하는 등 적정한 절차를 거쳐야 한다.

2 가해학생에 대한 조치 절차

가해학생에 대한 조치는 본 규정에 의하며, 선도규정 등 여타 규정에 의해 징계할 수 없으며 그 절차는 다음과 같다.

① 사안 발생
② 학교폭력 책임교사 확인
③ 학교폭력대책자치위원회 심의
④ 가해학생 선도조치 결정
⑤ 집행

3 가해학생에 대한 조치

① 피해학생에 대한 서면사과
② 피해학생에 대한 접촉 및 협박의 금지
③ 학급 교체
④ 전학
⑤ 학교에서의 봉사 : 환경 미화작업, 교재 · 교구 정비 등
⑥ 사회봉사 : 사회복지기관(노인정, 장애시설, 사회복지관), 지역행정기관의 환경미화 등
⑦ 학내 · 외 전문가에 의한 특별교육이수 또는 심리치료 : 학교자체특별교육과정, 교육청의 「대안교육지원센터」, 심리교육전문치료기관 위탁 등
⑧ 10일 이내 출석정지 : 출석정지 기간 최대 10일을 초과할 수 없다.

4 구체적인 조치내용(예시)

① 폭행상해
- 폭행상해(2주 이내 가벼운 상처) : 학교봉사 3일 이하
- 쌍방구타(2주 이내 가벼운 상처) : 학교봉사 3일 이하
- 폭행상해(3~4주) : 사회봉사 8일 이하
- 폭행상해(4주 이상) : 특별교육이수 6일
- 폭행으로 학교 봉사, 사회봉사 후 재발 : 특별교육이수 6일 이상
- 유해약물복용 환각상태에서 폭행 : 특별교육이수 12일 이하
- 폭행으로 수사기관에 연행된 후 훈방 : 학교봉사 6일 이하
- 폭행으로 수사기관에 구속된 후 훈방 : 특별교육 6일 이하
- 흉기사용 폭행 상해 : 특별교육 6일 이상
- 형법상 유죄판결 : 퇴학

② 금품갈취
- 흉기 사용 협박 : 사회봉사 6일 이상
- 폭력을 사용한 금품갈취 : 사회봉사 6일 이상
- 폭력을 사용한 금품갈취 재발 : 사회봉사 8일 이상
- 상습적 금품갈취 : 전학

③ 성폭행
- 성추행 및 성희롱 : 접촉금지, 학교봉사 5일 이하
- 단순 성폭행 : 특별교육 6일 이하
- 집단 성폭행 : 전학 또는 퇴학

④ 사이버 폭력
- 사이버상에서의 공갈, 협박, 모욕 등 : 학교봉사 5일 이하
- 몰래 카메라 등을 이용한 명예훼손 : 학교봉사 5일 이하

⑤ 폭력서클 및 집단 폭행
- 폭력서클 단순 가담자 : 학교봉사 3일 이하
- 폭력서클 조직 및 주도자 : 사회봉사 6일 이하
- 폭력서클 해체 후 재조직한 자 : 특별교육 6일 이하
- 집단폭행 단순 가담자 : 학교봉사 5일 이하
- 집단폭행 선동 및 주도자 : 특별교육 6일 이상
- 흉기를 사용하여 집단폭행한 자 : 전학 처분

6. 상담지도의 방법과 본질

1) 상담대화의 본질

(1) 대화의 자격

대화란 무엇인가? 우리 주변에서는 대화가 아닌 것을 대화라고 생각하는 경우가 많다.

① 대화는 말 잘하는 것이 아니다. 말을 잘 한다는 것은 말의 속도가 빠르다는 뜻이다. 소위 청산유수와 같다는 뜻이다. 꼭 필요한 단어들을 실에 염주를 꿰듯 알맞게 접속시켜 가면서 언어를 구사한다는 뜻이다. 때로는 세차게, 때로는 느리게 음성을 높이고 낮추면서 상대방을 압도해 나간다. 그러나, 이런 말을 잘하는 대화는 상대방의 의견에 관심을 기울이지 않기 때문에 대화가 아니다.

② 설명하는 것도 대화가 아니다. 설명이란 사물이나 사건의 내용이나 생김새를 드러내는 것이다. 설명을 하려면 자신의 생각이나 의견을 명쾌하게 나타내야 한다. 잘못하면 상대방이 어떤 사실을 잘 모르고 있다고 전제하고 장황하게 설명을 늘어놓을 수가 있다. 때로는 자신을 우월한 사람으로 돋보이게 하기 위해 상대방을 얕잡아볼 수 있다. 설명이 지나치면 설교가 된다. 설명 속에는 상대방의 반응을 수용할 만한 자리가 없어 대화가 되지 않는다.

③ 설득도 대화가 아니다. 설득이란 나의 논리와 말의 힘이 상대방의 논리와 말의 힘을 압도하는 것이다. 이것은 나와 너의 평형이 무너지는 것이다. 내가 구사한 언어의 삼투압력이 상대방의 보호막을 뚫고 들어가는 것이다. 이것은 일종의 힘에 의한 정복이다. 설득은 열린 마음에서가 아니라 힘에 의한 침투이기 때문에 대화가 아니다.

앞에 말한 세 가지 사례는 대화의 파트너인 "너"를 전제하지 않기 때문에 대화의 자격을 갖추지 못한다. 참 대화란 내가 너를 향해서 의식적인 메시지를 주고, 너가 나를 향해서 적절한 응답을 줄 때 이루어진다. 그러므로, 대화란 의견이나 생각을 말을 통해 나누어 갖는 과정이다.

(2) 대화의 세 가지 조건

이 나눔의 시각에서 보면 대화는 최소한 다음의 세 가지 조건을 갖추어야 한다. 첫째로, 대화는 대화를 시작하는 발신자가 있어야 한다. 둘째로, 발신된 메시지를 받아들이는 수신자가 있어야 한다. 셋째로, 발신자와 수신자를 이어주는 통로(channel)가 있어야 한다. 이 세 가지 조건을 한 마디로 요약한다면 대화는 일방성이 아니라 쌍방성으로 이루어진다는 것이다.

대화의 쌍방이란 말하기와 듣기를 의미한다. 말하기는 메시지의 발신이고 듣기는 메시지의 수신이다. 말한다는 것은 나의 생각을 조직적으로 정리해서 상대방이 이해하고 반응할 수 있도록 전달하는 것이다. 듣는다는 것은 상대방의 정리된 메시지를 원래의 의도대로 파악한다는 것이다. 그런데, 발신된 메시지와 수신된 메시지 사이에는 늘 차이가 생긴다. 발신자의 의도와 수신자의 의도가 엇갈리기 때문이다.

말은 많지만 대화가 적다란 말은 이 의도의 엇갈림을 의미한다. 이는 말의 분량과 성공적인 대화 사이의 비례적 불균형을 의미한다.

(3) 대화의 엇갈림

대화의 엇갈림에도 몇 가지 이유가 있다.

① 수신된 메시지가 발신된 메시지의 원래의 의미를 담고 있지 않기 때문이다. "엉뚱한 소리"나 "춘향에미 딴 소리"가 이런 경우다. 이는 말하는 사람의 의도와 말듣는 사람의 의도가 맞아떨어지지 않기 때문에 생긴다. 각각 제 속셈으로 말하고 들으면 이런 현상이 나타난다. 말하는 사람과 듣는 사람이 공유된 자리에 설 때만 이런 엇갈림은 극복된다. 발신된 메시지와 수신된

메시지가 사적인 의미에서 공적인 의미로 밝아질 때 한 목소리가 되고 한뜻이 된다.

② 상대방의 말을 내 나름대로 평가하거나 판단하면서 말하고 듣기 때문이다. 발신자는 대체로 내 말이 상대방에 의해 제대로 수신되지 않고 있다고 생각하면서 말한다. 수신자는 발신자의 말 속에 무슨 함정이라도 있지 않나 하고 조심스럽게 듣는다. 이렇게 되면 방어기제가 작동된다. 이러면, 대화는 즉시 겉돌게 된다. 대화는 쉽게 제3의 소재를 향해 비약하고 만다. 상대방의 말을 평가하거나 판단하면서 말하고 듣게 되면 발신된 메시지에 관심을 두기보다는 자신의 말대답에 우선적인 신경을 쓰게 되어 대화는 자연히 단절된다.

③ 발신자와 수신자 사이에 신뢰가 이루어지지 않기 때문이다. 신뢰는 대화의 이 끝과 저 끝을 이어주는 유일한 연결선이다. 신뢰가 결핍되면 대화는 자라지 않는다. 신뢰가 무너지면 대화는 가난하게 되고 생기를 잃어버린다. 신뢰만 살아 있으면 잘못 전달된 메시지도 쉽게 교정할 수 있다. 한 사람이 다른 사람의 말을 믿는다는 것은 말의 주인을 믿는 것이다. 말은 인격의 소산이기에 책임없는 대화는 허풍선에 불과하다. 말의 공신력은 책임있는 말로부터 온다.

(2) 상담대화의 과정

그렇다면, 상담대화란 무엇인가? 상담대화란 상담자와 내담자가 발신된 메시지와 수신된 메시지를 나누어 가지면서 문제를 풀어 가는 과정이다. 대화가 문제를 풀어가는 실마리가 되려면 말하는 사람과 듣는 사람 사이에 놓여 있는 상황(context)이 바로 이해돼야 한다.

상담대화에는 대화의 주체인 나와, 내가 말하는 메시지, 대화를 들어주는 너와, 대화가 진행되는 상황이 있다. 이것을 도식으로 그려보면 다음과 같이 된다.

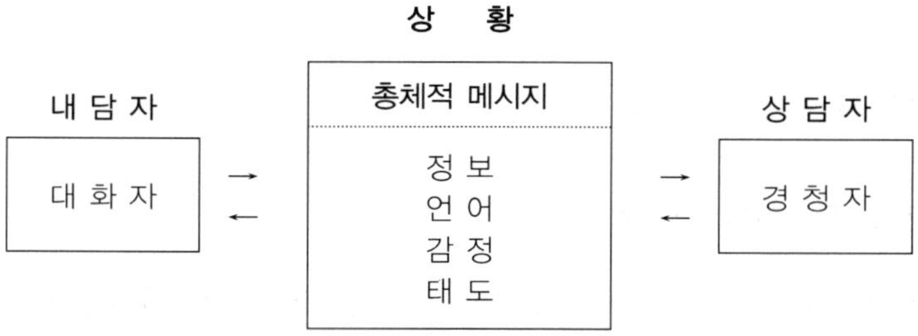

위의 도식을 보면 대화자가 메시지를 발신하면 그 메시지를 경청자가 받게 된다. 반대로 경청자가 메시지를 발견하면 대화자가 받게 된다. 이것을 상담대화의 언어로 바꾸면 상담자가 말하면 내담자가 듣고 내담자가 말하면 상담자가 듣게 된다. 그런데, 말하는 사람과 듣는 사람이 구별되어 있는 것이 아니고 듣기를 그치면 말하고 말하기를 그치면 듣게 된다. 곧 역할의 엇바뀜이 생긴다.

그런데, 대화자와 경청자, 내담자와 상담자 사이에는 상황이 끼어 있다. 이 상황에는 정보, 언어, 감정, 태도라는 네 가지 요소가 들어 있다. 정보는 문제의 내용이다. 언어는 정보를 전달하는 매체이다. 감정은 언어의 색깔이다. 태도는 감정을 드러내는 모습이다. 이 네 가지를 통틀어서 총체적 메시지라고 한다. 상담대화가 제대로 이루어지려면 상담자와 내담자가 자리하고 있는 상황 속에서 이 네 가지 요소를 골고루 동원해서 듣고 말하고, 말하고 듣는 과정을 적절하게 펼쳐 나가야 한다.

상담자와 내담자 사이에 있는 상황을 각자의 시각에서 따로따로 보면 공유면적의 부재로 상담대화는 단절된다. 내담자가 전해 주는 정보 속에 상담자가 들어가서 그 생김새를 내담자가 보는 대로 볼 수 있어야 한다. 내담자가 쓰는 언어와 상담자가 쓰는 언어의 맛을 함께 느낄 수 있어야 한다. 내담자의 감정과 상담자의 감정이 부딪쳐 불꽃이 튀어야 한다. 내담자의 태도가 상담자의 태도와 살갗을 대고 그 의미를 밝게 드러내야 한다.

총체적 메시지가 발신자와 수신자 사이에 교환되면 아름다운 음악을 감상하듯 내담자의 아픔에 상담자는 즐겨 귀를 기울일 수 있다. 그러면, 이야기의 리듬에 정보와 언어와 감정과 태도를 실어 그 주제를 소화해 가면서 드디어 클라이맥스라는 문제해결에 도달하게 된다.

(3) 상담대화의 종류와 기능

1 상담대화에 작용하는 마음씨

의사교류분석(transactional analysis)을 창안한 Eric Berne에 따르면 대화는 인간의 마음씨(ego states)에서 생겨난다. 인간의 마음씨 속에는 습관과 생각과 감정이 들어 있다. 인간이 어린 시절부터 경험한 모든 사건은 뇌와 신경조직에 기록된다. 무서웠던 일, 기뻤던 일, 그때 느꼈던 감정, 상처(trauma) 등은 녹화테이프처럼 오래도록 그 영상이 남는다. 비슷한 일들이 다시 일어나면 당시의 기억과 경험과 감정이 재생된다. 이러한 기억과 경험과 감정을 담고 있는 저장소를 교류분석에서는 자아상태 또는 마음씨라고 한다.

번은 세 개의 마음씨로 인간의 성격이 이루어진다고 한다. 세 개의 마음씨란 어버이 마음씨(parent ego state), 어른 마음씨(adult ego state), 그리고 아이 마음씨(child ego state)를 말한다.

① 아이 마음씨

이 세 가지 마음씨 중에서 제일 먼저 발달되는 마음씨가 아이 마음씨이다. 이 마음씨는 날 때부터 자연스럽게 접촉하게 된 자극에 의해 형성된다. 부드러운 자극을 받으면 부드러운 반응이 일어나고 쌀쌀한 자극을 받으면 쌀쌀한 반응이 생긴다. 적극적인 반응을 받으면 기쁨이 생기고 부정적인 반응을 받으면 노여움이 생긴다. 한 마디로 이 마음씨는 어린 시절부터 축적된 해묵은 감정(archaic feeling)의 일관된 연속적 반응이라 할 수 있다. 아이 마음씨는 그래서 감정의 덩어리라고 불러도 좋다.

② 어버이 마음씨

아이 마음씨 다음으로 발달되는 마음씨가 어버이 마음씨이다. 이 마음씨는 어려서부터 가장 가까운 관계에 있는 사람들로부터 습득한 습관적인 마음이다. 부모와 형제, 조부모와 친척 등에 의해 이 마음은 자라난다. 이 마음씨는 영향력있는 사람들에 의해 만들어진 성격의 복사판이라 할 수 있다. 신 김치를 즐겨 먹는 부모님 밑에서 자란 아이는 신 김치를 좋아하게 된다. 생 김치를 즐겨먹는 부모님 밑에서 자란 아이는 생 김치를 좋아하게 된다. 그 부모에 그 자식이란 말은 이 마음씨를 잘 나타내는 예증이라 할 수 있다.

③ 어른 마음씨

세 마음씨 중 가장 늦게 발달되는 마음씨가 어른 마음씨이다. 이 마음씨는 감정 덩어리인 아이 마음씨와 습관 덩어리인 어버이 마음씨를 슬기롭게 종합하는 마음씨이다. 밖에서 들어오는 자극을 평가하고 수집된 정보를 분석해서 바람직한 판단을 내리는 마음씨이다. 일종의 컴퓨터와 같은 역할을 해내는 마음씨이다. 그래서, 이 마음씨는 감정에 휩싸이지 않고 감정을 표현한다. 습관에 얽매이지 않으면서도 새로운 가치를 찾아 낸다. 일할 때는 일하고 놀 때는 노는 마음이다. 웃는 자들과 더불어 웃고, 우는 자들과 더불어 우는 마음씨이다. 이 마음씨가 다른 두 마음씨를 거느리면서 지휘자 역할을 할 때 균형과 조화가 나타난다. 상담대화는 바로 이 조화와 균형을 이룬 어른 마음씨가 작동할 때 바람직하게 진행된다.

그러므로, 상담대화는 폭이 넓고 골이 깊어야 한다. 내담자의 깊은 상처와 감정까지도 헤아리며 대화가 진행돼야 한다. 해묵은 감정의 찌꺼기와 기쁨으로 팽배된 감정의 떠오름도 어루만져야 한다. 기쁨과 슬픔이 교차되는 세찬 여울목도 다독거려야 한다. 그뿐만 아니라 오랜 습관으로 다져진 편견도 교정해 주어야 한다. 주변 인물들로부터 전수한 도덕적 경직성도 유연성있게 펴 주어야 한다. 내 방식대로만 사물을 보려는 고집스러운 전통의 밭을 갈아 엎어 주기도 해야 한다. 그러나, 이것만으로는 부족하다. 옛 것을 닫고 새 것을, 감정을 씻고 사랑을 보게 해야 한다. 까만 것은 까맣다고, 흰 것은 희다고 말할 수 있는 용기를 주어야 한다. 사실을 바로 보고 바로 대결하는 어른 마음씨, 즉 여기가 상담대화의 고향이 된다.

(4) 대화의 형태

교류분석에서는 이 세 가지 마음씨가 접촉하고 부딪치고 만나고 헤어지는 과정을 대화라고 한다. 잘 만나면 좋은 대화가, 잘못 만나면 가난한 대화가 이루어진다. 교류분석의 마음씨들이 만나서 이루는 대화에는 세 가지가 있다.

1 충족대화(complementary transaction)

충족대화란 마음씨들이 제대로 만나서 이루어지는 대화이다. 감정이 터져 나올 때는 아이 자아가 만나 주고, 옛 것이 나올 때는 어버이 자아가 만나 주는 대화이다. 사실을 바로 보고 싶어할 때는 어른 자아가 만나 주는 대화이다.

한 마디로 이 대화는 발신된 메시지가 원했던 마음씨로부터 기대했던 응답을 듣는 대화이다. 마음과 마음이 척척 맞는 대화이다. 함께 울고 함께 웃는 대화이다. 공유된 바탕 위에서 솔직한 감정을 주고받는 대화이다. 아픔도 기쁨도 함께 나누는 대화이다. 상처를 싸매고 용기를 주는 대화이다. 마음씨와 마음씨가 만나는 이 대화는 속마음을 내주고 비밀까지도 스스럼 없이 털어놓게 한다. 상대방 마음의 빈 곳을 채워 주므로 이 대화를 충족대화라 부른다.

2 교차대화(crossed transaction)

교차대화란 마음씨들이 제대로 만나지 못하게 어긋나는 대화이다. 감정이 터져 나올 때 도덕적인 교훈을 주는 대화이다. 진지하게 아픔을 호소할 때 웃어 넘기는 대화이다. 사실을 똑바로 보고 싶어할 때 등을 돌리는 대화이다. 뻐근한 기쁨을 이야기할 때 슬픔의 찬물을 끼얹는 대화이다.

한 마디로 이 대화는 발신된 메시지가 원했던 마음씨로부터 기대했던 응답을 듣지 못하고 기대밖의 엉뚱한 마음씨로부터 엉뚱한 응답을 듣는 대화이다. 이 대화는 기분을 상하게 한다. 마음의 문을 굳게 잠그게 한다. 다시는 말하고 싶지 않은 적개심을 불러일으킨다. 두려워서 비밀을 털어놓지 못하게 한다. 조금 남아 있는 용기마저 짓밟아 버리고 만다. 상대방의 의도를 읽지 못한 이 대화는 뚱딴지처럼 통하는 바가 없어 교차대화라 한다.

3 저의대화(ulterior transaction)

저의대화란 마음씨에다 시커먼 한 자락의 너울을 씌우고 엉큼하게 구사하는 대화이다. 이 한 자락의 너울 때문에 상대방의 진짜의도가 어디에 있는지를 파악하려면 까다로운 시험문제를 푸는 만큼이나 시간이 걸린다. 안그런 척하면서 그런 척하는 것이 이 대화의 기법이다.

이 대화는 이차원적인 대화이다. 겉으로 드러내는 말과 속으로 간직한 뜻이 사뭇 다르다. 언제나 말 속에는 엉큼한 의도를 품고 있다. 이 대화는 사회적인 상식으로 위장하고 심리적인 송곳으로 상대방을 찌른다. 상대방을 과녁으로 삼고 자신의 불만이나 불쾌감을 퍼붓는다. 내면적으로 쌓여 있는 불안을 토해 내는 방편으로 쓰인다.

한 마디로 이 대화는 발신된 메시지가 한 가지 뜻만을 나타내지 않고 이중의 의미를 담고 있어 마음씨에 혼란을 일으키는 대화이다. 이 대화는 대화를 하기 위해서가 아니라 마음 속에 밀린 부채를 청산하려는 수작으로 쓰이는 왜곡된 표현이다. 이 대화는 조금밖에 남아 있지 않은 신뢰마저 싹 쓸어 간다. 사람의 말도 사람 자체도 믿지 못하게 한다. 엉큼한 수작때문에 마음과 정신에 수업이 상처를 남긴다. 한자락 너울을 쓰고 자신의 정체를 밝히려 하지 않기 때문에 이 대화는 저의대화라 불려진다.

(5) 잘못된 대화의 역기능

마음씨와 마음씨의 접촉과 만남 때문에 상담대화는 여러 갈래로 그 기능이 나타난다. 교류분석에 따르면 메시지의 발신자와 수신자 사이에 교차대화나 저의대화 때문에 의사가 어긋나거나 충돌하면 대화에 있어서 네 가지 역기능이 나타난다.

1 움츠리기(withdrawal)

이것은 현실을 도피해서 환상 속으로 빠지는 현상이다. 마음 문을 굳게 닫고 스스로의 힘으로 문제를 해결하려고 한다. 상담자와 내담자 사이에 교류가 활발해지지 않아 서로 고립되어 자기 자리만 지키다가 끝내는 대화가 된다.

2 겉치레(ritual)

이것은 지극히 인습적이고 형식적인 대화로 체면 치레에 빠지는 현상이다. "안

녕하세요", "댁내 무고하신가요" 이상 진전되지 않는 대화이다. 자신을 하나도 노출시키지 않고도 그럭저럭 대화를 이끌어 가는 방식이다. 사람을 믿거나 속마음을 털어놓는 번거로움이 필요없다. 한 마디로 얻은 것도 잃은 것도 없는 덤덤한 대화이다. 상담자와 내담자 사이에 인사나 나누는 정도의 대화여서 그저 만났다는 요식행위 이상의 의미가 없는 대화가 된다.

③ 시간 메우기(pastime)

이것은 기다리는 동안 시간이나 메워 보자는 현상이다. 마치 연주회나 회합이 시작되기 전에 이것 저것 뒤섞어서 잡동사니 세상 이야기를 나누는 식이다. 날씨가 좋다든가, 유행의 바람이 어느 쪽으로 분다든가 하는 따위의 내용이 이 대화의 주제가 된다. 이 대화는 항상 제삼의 소재를 대화의 주제로 떠올리기 때문에 나와 네가 만났어도 나와 너에 관한 이야기는 하지 않는다. 상담자와 내담자 사이에 이런 대화가 오가면 내담자는 상담자에게 "오늘 재미있는 이야기 많이 들었습니다" 하면서 자리를 뜰 것이다.

④ 연극(game)

이것은 말 속에 감추어진 저의가 만들어 내는 두 개의 얼굴을 가진 대화의 현상이다. 속으로는 자신의 엉큼한 의도를 비수처럼 감추고 겉으로는 그럴싸하게 꾸며내는 대화이다. 이것은 글자 그대로 연극적인 대화이다. 오직 자기 방어와 자기불안을 해소하기 위하여 상대방을 공명판이나 반사판으로 이용한다. 위장과 기만이 이 대화의 뼈대를 이룬다. 상담자와 내담자 사이에 이런 대화가 오고가면 "그 사람 단수 센데"가 아니면 "당했어"라는 결론에 도달하게 될 것이다.

(6) 바람직한 대화의 긍정적 기능

마음씨와 마음씨가 잘 만나서 사귀고 친구가 되면 두 가지 기능이 나타난다. 이것들은 적극적이고 긍정적인 기능이다.

① 공동작업(work)

이것은 종잇장도 마주 들면 가볍다는 협동심을 뜻한다. 일을 함께 하면 마음도 같아지는 현상과 같은 것이다. 맞물려서 부드럽게 돌아가는 톱니바퀴처럼 잡음없이 티격태격 없이 진행되는 대화이다. 감정의 나눔이 평형을 이루어 상담자와 내담자가 서로를 압도하거나 억누르지 않는다. 이런 대화가 상담자와 내담자 사이에 오고 가면 "우리는 꼭 동업자 같네요"라는 반응이 나타날 것이다.

② 일치(intimacy)

이것은 너와 내가 하나되는 현상이다. 둘 사이에 가로 놓여 있던 장벽이 무너지는 것이다. 둘 사이의 간격이 메워지는 것이다. 네 속에 내가 있고 내 속에 네가 있음이다. 열린 마음 속으로 순수한 동기들이 자유롭게 출입하는 현상이 나타난다. 방어벽은 무너지고 신뢰의 기둥들이 세워진다. 순간적으로는 나와 너를 구별하지 못할 정도로 신비적인 합일이 이루어진다. 아직도 경험해 보지 못한 미래의 영역도 손에 와닿는 듯이 가깝게 느껴진다. 상담자와 내담자 사이에 이런 대화가 오고가면 "우리는 하나가 되었습니다"라고 찬탄할 것이다.

이처럼 상담대화는 마음씨와 마음씨가 어떻게 만나고 헤어지느냐에 따라 충족, 교차, 저의의 대화가 생겨난다. 이 대화의 갈래에 따라서 부정적인 움츠리기, 겉치레, 시간메우기, 연극 등의 기능이 나타난다. 마음씨와 마음씨가 제대로 만나면 공동작업과 일치하는 바람직한 기능이 나타난다. 상담에 있어서 치유현상은 공동작업과 일치의 기능에서 나타난다.

2) 상담에 임하는 상담자의 태도

(1) 상담자의 책임과 준비

① 비밀보장의 책임

상담자는 내담자가 묻지 않아도 상담 중에 이야기되는 내용은 철저하게 비밀이 보장된다는 것을 확인시켜야 한다.

내담자가 자신의 인격 손상에 관한 이야기, 친구나 담임선생님, 부모님에 관한 이야기, 자신이 저지른 잘못된 일에 관한 것도 비밀보장에 대한 확신이 없으면 말을 못하게 된다. 상담자는 비밀보장에 대하여 확실하게 책임져야 한다.

또, 상담자는 소속되어 있는 기관(학교)에 대한 책임문제, 즉 학교 행정 체계상 보고나 상의를 하였거나 징계를 당하게 되는 경우에도 교육적인 차원에서 내담자를 보호하여야 할 책임이 있다.

마지막으로, 계속 새로운 지식과 기술을 배우고 실천해야 할 책임이 또한 상담자의 책임이다.

2 준비

상담자의 의복은 정장하는 것이 내담자에게 정중한 태도로 보인다. 다시 말해서 상담자가 복장을 아무렇게나 하고 있으면 내담자쪽에서 자기를 무시하거나 깔본다고 생각하기 쉽다.

상담자는 내담자에게 자기 소개를 하면서 비밀이 보장된다는 것과 상담효과를 높이기 위하여 상담내용을 기록하겠다는 것에 대해 양해를 구하여야 한다.

상담을 시작하기 전에 내담자에 대한 사전 지식을 가질 필요가 있다. 왜냐하면 상담을 시작한 후에 예기치 않았던 정보나 과다한 문제로 상담자가 당황하거나 압도되어서는 안 되기 때문이다.

또, 상담은 의뢰한 사람의 배경과 경위에 대하여도 준비하여 알아보는 것이 상담진행에 큰 도움이 된다.

(2) 내담자를 맞이하는 태도

1 온정과 진실이 어린 표정

온정과 진실이 어린 밝은 표정으로 내담자를 맞이하여 내담자로 하여금 긴장을 풀고 마음이 놓여 평온을 찾도록 한다.

자리를 권한 다음 가능하다면 차를 한 잔 대접하면, 관계를 맺고 말문을 여는데 매우 효과적이다. 내담자는 긴장과 다소의 흥분을 가지고 상담실을 찾기 때문에 차를 한 잔 먹는 시간이면 마음의 긴장이 다소 풀리고 상담에 대한 부정적인 두려움이 사라진다. 또, 차를 권하고 받아 마시는 과정에서 인간적인 정이 오고 가며 상담자에게 친밀감을 가지게 된다.

② 관심을 기울이며 느긋하게 기다리는 여유

상담자는 내담자의 옷차림, 표정, 말 한 마디, 행동 하나하나에 세심한 관심을 기울이며 적절한 시기에 자연스럽게 관심을 표현하여 주면 더욱 효과적이다.

예를 들면, "음성이 또렷또렷해서 듣는데 매력을 느꼈다", "옷차림이 단정해서 매우 호감이 간다" 등이다. 아무튼 긍정적인 부분을 표현해 주면 표정이 밝아지면서 접근이 쉬워진다.

(3) 상담과정에서의 태도

① 지대한 관심을 기울이는 태도

상담을 할 때에는 상대방에게 전적인 관심을 표명하면서 그가 전하고자 하는 말의 의미에 대하여 적극적으로 듣는 태도가 중요하다.

그 방법으로는, 말을 할 때는 상대 시선을 부드럽고 자연스럽게 마주치며, 몸의 상체를 약간 앞으로 숙여서 적극적으로 들어야 한다. 이야기 내용에 따라서 얼굴 표정을 밝게도 하고 진지하게도 하여 주의깊게 듣고 있음을 전달하여야 한다.

또, 표현을 할 때마다 수용과 긍정, 또는 공감하고 있음을 나타내는 태도로 고개를 끄덕이거나 "음"하는 등의 즉각적인 반응태도를 보이는 것은 상담에 매우 촉진적인 태도이다.

② 기다리며 함께 하는 자세

대부분의 내담자들이 상담하러 오자마자 자기가 상담하고자 하는 핵심으로 들어가지 않는다. 왜냐하면, 상담자와의 분위기 조성이 안 되기 때문이다.

내담자들이 얼마간 상담자를 탐색하고 나서 믿어도 되겠다는 확신이 생길 때 내담자는 말을 하게 된다. 내담자가 간간이 던지는 말과 내용을 파악함은 물론 상대방의 몸짓과 표정, 그리고 음성에서 섬세한 변화를 느끼고 그 저변에 깔려 있는 속마음까지 감지하고 나아가서는 그 사람이 말하지 못한 내용까지도 육감적으로 직감하고 느낀 대로 표현하는 태도 또한 중요하다.

3 모호한 내용과 오해가 생긴 것은 확실히 하는 태도

상담이 어느 정도 진행되어 상담의 분위기나 임하는 자세를 보다 명료하게 하고 싶을 때는 그간의 상담내용을 내담자가 간단하게 요약하도록 한다. 요약해 봄으로써 상담 흐름에 대한 분석과 통합하는 능력이 생겨서 현재 자기가 느끼고 있는 갈등과 혼돈에 대하여 더욱 명료해지고 자기인식에 도움이 된다. 또 행동이나 징후에 대하여 해석해 줌은 무의식적 동기를 의식의 세계로 끌어 들이므로 행동변화에 많은 도움이 된다.

4 내담자의 저항과 자기 문제를 해결하는 태도

처음 상담에 임할 때는 불안과 긴장, 그리고 신뢰 등의 문제로 내담자가 저항하게 된다. 일종의 자기 보호라고 할 수 있겠다. 이때 주로 내담자가 말하는 내용은 과거 이야기나 제3자의 이야기를 하면서 시간을 보내려고 한다. 이 때는 적당한 기회에 자연스럽게 '지금 여기'서 '너와 나'의 이야기를 하도록 일깨워 주는 것이 매우 효과적이다.

또, 상담자가 개인적으로 매우 힘든 문제나 상황에 놓여 있을 때는 내담자나 상담자가 함께 혼란과 방황을 계속하게 되므로, 이럴 때는 상담을 중단하고 자기 정리를 한 다음 다시 상담을 시작하는 것이 바람직한 태도이다.

5 상담자의 시간에 대한 태도

내담자가 약속시간보다 늦게 왔을 때 상담자는 내담자에게 늦게 온 사연을 말할 수 있는 기회를 주고, 말을 듣고 나서는 그 심정을 헤아려 주고, 그간의 마음 졸임과 답답함, 빨리 오려는 노력 등을 인정해 준다. 그러나, 다음 상담 약속 때문에 끝나는 시간은 지켜져야 한다는 것을 알려주고 상담을 시작하여 약속된 시간에 끝내는 것이 바람직한 태도이다.

또, 약속한 상담자가 오지 않았을 때는 편지나 전화를 걸어서 못 온 이유에 대하여 궁금하다는 것과 언제라도 약속을 다시 하면 상담할 수 있다는 것을 알려 주어 그로 하여금 상담에 적극적으로 참여할 수 있는 기회를 준다.

(4) 상담을 끝낼 때의 태도

상담의 종결은 내담자가 처음 가져 왔던 문제가 해결되고 앞으로의 생활에서 그와 비슷한 문제가 발생하더라도 처리에 자신이 생겼음을 상담자나 내담자가 같이 느꼈을 때는 자연스럽게 종결하는 것이 좋다.

내담자의 기분이 좋아졌다든지 내담자가 문제가 해결되었다고 말한다고 얼른 종결하여서는 안 된다. 상담자는 상담초기에 설정한 과정과 목표에 대하여 검토하고 그것이 어느 정도 도달하였다고 판단이 서면 내담자와 충분한 의논을 거쳐 종결의 시기와 방법을 정하여야 한다. 만약, 내담자가 종결이라는 것에서 오는 허탈감이나 의지하려는 마음에서 거부할 때도 있다. 이 때의 상담자는 이제는 혼자 해결함이 중요하다는 점을 설득하여 연장없이 종결함이 바람직하다. 그런 분명한 상담자의 태도는 매우 중요하다.

3) 상담 전후에 할 일

(1) 상담 전의 제 조사

상담자는 내담자를 이해하고, 그의 문제를 해결해 주기 위하여 상담이 시작되기 전에 문제의 원인이 될 수 있는 각종 자료와 문제해결에 직접, 간접으로 도움이 될 수 있다고 생각되는 여러 가지 자료를 다각도로 사전 조사하는 것은 매우 필요하고 중요한 일이다.

문제에 따라서는 내담자의 인적사항 외에도 과거의 생활배경, 성장과정, 생활습관까지도 알아두는 것이 좋다. 아무런 사전 지식이 없이 내담자와 상담을 시작함으로써 상황에 따라 상담자가 객관적 입장을 잃거나 정신적으로 위축되는 경우가 많기 때문이다.

내담자 한 사람 한 사람은 모두 사람도 다르고 문제도 각각 다르다. 그러므로, 내담자에 관한 정보를 사전에 수집하고 정리하는 데에 다음과 같은 것을 염두에 두어야 한다.

첫째, 어떤 자료가 그 내담자의 상담에 필요한 자료인지 취사 선택하여야 할 것이며, 보다 효과적인 상담을 진행시켜 나가는데 필요한 자료들을 선택하여 모으는 것이 중요하다.

둘째, 기계적 · 획일적으로 자료를 모으는 것은 노력의 낭비일 수 있다. 또한, 단편적으로 자료를 누적해 두는 것이 아니라 조사된 자료들을 정리해 보는 것이 필요하다. 또한, 제 정보자료를 상호 관련시켜 내담자의 특성을 정확하게 포괄적으로 파악하도록 한다.

셋째, 사전에 수집된 제 정보자료를 상담계획에 어떻게 활용할 것인지도 미리 생각해 둔다.

정보를 수집하고 활용하는데 있어서 유의할 것은 내담자에 대한 사전지식이 내담자에 대한 선입견이나 기정사실화하는 관점에서 상담자가 내담자의 문제를 고착시키는 어리석음을 범해서는 아니 될 것이며 어디까지나 참고자료로써 신축성있게 활용되어야 할 것이다.

(2) 상담 후에 할 일

상담이 일단 끝나고 나면 상담과정의 전반적 상황을 객관적으로 평가 · 검토 · 정리하고, 추후에 상담계획을 세워야 할 것이다.

상담 전에 설정되었던 상담목적이 어느 정도 달성되었는지 확인하여 보아야 한다. 문제해결이 제대로 되지 못하였을 때는 처음부터 다시 검토하여 새롭게 접근하여 나갈 것인지를 결정한다. 상담에서 얻은 정보나 특기할 만한 사항에 유의하면서 계속적인 지도를 위해 문제를 탐색하고 필요한 자료를 보완하여 다음 상담을 계획한다. 앞으로 예상되는 어려움과 문제를 전망하고 그에 대해서 어떻게 대처할 것인가도 아울러 검토한다.

문제해결이 만족할 만하여 상담을 종결하게 된 경우에도 그 내담자가 과연 건전한 적응을 하고 있는지 등 여러 가지 추수지도(follow up service)가 뒤따라야 할 것이다.

다음에, 상담 후에 할 일 몇 가지를 구체적으로 생각해 보기로 한다.

1 상담과정의 기록정리(recording)

매번 상담이 끝나고 나면 그 내용을 기록 정리해야 한다. 이는 보다 연관성있고 체계적인 상담을 진행하기 위함과 상담사례를 연구해 나가는 목적으로 중요하다. 그러므로, 상담이 어떠한 맥락에서 어떠한 방향으로 이루어졌는지, 또는 상담자의 반응, 상담자의 해석 및 장래계획의 협의내용, 상담이 종결된 경로와 상담 결과에 대한 평가, 상담이 시작된 이래로 몇 회의 상담횟수를 가졌으며 상담 약속 시간의 이행은 잘되었는지, 상담결과 나타난 변화와 그 변화에 대한 내담자의 반응이나 해석 등을 간결하게 체계적으로 기록하는 것이 중요하다. 이때, 사실을 기록할 것이며 기교적이거나 교육적 언어를 첨가하지 말 것이다.

상담 중에는 극히 중요한 사실만 기록하도록 하고 상담 중 기록 때문에 상담관계를 해치는 일은 없도록 한다. 기록은 상담 직후 즉시 기록 · 정리하도록 한다. 상담자는 기록된 자료를 종합하여 다음 면접에서 언급될 일을 대충 기록해 둠으로써 내담자가 다시 상담하러 올 때에 쉽사리 상담의 본 궤도에 올라 설 수 있도록 준비해 둔다.

이미 끝난 상담사례에 관한 기록도 정리 보관해야 할 것이다. 사례연구할 문제의 상담 중 기록이 어려운 경우는 녹음기를 이용하여 상담과정 내용을 면밀하고 정확하게 분석해 보는 것이 좋다.

2 각종 자료 및 검사 보완작업

사례에 따라 계속해서 상담을 할 필요가 있거나, 다각도로 깊이있는 상담을 요하는 경우가 있다.

성공적인 상담의 진행을 위하여 상담 전에 조사된 자료 외에 필요하다고 판단되는 각종 자료를 재정비하고 표준화심리검사의 다각적 실시와 심도있고 전문적인 해석 등을 보완하여 나가야 할 것이다.

4) 상담의 기본적인 기법

상담의 기본적인 방법으로는 경청, 개방적 질문, 공감, 수용, 반영, 바꾸어 말하기, 그리고 명료화 등을 들 수 있다.

(1) 경청

첫째, 시선을 통해 상담자는 내담자에게 진지한 관심을 가지고 자연스럽게 눈길을 보내어 '이해한다'라는 뜻을 전달해야 한다. 둘째, 상담자가 부드럽고 열심히 들어주는 자세로 약간 몸을 내담자 쪽으로 기울이는 것이 좋다. 셋째, 상담자의 몸짓을 통하여 많은 뜻이 전달된다. 그러므로, 손을 거칠게 흔들거나 팔짱을 낀다면 내담자에게 거만하게 비칠 수 있다. 넷째, 상담자의 언어행동이 내담자에게 미치는 영향이 중요하므로 주의깊게 경청하여 빗나간 질문이나 내담자의 뜻과 다른 방향으로 대화를 이끌어서는 안 된다.

(2) 개방적 질문

원칙적으로 질문에 대한 답변을 얻는 식으로 상담을 시작하거나 더 많이 질문함으로써 더 많은 답변을 얻겠다는 식으로 상담을 하는 것은 전혀 내담자 문제해결에 도움이 되지 않는다. 상담에서의 질문에서 개방적인 질문은 한정된 질문이 아니고 보다 포괄적이어야 하며, 모든 길은 터놓아 내담자로 하여금 보다 시야를 넓히도록 하여 내담자의 관점, 의견, 사고, 감정까지를 끌어낸다. 질문은 개방적, 간접적일수록 좋으며, '왜'라는 질문은 가능한 한 피하는 것이 좋다.

(3) 공감적인 이해

내담자의 심정과 입장에서 내담자의 문제를 이해하고, 그 이해한 내용을 공감한다고 표시해 주는 것이다.

가능한 상담자는 해석을 피하고 공감적인 이해를 표시해 줌으로써 현재의 상황에서 전화내담자가 문제의 핵심을 다시 경험하도록 하는 분위기를 조성해야 한다. 그리고 이야기의 내용 속에 담긴 감정의 흐름을 반영해 주는 태도를 취한다. 이렇게 함으로써 상담자가 자기의 곁에 있고 자기를 이해해 주고 있음을 확실히 느끼도록 해 주는 것이다.

(4) 수용

수용이란 '으음'이나, '그래, 계속해', '이해가 간다', '그렇겠군' 등 이야기를 계속해 나갈 수 있도록 강화시키는 효과와 내담자에게 주의를 기울이고 있으며 내담자의 말을 무조건 긍정적으로 받아들이고 있다는 안심을 주어 내담자로 하여금 마음의 문을 열게 하는 기법이다. 내담자는 상담자의 조그만 행동단서에도 예민하기 때문에 전폭적인 수용자세, 즉 시선을 주는 주목행동은 물론 얼굴표정, 고개를 끄덕이는 행동, 그리고 상담자의 어조, 억양까지도 주의해야 한다.

(5) 반영

반영이란 내담자의 말에서 표현된 기본적인 태도, 중요 감정의 내용을 상담자가 다른 참신한 말로 부언해 주는 시도라고 볼 수 있다. 이것은 내담자의 자기 이해를 도와줄 뿐 아니라 내담자로 하여금 자기가 이해받고 있다는 인식을 주게 된다. 상담자는 내담자 자신의 표현된 감정 밑에 감추어져 있는 내면감정을 정확히 파악, 내담자에게 반영시켜 줄 수 있어야 한다.

내담자의 느낌에 대한 회피는 방어기제의 하나이기 때문에 자기 이해에 방해요인이 됨을 또한 반영해 줄 필요가 있다. 내담자의 말뿐 아니라 자세, 몸짓, 눈빛, 어조 등에 의해 표현되고 있는 것도 반영해 주는 것이 필요하며, 반영시에는 같은 문구를 상투적으로 쓰는 것보다 다양한 표현을 사용하는 것이 필요하다. 내담자의 말이 다 끝나기를 기다렸다가 반응을 하는 수가 많은데, 반드시 그럴 필요는 없으며 의미있는 느낌에 초점을 맞추기 위해서는 가끔 내담자의 말을 중단해야 할 필요도 있다. 그러나, 말을 너무 자주 빨리 막아서 내담자의 감정의 흐름을 중단시켜서는 안되겠다.

(6) 바꾸어 말하기

바꾸어 말하기는 첫째, 바꾸어 말하여 줌으로써 내담자의 입장을 이해하려고 상담자가 노력하고 있음을 알려 주게 된다. 둘째, 내담자가 한 말을 간략하게 반복함으로써 내담자의 생각을 구체화시킨다. 셋째, 내담자가 말하고 있는 바를 자신이 제대로 이해하고 있는지를 확인해 볼 수 있다. 반영이 내담자의 말과 행동의 정서적 측면에 초점을 맞추는 데 비해, 바꾸어 말하기는 인지적 측면과 내용을 강조한다.

(7) 명료화

내담자의 말 중에서 모호한 점을 내담자가 확실히 알도록 해 주는 것이며, 내담자로 하여금 자기가 한 말을 요약하게 하거나, 예를 들거나, 새롭게 표현하도록 함으로써 이야기의 의미를 보다 분명하게 한다. 내담자에게 명료화를 요청할 때 내담자의 말을 비판한다는 인상을 주지 않도록 조심해야 한다.

제 9 장

학교조직의 특성과 운영조직

1. 조직의 개념과 유형
2. 학교조직의 특성
3. 학교 교무분장 및 운영조직
4. 학교운영위원회

1. 조직의 개념과 유형

1) 조직의 개념

브라우(Blau)와 스코트(Scott)는 특정한 목표를 추구하기 위해 신중하게 구조되는 사회적 단위를 조직으로 보았고, 에치오니(Etzioni)는 일정한 환경 하에서 특정한 목표를 추구하며 일정한 구조를 가진 사회적 단위를 조직으로 보고 있다.

조직이란 집단의 공동목표 달성을 위해 구성된 구조적 배열이며 관리의 단위라고 정의된다.

2) 조직의 유형

조직의 유형을 공식성 정도에 따라 나누어 보면 공식조직과 비공식조직으로 분류할 수 있다.

공식적 조직(formal organization)은 교장, 교감, 부장교사 등과 같이 조직의 기구표상에 나타난 명문화된 조직으로서 인위적 조직이다. 비공식적 조직(informal organization)은 학교조직 내의 동호인 모임이나 친목모임 등과 같이 조직의 기구표상에 나타나 있지는 않지만 필요에 의해 자연발생적으로 구성된 조직을 말하는데 자생조직이라고도 한다. 공식적 조직은 능률의 논리에 의거하여 전체적인 질서를 추구하고 있는데 반하여 비공식적 조직은 감정의 논리에 의거하여 부분적인 질서를 추구하고 있는 것이 일반적이다.

(1) 공식적 조직

1 계선조직과 막료조직

공식조직을 기능에 따라 분류해 보면 계선조직, 막료조직으로 구분할 수 있다.

① 계선조직(line organization)은 지휘, 명령, 결재권이 있는 조직으로서 학교장-

교감-부장 등이 이에 속한다고 볼 수 있다.

② 막료조직(staff organization)은 계선조직에 대해 전문적인 기획, 조언, 자문, 자료의 제시 등을 해 주는 것을 주임무로 하고 있는데, 교육부의 기획관리실, 초·중등학교의 교무부장, 연구부장을 비롯한 기능부장 및 기획위원회, 민사위원회와 같은 각종 위원회 등이 이에 속한다고 볼 수 있다.

2 야생조직과 온상조직

조직의 구성원과 조직과의 관계 및 특성을 중심으로 하여 공식조직을 야생조직과 온상조직으로 분류할 수 있다.

① 야생조직(wild organization)을 생존을 위해 부단히 노력하고 투쟁하며, 변화에 매우 민감한 특성을 가지고 있으며 사립학교나 사립학교에 근무하고 있는 교원들이 이에 속한다고 볼 수 있다.

② 국·공립학교 교사나 이에 근무하는 교육공무원 신분을 가진 교원들은 온상조직(domesticated organization)으로서 신분보장이나 생존을 위해 별로 투쟁하지 않으며 변화에도 민감하지 않은 편이다. 온상조직은 보호된 조직이라고도 한다.

(2) 비공식적 조직

학교조직에서 비공식적 조직은 교사들의 학연, 지연, 혈연, 취미, 신앙, 교무분장, 전공, 동학년, 동연배 등이 변인이 되어 자연발생적으로 형성되고 있는 것이 일반적이다.

① 비공식적 조직은 공식적 조직의 과업수행을 돕고, 구성원들에게 소속감, 인정감, 응집력을 제공해 주며, 공식적 조직 내에 유용한 의사전달망을 제공하고 공식적 조직이 부드럽게 운영되도록 하는 윤활유와 같은 기능을 하고 있는 조직이다.

비공식적 조직은 상사와 부하간에 행위의 규범을 설정하는 의사전달 수단으로서 기능을 하고, 공식적 조직 성원간의 응집성을 강화해 주며, 구성원들로 하여금 그의 자존심 선택의 독립성을 유지해 주는데 기여하고 있다.

비공식적 조직은 공식적 조직의 범위 내에서 구성원들의 행동을 통제하고, 공식적 조직이 제공하지 못하는 사적 인간관계를 유지시켜 주는 역할을 할 때가 많다.

② 비공식적 조직은 이상과 같은 순기능을 가지고 있는 반면에, 비공식적 조직이 너무 비대하거나 지나치면 파벌이나 파당을 조성하고 공식적 조직의 책임을 무력화시킬 가능성이 많으며, 개인적 이익을 도모할 우려가 있고, 불안감을 조성하여 조직자체를 와해시킬 우려도 있는 등 역기능적인 면도 있다. 특히 비공식 조직의 규범이나 그 성원들의 조직형성 동기가 반공식 지향성이 높은 경우에는 공식조직의 운영을 방해하게 되고, 비공식 조직으로 인한 지나친 응집성은 공식적 지도자로 하여금 조직운영을 원활하게 하지 못하여 공식적 조직의 목표 달성을 어렵게 하며, 궁극적으로는 조직의 존재 자체에 대한 위협까지도 하게 된다.

2. 학교조직의 특성

1) 일반적 특성

학교조직도 관료제적 특성을 가지고 있기 때문에 학교조직은 어느 조직체에서보다도 관료성과 전문성의 복합적인 상호작용이 강조되는 대규모 복합적인 관료적 조직의 특성을 지니고 있다.

공식적 조직은 사무적 계층, 관리적 계층, 기관적 계층 등 3계층으로 구성되어 있으며 이 간에 서로 조화가 얼마나 잘 이루어지느냐에 따라 조직발전의 정도가 결정된다. 실무적 계층은 폐쇄성 위주로 운영되고 있는 반면에 기관적 계층은 개방성 위주로 운영되고 있는 것이 일반적이다. 관리적 계층은 이 양극 요인을 조정 중재해 줄 필요가 있다.

2) 조직 구성원의 역할

(1) 기관적 계층의 역할

기관적 계층(institutional level)은 기관을 대표하는 책임자로서 그 기관의 목적, 규정 등을 설정하는 역할을 담당하고 있다.

학교 수준에서는 학교장이 이에 속한다.

1 학교장의 기본적 과업

기관적 계층인 학교장은 학교를 위해 할 수 있는 역량과 시간의 50% 이상을 전체 파악적 기술(조직의 목적설정, 기구의 구성, 인사, 대외관계 등)에 보내고 실무적 기술(수업, 생활지도, 교무분장업무처리 등과 같은 경상업무)과 인간적 기술(대인관계, 인화, 상담 등)에 각각 25% 정도씩을 할애하는 것이 이상적이라 하겠다.

학교장과 같은 기관적 계층은 근무감독과 같은 일상적인 과업에 보다는 학교정책의 수립, 대외교섭 등 보다 창조적 사고에 보다 많은 시간과 역량을 할애하는 것이 바람직하다.

초 · 중등교육법 3장 2절 20조 ①항에서 '교장은 교무를 통할하고 소속교직원을 지도 · 감독하며, 학생을 교육한다'로 규정하고 있다.

2 학교장의 일반적인 직무

① 교육기본법에 규정된 교장의 직무는 법령이 정하는 바에 따라 학습자를 선정 · 교육하고 학습자의 학습성과 등 교육과정을 기록 · 관리하는 것이다.

② 초 · 중등교육법에는 교무(敎務)를 통할하고 소속 교직원을 지도 · 감독하며, 학생을 교육하는 것이라고 규정되어 있다. 이렇듯 교장은 학교운영의 최고 책임자로서 학교의 교육목적을 효율적으로 이룩하기 위하여 지도기능과 관리기능을 최대한으로 발휘해야 한다.

③ 교장의 지도기능에는 소속 교원에 대한 지도조언과 교원의 전문성 제고 및 학생 지도활동 등이 있다.

④ 관리기능에는 학교 인사관리, 사무관리, 조직 · 편성관리, 시설관리, 재정 및 회계관리, 교육위원회 · 교육청 · 지역사회 · 교육유관기관 · 학교운영위원회 등과의 관계관리, 학교평가관리 등이 있다.

(2) 실무계층의 과업

실무적 계층(technical level)은 학교조직의 평교사나 서무직원처럼 항상 반복되는 일상적인 사무처리를 주임무로 하고 있는 계층을 의미한다. 실무적 계층은 학교를 위해 할 수 있는 시간과 역량의 50% 이상을 사무적 기술에 할애하고, 전체 파악적 기술과 인간적 기술에 각각 25% 정도씩을 할애하는 것이다.

1 교사의 기본적 과업

교사는 법령이 정하는 바에 따라 학생을 교육한다(초 · 중등교육법 20조 3항).

2 교사의 일반적 직무

교사가 교직을 수행해 나가기 위해서 해야 할 직무 중에서 중요한 것을 들어보면 다음과 같다.

① 교수활동

교사의 직무 중에서 가장 중요한 것이며 가장 많은 시간을 보내는 활동이다.

② 교육과정의 계획

교사는 복잡하고 방대한 학습내용 자료 중에서 무엇을 선택하고 그것을 어떤 방식으로 학생들에게 제공할 것인가를 계획하여야 한다.

③ 학습활동의 평가

교육목표 달성여부와 학생들의 학습성과를 검증하고 확인하기 위해서 필요로 하는 활동이다.

④ 생활지도

학습지도 못지않게 큰 비중을 차지하고 있는 학생지도 활동이다.

⑤ 학교 및 학급사무의 처리

교사는 학생지도에 직접 · 간접으로 관계되는 사무로서 학교 전체의 분장사무와 담임한 학급에 국한된 사무를 처리하여야 한다.

(3) 관리적 계층

관리적 계층(managerial level)은 교감이나 부장교사처럼 실무적 계층과 기관적 계층을 연결해 주는 교량역할을 하는 계층을 의미한다. 관리적 계층은 학교를 위해 할애할 수 있는 시간과 역량을 3등분하여 전체 파악적 기술, 인간적 기술, 사무적 기술 등에 각각 1/3씩을 안배하여 할애하는 것이 바람직하다.

조직운영에 있어 사무적 기술을 무시할 수는 없지만 관리적 계층, 기관적 계층으로 올라갈수록 인간관계 기술 및 전체 파악적 기술에 더 많은 비중을 두어야 한다는 것이 일반적이다.

[1] 교감의 기본적인 과업

초 · 중등교육법 제3장 제2절 제20조 ②항에서 '교감은 교장을 보좌하여 교무를 정리하고 학생을 교육하며 교장이 부득이한 사유로 직무를 수행할 수 없을 때에는 그 직무를 대행한다'로 되어 있다.

[2] 교감의 일반적인 직무

교감의 일반적인 직무는 다음과 같다.

① 교무(학생의 입 · 퇴학, 학적관리, 수업, 학생지도)에 관한 사항

② 교직원의 인사관리(임용, 복무, 보수)

③ 학교시설 설비관리 유지에 관한 사항

④ 재무회계, 물품구입, 금전출입, 재산에 관한 사항

⑤ 일반세무에 관한 사항

3. 학교 교무분장 및 운영조직

1) 교무분장

학교 교무분장 및 운영조직(예시)

부	분장사무	추 진 내 용	담당
교육기획부	교무 기획	· 교육기획 및 의식행사 추진 · 기획위원회, 직원회운영, 월주일 교육계획 · 학적관리(출석부, 생활기록부), 일과운영 및 시정운영, 보결수업 배당 · 학교일지 · 학급편성, 학사보고 · 전산보조	
	학교혁신	· 학교혁신 사무 추진, 3심4행5수6측 추진, · 교무보조	
	시상	· 수상대장 기록 및 관리, 상장전수 및 우승컵 관리	
	전 · 입퇴	· 전입퇴 업무, 재적부 관리, 학생수 관리, 학교생활기록부 전산업무 관리	
	학교신문	· 학교신문, 문집발간, 동시 외우기, 학교행사 사진첩 정리, 일기쓰기 지도	
	어머니회	· 어머니 교실 운영 계획 수립 및 추진	
	실내환경	· 교실환경 계획 및 추진, 복도 환경물 관리 · 교장실 환경 및 현황판 관리	
	교원 단체	· 교총 ※새교실, 교육자료, 열린수업주문 배부	
	교원 단체	· 노조 사무관리(연구보고서 등)	
	관리실	· 교장실 관리, 교무실 관리	
교육연구부	시범학교 및 교육과정 운영	· 시범학교 운영 추진(연구행사, 연구물 관리), 교육과정 운영 및 추진 · 학급운영 기록부 관리, 영어보조	
	학교축제	· 학교출제일 운영	
	직원연수	· 기본학습훈련안, 학습지도안 관리, 재교육 및 강습 · 직원연수(수업, 현직연수), 교과 서클 운영, 연구보조	
	교육평가	· 학력평가(과정, 실기평가), 평가계획 수립, 표준화 검사 및 지능검사 · 행동평가 계획, 각종 설문지 처리, 부진아 지도	

부	분장사무	추 진 내 용	담당
교육연구부	도서실 운영	· 도서실 운영계획 및 추진, 도서대장관리(아동도서) · 도서대여, 도서 보수 관리, 독서 지도 및 독서 행사 · 독서토론회(아동, 부모)	
	교과서 관리	· 교과서 지급, 탐구생활 관리	
	교육도서	· 교무실 도서보관 및 진열대 관리, 교육도서 관리(월간도서) · 장학자료 관리 · 교사용 도서 및 지도서, 도서대장관리(교사용 도서), 교장실 도서	
	특수교육	· 특수아 지도계획 수립	
인문사회부	생활지도기획 및 예절교육	· 생활지도 기획, 국민윤리 및 정신교육, 부모와의 대화 추진 · 수련교육, 진로교육	
	체험교육	· 불법과외 척결, 체험교육	
	윤리	· 효교육 추진 , 예절교실 관리, 지역사회학교, 부모님께 편지쓰기 · 노인교실 운영	
	준거집단	· 아람단 운영, 각종 준거집단 조직 운영	
	생활지도	· 기본생활 규범제정 실천, 선행아 · 문제아 지도, 상담실 운영 · 교내외 위험지구 관리	
	급식지도	· 급식실 생활지도	
	돕기	· 학우 · 군경 위문 이웃돕기, 극빈자 · 실직자 자녀 · 생보자 돕기	
	교통반	· 교통대 운영, 녹색 어머니회 운영	
	소방대	· 어린이 소방대원 운영	
	통일교육	· 통일 대비 교육 행사(웅변, 그리기, 글짓기, 표어, 포스터 등)	
	저축	· 저축지도계획 수립, 저축 행사, 저축통계 보고 · 알뜰시장 운영(아나바다 교실 운영)	
	청소미화	· 학급청소 구역 배당 및 관리, 쓰레기 분리수거 지도 · 청소활동 및 교내외 봉사활동	
	계시 및 시사교육	· 게시교육 및 시사판 관리 (정문), 이달의 인물, 입 · 간판, 현수막	
창의적체험활동	환경관리	· 환경교육, 학습공원화 추진, 사회정화, 경제 살리기 · 소비절약 계획 수립 추진, 폐휴지 처리지도, 폐품수집 및 활용	
	특기 적성 교육	· 특기적성교육 : 전체관리(방과후학교), 프로그램 선정 및 조직 · 강사관리, 출석부 및 지도안 관리	
	국악 교육	· 국악교육 추진, 국악부 지도 및 악기관리 · 특기적성교육(방과후 교육활동)-가야금	

부	분장사무	추 진 내 용	담당
창의적체험활동	특활 (계발활동)	· 클럽활동 부서 조직 및 운영, 클럽활동 제반업무 추진	
	음악 교육	· 풍금관리 및 배정, 피아노 관리, 합창부 대외 출연 지도 · 옛동요 부르기 지도, 의식가 지도 및 지휘	
	리코더지도	· 1인 1악기 지도계획, 리코더 지도 및 관리 · 특기적성교육(방과후학교)-바이올린	
	고적대	· 고적대 지도와 악기 관리(음악과 악기 관리)	
	학예회	· 학예회 추진, 지도내용 발표회(교내외)	
	특활 (자치활동)	· 학급회 및 전교 어린이회 조직 운영, 역할분담활동 · 학교 어린이 우체국 지도 관리	
	사육재배	· 정원수 관리, 국화재배, 꽃피는 학교, 화분관리, 사육장 관리	
	외국어 (영어)	· 영어 관련 사무 추진, 특기 · 적성교육(방과후학교)-영어	
	그리기	· 그리기 분야(교내외) 지도	
	수학경시	· 수학경시 대회 추진(교내 · 시 · 도)	
	어학실 관리	· 어학실 관리	
	글쓰기	· 대회출연(일기, 작문(글쓰기: 주장하는 글) 등)	
과학정보부	과학기획	· 과학교육 전반 추진, 과학행사 사무추진, 상설과학반 운영, 과학실 운영, 교실관찰계획 및 추진, 관찰원, 기상대 관리, 과학경진대회(모형비행 부분)지도	
	과학실 관리	· 과학실 정리 정돈	
	발명반 운영, 과학경진대회	· 발명품대회 추진(교사 · 아동), 과학경진대회 추진 및 지도(라디오 · 과학상자 등)	
	자료실 운영	· 자료실 운영(자료대여카드), 괘도관리 및 정비, 자료대장 및 현황관리, 학습자료 수집, 제작, 구입 계획 수립 추진	
	시청각 기자재	· 시청각 기자재 정비 및 관리, 방송 기자재 조작 및 관리 · 시청각 교재 (비디오테이프, TP자료, 카세트테이프) 정비 및 관리	
	방송반 운영	· 학교방송 운영계획 수립추진, 방송반 운영, 방송실 관리	
	컴퓨터 교육	· 컴퓨터 교육 및 상설운영, 컴퓨터실 관리 · 특기적성교육(방과후 교육활동)-컴퓨터, 컴퓨터 경진대회 · 지역사회학교	

부	분장사무	추 진 내 용	담당
	정보관리	· 교사용 컴퓨터관리, 정보통신(에듀넷 정보관리) ※어머니 컴퓨터도우미 운영	
체육복지부	체육기획	· 체육교육계획 수립추진, 체육시설 관리 및 확충(체육실 제외), 체력검사 교내외 체육행사, 운동기구 안전관리, 육상지도 추진 및 지도(필드부분)	
	체육관 관리	· 체육시설 관리 및 확충(체육관), 학교 지정종목 지도	
	선수지도	· 육상지도 추진 및 지도	
	리듬체조	· 중간(실내)체조 보급, 중간놀이 시간 운영, 민속춤(민속놀이), 생활체조 지도	
	직원친목	· 직원 친목회 운영, 직원 체육행사 및 복지, 교육자 체육대회	
	양호	· 양호기획수립, 아동응급 조치, 보건위생 수업, 신체검사, 약품 수불 · 건강기록부 관리, 교직원 건강관리, 보건위생, 연간지도계획 수립 지도 ※의료보험	
동학년부	학년부장	· 학년운영, 보결수업 배정, 비상연락, 현장체험학습, 진도 조절	
	교육과정	· 교육과정 운영, 교육과정 분석 및 기준안 작성, 교육과정 지역화	
	연구	· 학년 연수(연수 · 수업), 평가관리, 실기평가 기준안 작성, 부진아 지도	
	생활체육	· 생활지도, 등하교 교통지도, 출입 훈련, 특수아 지도, 운동회 추진, 신체검사 및 체력검사 실시	
	자료	· 학습자료 제작 및 수립, 자료코너 관리, 자료분류자료 안내	
	환경	· 교실 복도 환경 구성, 청소 미화 심사, 독서 환경, 교실 꾸미기	
	도서	· 독서지도 및 독서 행사, 도서 안내 및 장서 확충, 지도안 관리 · 경영부 수집, 교과서 관리	
	서무	· 학년 서무, 출석 통계 및 일반 통계, 보안점검, 친목, 각종 수집	

2) 보직교사의 학사업무

(1) 일반적인 학사업무

① 교무기획부장은 학적관리, 학생 전출입 관리, 진학업무, 시상, 교육통계, 지역사회 관련업무, 학부모 단체 업무, 직원복무, 학교행사 등의 업무를 관장한다.

② 교육과정부장은 학교교육과정 편성 · 운영 총괄, 학교재량시간 운영계획, 교육과정평가, 교육과정 운영 자료개발, 독서교육 등의 업무를 관장한다.

③ 수업연구부장은 교원 연수, 교내 자율장학, 현장연구 지원, 연구 · 시범 수업, 교과연구회 운영, 수업안 작성지도 등의 업무를 관장한다.

④ 교육정보부장은 과학 · 기술교육, 교구 및 학습자료 개발 · 지원, 자료실 운영, 과학실 및 시청각실 운영, 교육방송실 운영, 컴퓨터실 운영, 도서실 운영 등의 업무를 관장한다.

⑤ 생활지도 · 환경부장은 인성교육, 기본생활습관 지도, 안전교육, 진로교육, 학생상담봉사활동 지도, 학교주변 환경정화, 보건교육, 양호 · 위생업무, 환경교육, 경제교육 등의 업무를 관장한다.

⑥ 특별활동 · 체육부장은 특별활동 체육 운영기획 및 평가계획, 클럽활동 · 방과후교육활동, 수련활동, 어린이회 · 청소년단체 운영, 대외 행사관련 업무 등의 업무를 관장한다.

(2) 구체적인 학사업무 내용(예시)

부	계	업무내용	담당자
교무기획부	교내 · 외행사	각종 행사추진, 월일 교육계획수립	
	학적관리	학교생활기록부관리, 입 · 퇴학관리	
	교육통계	출석부관리, 각종통계	
	시상	교내 · 외 시상업무, 시상대장정리	
	지역단체 학부모 단체	지역사회단체와의 업무, (학부모회)학부모회 조직운영	
	어머니회	(어머니회)어머니회 조직운영, 평생교육 추진	

부	계	업무내용	담당자
생활지도환경부	학부모교육	'예쁘게 자라요' 작성 배부	
	인성교육	인성교육 계획 및 추진	
	생활지도	생활지도계획 및 지도	
	안전교육	안전교육, 안전시설 점검	
	진로교육	진로교육계획 및 추진	
	학생상담	학생상담, 폭력예방교육	
	봉사활동	봉사활동, 생활당번 조직 및 운영	
	경로교실	경로교육, 경로교실 위문 추진	

부서	업무	내용	비고
	녹색어머니회	(녹색어머니회)녹색교통대 조직 운영, 어린이 교통교육	
	학생회	학생회 조직 운영	
	보결수업	각학년 보결수업 배당	
	교내환경	교내 기본환경 계획 추진, 청소계획	
	게시교육	게시교육계획 추진	
	교원단체	(친목회) 교직원 친목행사 추진, 교원단체, 부조회업무, (여교사회) 여교사회 친목	
	당직	일번, 당번 조직 배당	
교육과정부	교육과정 편성	학교교육계획 수립 추진	
	주5일 수업제	'주5일 수업제'계획 운영	
	교육과정 평가	교육평가 및 추진 독후감 쓰기	
	독서교육	도서실 운영, 학생 독서교육	
	체육교육	체육행사 추진, 체육교육 비품관리	
	교과서	교과서 · 지도서 구입 · 배부 · 관리	
	교직원 도서	교사용 각종도서 구입관리	
	시범학교 운영	시범학교 운영계획 추진	
수업연구부	교원연수	교직원 연수 계획 및 추진	
	자율장학	자율장학 계획 및 추진	
	연구 · 시범 수업	연구 · 시범수업 계획 추진 지원	
	교과연구회 운영	각 교과연구회 계획 활동 지원	
	특수교육	특수학급 운영	
	학생연구	탐구발표회 지도	
	명예교사	명예교사 위촉, 학부모 교육	
	외국어교육	영어교육계획 및 추진	
	특별활동	클럽활동운영 추진, 전시회	

부서	업무	내용	비고
	학교정화교육	학교주변 정화활동, 불법 과외지도	
	실내외 환경	환경조정 및 환경교육	
	청소지도	환경미화, 재활용품 수거	
특별활동체육부	방과후 특별활동	상설특별활동 계획 및 운영	
	어린이회	전교어린이회, 학급임원 조직	
	동아리활동	학생동아리활동	
	소년신문	각종 어린이 신문구독, 신문기자 지도	
	체육기획	체육활동	
	청소년 단체	컵스카우트, 걸스카우트, 해양소년단, 아람단, 우주소년단, RCY	
	보건교육	보건 · 위생교육 · 성교육, 건강관리부 기록	
	대외행사	(문예)문예작품 지도, 대회참가	
	대외행사	(미술)미술작품 지도, 대회참가	
	체육교육	(체육)운동부 지도 · 출전	
	소방 · 민방위	민방위훈련 어린이 소방대	
교육정보부	과학실 운영	과학실 사용계획, 운영 관리	
	자료실 운영	자료실 관리, 자료구입, 대출	
	컴퓨터 교육	컴퓨터 교육 상설특활운영	
	방송교육	방송교육, 방송실 운영	
	시청각 교육	시청각 기자재 관리, 각종 촬영, 앨범정리	
	과학행사	각종 행사계획 · 추진	
	수목관리	교내 수목 관리, 화단 관리	

4. 학교운영위원회

1) 학교운영위원회의 성격과 구성

(1) 조직의 배경

학교운영위원회는 5 · 31 교육개혁(1995. 5. 31)에서 초 · 중등학교 단위 자율경영제와 이의 구체적인 실현의 일환으로 도입된 제도로서 '학교공동체' 구축이라는 과제로 도입되었다.

학교운영위원회는 학교운영의 자율성을 높이고 지역의 실정과 특성에 맞는 다양한 교육을 창의적으로 실시할 수 있도록 하기 위하여 국 · 공 · 사립의 초등학교 · 중학교 · 고등학교 및 특수학교에는 의무적으로 설치하도록 되어 있다.

학교교육위원회는 초 · 중등교육법 제31~34조에 의거하여 모든 학교에 설치해야 하는 법정조직기구이다.

(2) 조직의 성격

① 부모운영위원회는 국 · 공립학교에서는 심의기구, 사립학교에서는 자문기구로서의 역할을 하도록 되어 있다.

② 학교운영위원회는 학교교육에 대한 권한의 분산과 책임의 공유를 통하여 교육민주화를 도모하고, 교육에 대한 책무성을 증대시키며, 학교운영의 효과를 증대시킬 수 있다는 점에서 학교단위의 자율경영을 정착시키기 위한 필수적 제도라고 하겠다.

③ 학교운영위원회는 학교의 구성 주체이면서도 이제까지 의사결정 과정에서 영향력을 발휘할 수 없었던 교사, 학부모, 지역인사들에게 학교 의사결정에 참여기회를 부여함으로써 그 동안 교육부, 시 · 도교육청, 학교장으로 이어

지는 국가 주도적 · 중앙집권적 학교교육의 통제 구조를 민주적, 자율적 통제 구조로 전환하는 계기를 마련하였다.

(3) 학교운영위원회의 구성 및 선출

1 구성

① 운영위원회의 정수 : 5인 이상 15인 이내

· 학교의 규모 등을 고려하여 당해학교 운영위원회 규정으로 정함.
(초 · 중등교육법 제31조 제3항 및 초 · 중등교육법시행령 제58조 제1항)

학교 규모	학생수 200명 미만	학생수 200명~999명	학생수 1,000명 이상
위원의 정수	5인 이상 8인 이내	9인 이상 12인 이내	13인 이상 15인 이내

· 운영위원 정수 결정을 위한 학생수 기준일 : 새 임기의 학교운영위원회가 구성되는 해의 3월 1일 (신입생 예정 학생 수 포함)

② 운영위원의 구성비율

위원 총수	학부모위원수	교원위원수	지역위원수	비고
비율	40%~50%	30%~40%	10%~30%	100%

2 선출

① 위원의 선출시기

· 학부모위원 및 교원위원 선출시기 : 임기만료일 10일 이전에 선출

· 지역위원 산출시기 : 임기만료일 전일까지 선출

② 운영위원 선출 시 고려할 사항

· 효율적 운영을 할 위원선출을 위한 홍보 및 참여기회 확대

· 선출절차의 공정성 · 합리성 · 공개성 확보

③ 운영위원 선출방법

학부모위원 선출

· 학부모 중에서 민주적 대의 절차에 따라 학부모전체회의에서 직접 선출하되 서신 또는 우편투표도 병행 가능(초 · 중등교육법시행령 제59조 제2항)(단, 학교 규모 · 시설 등 객관적 사유가 있을 경우, 당해위원회 규정이 정하는 바에 의하여 학급별 대표로 구성된 학부모 대표회의에서 선출할 수 있음. 참석율 저조는 객관적 사유가 될 수 없음)
· 선출시기 : 임기만료일 10일 이전에 선출(조례 제3조 제2항)

교원위원 선출 – 국 · 공립학교

· 당연직 교원위원을 제외한 교원위원은 교원 중에서 선출하되, 교직원 전체회의에서 무기명투표로 선출(초 · 중등교육법시행령 제59조 제3항)
· 선출시기 : 임기만료일 10일 이전에 선출(조례 제3조 제2항)
· 교직원 : 교원, 정규 공무원(기간제 교원은 당해학교 운영위원회 규정으로 선거권을 부여할 수 있으나, 피선거권은 없음)

교원위원 선출 – 사립학교

· 당연직 교원위원을 제외한 교원위원은 정관이 정한 절차에 따라 교직원 전체회의에서 추천한 자 중 학교장이 위촉(초 · 중등교육법시행령 제63조 제2항), 기타는 국 · 공립과 같음

지역위원 선출

· 학부모위원 또는 교원위원의 추천을 받아 학부모위원 및 교원위원이 무기명투표로 선출(초 · 중등교육법시행령 제59조 제4항)
· 선출시기 : 임기만료일 전일까지 선출(조례 제3조 제2항)
· 당해 연도에 새로 선출된 학부모위원과 교원위원이 선출

위원장 및 부위원장선출

· 교원위원이 아닌 위원 중에서 무기명투표로 선출(초 · 중등교육법시행령 제59조 제5항)
· 무기명투표로 선출하되, 재적위원 과반수의 득표로 당선(조례 제8조 제2항)
· 재적위원 과반수 득표자가 없을 때 2차 투표, 최고득표자를 당선자로 함. 이 경우, 최고득표자가 2인 이상인 경우에는 연장자를 당선자로 함(조례 제8조 제3항)

④ 운영위원의 자격

위원 구분	자 격
학부모위원	· 당해 학교에 자녀를 둔 학부모
교원위원	· 당해 학교에 재직하고 있는 교원
지역위원	· 당해 학교가 소재하는 지역을 생활근거지로 하는 자로서 교육행정에 관한 업무를 수행하는 공무원 · 당해 학교의 소재 지역을 사업 활동의 근거지로 하는 사업자 · 당해 학교를 졸업한 자 · 기타 학교운영에 이바지하고자 하는 자

ⅰ) 운영위원으로 선출 될 수 없는 자(조례 제5조)

- 국가공무원법 제33조에서 규정하고 있는 결격사유에 해당하는 자
- 정당의 당원인 자
- 타 학교의 운영위원을 겸하고 있는 자

ⅱ) 위원의 자격상실 요건

- 교원위원이 소속을 달리한 때
- 학부모위원은 자녀학생이 졸업 및 전학 · 퇴학한 때
- 회의소집 통지를 받고도 사전연락 없이 3회 연속 회의에 불참하였을 때
- 학부모위원이 제출한 신상자료에서 허위 사실이 있는 것이 발견된 때(단, 운영위원회 결정에 의함)

⑤ 운영위원의 임기

운영 위원	위원장 및 부위원장
· 2년, 1차에 한하여 연임 가능 (다만, 보궐위원의 임기는 전임자의 잔임기간으로 함)	· 1년, 연임 가능

2) 학교운영위원의 권한과 의무

(1) 권한

1 학교운영 참여권

학교운영위원은 학교운영위원회를 통하여 학교의 운영에 참여할 권리가 있다.

즉, 운영위원들은 자신이 대표하는 학부모, 교원, 지역사회의 다양한 요구를 수렴하여 학교운영위원회에 제안하고 건의할 수 있다.

그러나, 학교운영위원들의 참여는 개인적 지위에서가 아니라 각 분야의 대표하는 공적(公的) 지위에 근거한 것이므로 반드시 학교운영위원회를 통하여 이루어져야 한다는 점에 유의해야 한다.

[2] 중요 사안 심의 · 자문권

운영위원들은 「초 · 중등교육법」 제32조 및 「서울특별시립학교운영위원회 설치 · 운영에 관한 조례」에서 정한 학교운영에 관한 중요사항을 심의 · 자문할 권한이 있다. 위원들은 학교운영위원회에 상정된 안건에 대해 질의, 논의 및 표결을 행하는 과정을 통해 학교운영의 자율성을 높이고 학교 특성에 맞는 다양한 교육을 실시할 수 있도록 하려는 학교운영위원회의 취지를 실현한다.

[3] 보고 요구권

학교장이 운영위원회의 심의 · 의결 결과와 다르게 시행하거나 운영위원회의 심의 · 자문사항임에도 불구하고 심의 · 자문을 거치지 않고 운영하는 경우에 운영위원회는 관련사항과 그 사유를 지체 없이 학교운영위원회에 보고하도록 요구할 수 있다.

[4] 교육감 및 교육위원 선출권

교육위원 또는 교육감의 선거인단은 선거공고일 현재 초 · 중등교육법 제31조의 규정에 의한 학교운영위원회위원 전원으로 구성한다(지방교육자치에 관한 법률 제62조).

(2) 의무

[1] 회의 참여의 의무

운영위원은 학교운영위원회가 소집되었을 때 회의에 출석하여 성실히 참여해야 하는 기본적 의무가 있다. 서울특별시의 경우, 운영위원이 회의 소집통지를 받고도 사전 연락 없이 3회 연속하여 회의에 불참할 경우 자격을 상실하도록 하는 내용을 조례로 정하고 있다.

2 지위남용 금지의 의무

운영위원은 그 지위를 남용하여 당해 학교와 영리를 목적으로 하는 거래를 하거나 재산상의 권리, 이익의 취득 또는 알선을 해서는 안 된다. 학교운영위원직은 무보수 봉사직이다. 따라서 운영위원으로서 활동하는 대가로 반대급부의 성격을 띤 보수나 수당을 요구할 수 없다.

3) 학교운영위원회의 기능

(1) 국 · 공립학교

국 · 공립학교에 두는 학교운영위원회는 다음 각호의 사항을 심의하여 학교장에게 보내면 학교장은 이를 바탕으로 의사결정을 하여 집행한다.

① 학교헌장 및 학칙의 제정 또는 개정에 관한 사항
② 학교의 예산안 및 결산에 관한 사항
③ 학교교육과정의 운영방법에 관한 사항
④ 교과용도서 및 교육 자료의 선정에 관한 사항
⑤ 정규 학습시간 종료 후 또는 방학기간 중의 교육활동 및 수련활동 사항
⑥ 교육공무원법 제31조 제2항의 규정에 의한 초빙교원의 추천에 관한 사항
⑦ 학교운영지원비의 조성 · 운영 및 사용에 관한 사항
⑧ 학교 급식에 관한 사항
⑨ 대학입학 특별전형 중 학교장 추천에 관한 사항
⑩ 학교운동부의 구성 · 운영에 관한 사항
⑪ 학교운영에 대한 제안 및 건의 사항
⑫ 기타 대통령령, 특별시 · 광역시 또는 도의 조례로 정하는 사항

(2) 사립학교

사립학교의 장은 각 사항(⑥의 사항은 제외한다)에 대하여 학교운영위원회의 자문을 거쳐야 한다. 다만, ①사항에 대하여는 학교법인의 요청이 있는 경우에 한한다.

(3) 학교 발전기금

국 · 공립 및 사립학교에 두는 학교운영위원회는 학교 발전기금의 조성 · 운용 및 사용에 관한 사항에 대하여 심의 · 의결한다.

4) 학교운영위원회의 예산안 심의

① 학교장으로부터 예산안을 제출받은 학교운영위원회 운영위원장은 예산안 심의를 위한 학교운영위원회의 개최일을 정하고 7일 전까지 예산안을 학교운영위원 전원에게 개별적으로 통지하여 학교운영위원들이 충분히 검토할 수 있도록 해야 한다.
② 예산안 심의를 위한 학교운영위원회 개최 시 학교장은 예산안에 관하여 제안 설명을 하여야 한다.
③ 학교운영위원회는 예산안 심의 시 학교장의 동의 없이 세출예산 각 항목의 금액을 증액하거나 새로운 비목을 설치할 수 없다.
④ 학교운영위원회는 학교회계 세입세출 예산안을 회계연도 개시 5일 전까지 심의하여 학교장에게 그 결과를 통보하고, 학교장은 예산안 심의결과를 통지받은 후 예산을 확정하여야 한다.

5) 학교운영위원회의 바람직한 운영방법과 문제점

(1) 운영방법

① 학교운영위원회의 심의사항 중 교육과정 운영, 선택교과의 채택, 창의적

체험활동 프로그램, 방과후 교육프로그램의 운영, 교과서 및 교재 선정 등과 같이 교육활동의 전문성에 관련된 사항들은 이 분야에 전문적 식견을 가지고 있는 교사들의 조화로운 참여가 이루어질 수 있도록 교직원협의회나 교내 각종 전문 소위원회에 이양 또는 위임해 주는 것이 바람직하다. 이러한 사항에 대한 이양이 어렵다면 관련 교원들의 전문적 의견을 청취한 후에 운영위원회 심의에 회부하는 것이 바람직할 것이다.

② 학교운영위원으로 선출된 교원위원들은 학교운영위원회 활동 중 교육의 전문성과 관련된 부문에 더욱 적극적인 참여를 하여야 할 것이며, 교육과정소위원회, 교육평가소위원회, 학생지도소위원회 등 각종 전문 소위원회 등을 분야별로 전문적 의견을 수렴하는 등 보다 전문적이고 능동적인 활동을 해 나가야 할 것이다. 특히 교수-학습활동과 관련된 예산의 경우에는 담당교사들로부터 예산요구서를 받아 협의 · 조정하는 것이 이상적이라고 하겠다.

(2) 학교운영위원회의 문제점

사립 초 · 중등학교에도 학교운영위원회의 설치가 의무화된 것은 바람직하나 그 성격이 심의기구가 아닌 자문기구로 되어 있어, 사립학교에 다니고 있는 학생과 학부모들은 국 · 공립학교에 다니고 있는 학생이나 학부모들과 비교해 볼 때 교육의 기회균등 정신에 어긋나게 되어 반발을 살 우려가 있다.

제 10 장

문서관리의 방법

1. 문서의 개념과 종류
2. 문서의 일반원칙
3. 문서의 구성
4. 문서의 작성 · 처리 및 심사
5. 문서보관 및 보존, 폐기

1. 문서의 개념과 종류

1) 문서의 개념

"문서"라 함은 학교가 대내 또는 대외적으로 학교업무 수행과 관련하여 작성 또는 시행한 문서(도면, 사진, 디스크, 테이프, 필름, 슬라이드, 전자문서 등의 특수 매체기록을 포함한다) 및 본교가 접수한 모든 문서를 말한다.

2) 문서관리의 필요성

학교의 공문서 관리는 '사무관리 규정(대통령령 18392호)'과 '사무관리 규정 시행규칙(행정자치부령 228호)'에 의해 이루어지고 있다. 이 규정에 의하면 공문서의 작성과 관리는 상당히 복잡하다. 따라서 문서의 간소화 · 표준화 및 정보화를 기하여 학교 행정의 능률을 높이기 위해서는 문서처리의 과학적인 관리가 필요하다고 하겠다.

3) 문서의 종류

문서의 종류는 다음과 같이 분류한다.

(1) 법규문서

법령, 정관, 학칙 및 본교의 제규정 등에 관한 문서를 말한다.

(2) 지시문서

교육부나 교육청 등 관청의 지시, 일일명령 또는 학교장의 교내 각 부서의 교직원 또는 학생에게 일정한 사항을 지시하기 위하여 작성된 문서를 말한다.

(3) 공고문서

공시, 공고 등 일정한 사항을 교직원, 학생 또는 이해관계인에게 알리기 위한 문서를 말한다.

(4) 학적관계문서

졸업생, 재학생 및 재적생의 학적 · 성적 등에 관련된 사항을 기록한 문서를 말한다.

(5) 연구문서

학교에서 행하는 각종 조사, 연구 및 분석의 보고 내지 발표에 관한 문서를 말한다.

(6) 비밀문서

업무상 보안을 요하는 사항을 담은 문서로 통제를 받는 문서를 말한다.

(7) 일반문서

제1항 내지 제6항에 속하지 아니하는 문서를 말한다.

2. 문서의 일반원칙

1) 문서의 전자적 처리

각 부서의 장은 문서의 기안 · 검토 · 협조 · 결재 · 등록 · 시행 · 분류 · 편철 · 보관 · 보존 · 이관 · 접수 · 배부 · 공람 · 검색 · 활용 등 문서의 모든 처리절차가 전자문서 시스템상에서 전자적으로 처리되도록 하여야 한다. 다만, 대외 발송문서 또는 긴급을 요하는 사항 등 부득이한 경우에는 규격화된 종이문서를 사용할 수 있다.

2) 문서의 일반원칙

① 문서는 정부에서 정한 어문 규정에 맞게 한글로 작성하되, 쉽고 간명하게 표현하고, 올바른 뜻의 전달을 위하여 필요한 경우 괄호 안에 한자 그 밖의 외국어를 넣어 쓸 수 있으며, 특별한 사유가 있는 경우를 제외하고는 가로로 쓴다.

② 문서에 쓰는 숫자는 특별한 사유가 있는 경우를 제외하고는 아라비아숫자로 한다.

③ 문서에 쓰는 날짜의 표기는 숫자로 하되, 연 · 월 · 일의 글자는 생략하고 그 자리에 온점(.)을 찍어 표시하며, 시 · 분의 표기는 24시각제에 따라 숫자로 하되, 시 · 분의 글자는 생략하고 그 사이에 쌍점(:)을 찍어 구분한다. 다만, 특별한 사유로 인하여 다른 방법으로 교시할 필요가 있는 경우에는 그러하지 아니한다.

④ 외부문서나 상신문서에는 경어를 사용하고 기타 문서는 부손한 감을 주지 않는 범위 내에서 경어를 생략할 수 있다.

⑤ 문서의 작성에 쓰이는 용지의 크기는 특별한 사유가 있는 경우를 제외하고는 가로 210cm, 세로 297cm로 한다.

3) 용지, 글자의 색깔과 용지의 여백

① 문서에 쓰이는 용지의 색깔은 특별한 사유가 있는 경우를 제외하고는 흰색으로 한다.

② 문서에 쓰이는 글자의 색깔은 검은색 또는 푸른색으로 한다. 다만, 도표의 작성이나 수정 또는 주의 환기 등 특별한 표시가 필요한 때에는 다른 색깔로 할 수 있다.

③ 전자문서는 제10조 제5항에서 규정한 용지를 세워서 사용함을 원칙으로

하고 용지의 위부터 25mm, 아래부터 10mm, 왼쪽과 오른쪽으로부터 각각 22mm, 머리말 0mm, 꼬리말 10mm의 여백을 두어야 한다. 종이문서의 경우 같은 규격의 용지를 세워서 사용하되 용지의 위부터 30mm, 왼쪽부터 30mm, 오른쪽 및 아래부터 각각 15mm, 머리말과 꼬리말 각각 15mm의 여백을 두어야 한다.

4) 문서의 수정

① 전자문서를 수정할 경우 수정한 내용대로 재작성하여 결재를 받아 시행하되, 수정 전의 전자문서는 기안자 · 결재자 또는 결재권자가 보존할 필요가 있다고 인정하는 경우에는 이를 보존하여야 한다. 다만, 종이문서의 일부분을 삭제하거나 수정한 때에는 원안의 글자를 알 수 있도록 당해 글자의 중앙에 두 선을 그어 삭제 · 수정하고, 삭제 · 수정한 자가 그 곳에 서명 또는 날인하여야 한다.

② 문서의 중요한 내용을 삭제 또는 수정한 때에는 문서의 여백에 삭제 또는 수정한 자수를 표시하고 서명 또는 날인하여야 한다. 다만, 시행문을 정정한 때에는 문서의 여백에 정정한 자수를 표시하고 문서발송 기관의 직인을 찍어야 한다.

3. 문서의 구성

1) 문서구성의 일반적 방법

① 기안문 및 시행문은 다음과 같이 두문 · 본문 및 결문으로 구성한다. 다만, 전자문서인 경에는 두문 · 본문 · 결문 및 붙임으로 구성하거나 표제부와 본문부로 구성할 수 있으며, 표제부와 본문부로 구성하는 경우에는 표제부는 두문, 본문의 제목 및 결문으로, 본문부는 제목 · 내용 및 붙임으로 구성한다.

(i) 두문은 발신명의, 해당기관의 우편번호 · 주소 · 전화번호 · 모사전송번호, 기안자 · 검토자 · 협조자 · 결재권자의 직위 또는 직급, 성명 및 전자우편주소, 문서번호, 시행일자, 보존기간, 공개여부, 수신란으로 한다.

(ii) 본문은 제목 · 내용 및 붙임으로 한다. 다만, 전자문서의 경우에는 제목 및 내용으로 할 수 있다.

(iii) 결문은 발신명의 및 수신자로 한다.

② 제1항 제1호의 규정에 의한 생산등록번호는 부서별 분류번호와 별표 1 '문서분류체계표'의 분류번호, 생산된 기안문의 일련번호로 하며, 접수등록번호는 접수된 시행문의 분류번호 및 일련번호로 한다.

③ 수신자가 많아 본문의 내용을 기재할 란이 줄어들어 본문의 내용을 첫장에서 파악하기 곤란한 경우에는 두문의 수신자란에 '수신자 참조'라고 쓰고 결문의 발신명의 밑의 왼쪽 기본선에 맞추어 수신자란을 설치하여 수신자명을 표시한다.

④ 제목은 그 문서의 내용을 쉽게 알 수 있도록 간단하고 명확하게 표시하고, 내용은 그 문서로써 표현하고자 하는 뜻을 쉬운 말로 간략하게 작성하되, 성질을 달리하는 내용을 같은 문서로 작성하여서는 아니된다.

⑤ 문서에 서식 · 금전 · 유가증권 · 참고서류 기타의 물품이 첨부되는 때에는 본문의 내용이 끝난 다음 줄에 "붙임"의 표시를 하고 첨부물의 명칭과 수량을 쓰되, 첨부물이 2가지 이상인 때에는 제15조의 규정에 의하여 나누어 표시하여야 한다.

⑥ 문서 및 유가증권에 금액을 표시하는 때에는 아라비아숫자로 쓰되, 숫자 다음에 괄호를 하고 다음과 같이 한글로 기재하여야 한다. (예시) 금 113,550 (금일십일만삼천오백육십원)

⑦ 기안문 및 시행문에는 가능한 한 본교의 로고 · 상징 · 마크, 표어, 홍보문구 등을 표시하여 본교의 이미지를 높일 수 있도록 하여야 한다.

⑧ 문서는 당해 문서에 대한 서명(전자이미지서명을 포함한다. 이하 같다)에 의한 결재가 있음으로써 성립한다.

⑨ 문서는 수신자에게 도달(전자문서는 수신자의 컴퓨터 파일에 기록되는 것을 말한다)됨으로써 그 효력을 발생한다.

2) 문서항목의 구분법

① 문서의 내용을 2 이상의 항목으로 구분할 필요가 있을 때에는 다음 구분에 의하여 표시하여야 한다.

다만, 필요한 경우에는 부분적으로 □, ○, —, · 등과 같은 특수한 기호로 표시할 수 있다.

1. 첫째항목 : 1., 2., 3., 4., ……
2. 둘째항목 : 가., 나., 다., 라., ……
3. 셋째항목 : 1), 2), 3), 4), ……
4. 넷째항목 : 가), 나), 다), 라), ……
5. 다섯째항목 : (1), (2), (3), (4), ……
6. 여섯째항목 : (가), (나), (다), (라), ……
7. 일곱째항목 : ①, ②, ③, ④, ……
8. 여덟째항목 : ㉮, ㉯, ㉰, ㉱, ……
9. 제2호 · 제4호 · 제6호 및 제8호의 경우에 하., 하), (하) 이상 더 계속되는 때에는 거., 거), (거), 너., 너), (너), ……로 이어 표시한다.

② 각 항목의 글은 항목 구분을 한 다음 점(.)을 찍고 한자를 띄어 씌되, 글이 다음 줄로 계속된 때에는 좌측 기본선부터 쓴다. 다만, 괄호항목 표시는 점을 찍지 아니한다.

3) 문서의 끝 표시법

① 문서의 본문이 끝나면 한 자 띄우고 "끝" 표시를 하며, 첨부물이 있는 때에는 붙임의 표시문 끝에 한 자 띄우고 "끝" 표시를 하여야 한다.

② 본문의 내용이나 붙임의 표시문이 오른쪽 한계선에 닿은 때에는 다음 줄의 왼쪽 기본선에서 한 자 띄우고 "끝" 표시를 하여야 한다.

③ 표 등의 서식을 작성하는 때에는 기재사항이 서식의 마지막 칸까지 작성되는 경우에는 서식의 칸 밖의 아래 왼쪽 기본선에서 한 자를 띄운 후 "끝"표시를 하고, 서식의 칸 중간에서 기재사항이 끝나는 경우에는 제1항의 규정에 의한 "끝"표시를 하지 아니하고 기재사항 마지막자의 다음 칸에 "이하 빈 칸" 표시

를 하여야 한다.

④ 일괄기안의 경우에는 각 안마다 전항의 규정에 의하여 "끝" 표시를 하여야 한다.

4) 문서의 발신명의

① 대외문서는 총장의 명의로 발신하되 각 대학원장, 대학장, 부속기관장 또는 부설기관장 명의로도 발신할 수 있다.

② 대내문서는 부서별 결재권자의 명의로 발신한다.

③ 내부결재문서는 발신명의를 표시하지 아니한다.

④ 제안문서에는 개인명의로 할 수 있다.

소통하고 배려하는 창의적인 민주 시민 육성

○○ 중학교

수신자 내부결재
(경유)
제목 민족공동체의식 함양 및 건전한 통일관 확립 학예행사 시상

1. 구산중학교-5464(2011. 05. 18)의 관련입니다.
2. 민족공동체의식 함양 및 건전한 통일관 확립 학예행사에 대한 시상을 아래와 같이 실시하고자 합니다.

가. 시상 대상자

	최우수	우수	장려
글짓기(산문)	2-1 황지홍	3-11 문가희	3-8 박혜리
글짓기(운문)	3-12 김유민	3-11 김상우	2-7 황하연
포스터	1-5 노소정	3-11 이지민	3-8 박혜리
나의 주장 발표	1-5 장서준	3-8 최가은	2-5 박혜진
나의 주장발표 참가상	1-3 신혜원 1-9 최 진 2-6 박선영 2-7 손영진 2-7 김경호 2-9 최형진		

나. 시상내역
최우수상 : 문화상품권 5,000원*3장*4명=60,000원
우수상 : 문화상품권 5,000원*2장*4명=40,000원
장려상 : 문화상품권 5,000원*1장*4명=20,000원
나의 주장 발표 참가상 : 파일 3,000원*6명=18,000원

다. 각 부문별 최우수 대상자는 6지구 대회에 출전함

붙임 품의서. 끝

04/01
교사(중등) 신○○ 부장교사 김○○ 교감(중등) 박○○ 교장(중등) 이○○
협조자
시행 ○○중학교-3456 (2011.04.01) 접수 ( )
우 22-060 서울특별시 ○○○ ○○○ ○○○
전화 38-2400 전송 387-2900 / 공개
"『맑은 서울교육』 우리의 얼굴입니다"

소통하고 배려하는 창의적인 민주 시민 육성

○○ 중학교

수신자 서울특별시서부교육지원청교육장(중등교육지원과장)
(경유)
제목 2011학년도 양성평등 글짓기 작품 제출

1. 초등교육지원과-12061(2011.04.20)의 관련입니다.
2. 2011학년도 양성평등 글짓기 작품을 붙임과 같이 제출합니다.

붙임 1. 양성평등 글짓기(○○중)
2. 추천자명단(○○중). 끝.

○ ○ 중 학 교 장

04/27
교사(중등) 신○○ 부장교사 김○○ 교감(중등) 임○○ 교장(중등) 이○○
협조자
시행 ○○중학교-459
우 서울특별시 ○○○ ○○○ ○○○
전화 전송 비공개(6)
『시민으로부터 신뢰받는 투명한 서울교육』

4. 문서의 작성 처리 및 심사

1) 기안문서

① 문서의 기안은 전자문서로 함을 원칙으로 한다. 다만, 업무의 특성상 전자문서의 사용이 적절하지 않은 경우 또는 기타 특별한 사정이 있는 경우에는 그러하지 아니한다.

② 문서의 기안은 별지 제1호 서식의 기안문서(이하"기안문"이라 한다)로 하여야 한다. 다만, 관계서식이 따로 있는 경우에는 그 내용을 관계서식에 기입하는 방법으로 할 수 있다.

③ 2 이상의 부서장의 결재를 요하는 문서는 그 문서의 처리를 주관하는 기관에서 기안하여야 한다.

④ 총장의 결재를 받아야 하는 경우에 사용하는 기안문서는 별지 제1호 서식을 사용하되, 특별한 결재절차에 사용하는 기안문서의 서식은 따로 정하여 사용할 수 있다.

2) 일괄기안

문서의 내용이 서로 관련성이 있고 동일한 기안양식에 기안하는 것이 필요하다고 인정되는 때에는 동일한 기안양식에 제1안, 제2안 등으로 구분하여 일괄기안할 수 있다. 다만, 시행문을 작성할 때에는 각 안 별로 따로 작성하되, 특별한 경우를 제외하고는 동일한 문서번호로 일시에 시행하여야 한다.

3) 협조전

동일 부처 내의 팀(과)간 의견교환이나 협조 요청 또는 경미한 사항에 대한 타

부처와의 의견교환이나 협조 요청을 위하여 별지 제2호 서식과 같은 협조전을 사용할 수 있다.

4) 장부에 의한 처리

경미한 사실의 허가증빙서나 증명서 등의 교부 기타 관례적 업무에 관한 문서는 기안함을 생략하고 그 내용을 장부에 의거 처리할 수 있다.

5) 검토 및 협조

① 기안문은 결재권자의 결재를 받기 전에 보조기관 또는 보좌기관의 검토를 받아야 한다.
② 문서의 내용이 다른 부서나 기관의 업무와 관련이 있는 때에는 그 부서 혹은 기관의 협조를 받아야 한다.
③ 제1항 및 제2항의 규정에 의하여 기안문을 검토 또는 협조함에 있어서 그 내용과 다른 의견이 있을 때에는 당해 문서 또는 별지에 그 의견을 표시하여야 한다.

6) 기안자 등의 표시

제18조의 규정에 의하여 기안한 자는 기안문의 기안자란에 서명하고, 제22조 제1항 및 제2항의 규정에 의하여 검토 또는 협조한 자는 해당란에 직위 또는 직급을 쓰고 서명하되, 제22조 제3항의 규정에 의하여 다른 의견을 표시하는 때에는 기안문의 해당 직위 또는 직급 다음에 "(의견있음)"이라고 표시하고 해당 서명란에 서명하여야 한다. 이 경우 그 의견을 당해 문서의 본문의 마지막에 표시하거나 별지에 표시하여야 한다.

7) 결재

① 문서는 결재권자의 결재를 받아야 한다.

② 최종 결재권자는 사무의 내용에 따라 하위 부서장, 팀(과)의 장 또는 당해 업무담당자로 하여금 위임전결하게 할 수 있으며 위임전결규정은 따로 정한다.

③ 결재권자가 휴가 · 출장 등 기타의 사유로 결재할 수 없을 때에는 그 직무를 대리하는 자가 대결할 수 있되, 내용이 중요한 문서에 대하여는 결재권자에게 사후에 보고하고 결재를 받아야 한다. 결재 후 내용이 변경되었을 때에는 수정된 대로 효력을 가지며 수정사항을 수신자에게 통고하여야 한다.

④ 위임된 사항을 전결(또는 대결)하는 경우에는 기안문서의 전결(또는 대결)하는 자의 서명란에 "전결"(또는 "대결") 표시를 하고 결재권자의 결재란에 서명하여야 한다.

⑤ 결재의 표시는 제4조 제5항에서 정의한 전자이미지서명으로 한다. 다만, 종이문서의 경우 결재권자의 인장 또는 사인으로 할 수 있으며 월일을 표시한다.

8) 간인

① 결재권자가 다음 각호의 1에 해당하는 2장 이상으로 이루어진 문서를 결재한 때에는 직인관리자는 직인으로 문서에 간인하여야 한다.

1. 전후관계를 명백히 할 필요가 있는 문서
2. 사실 또는 법률관계의 증명에 관계되는 문서
3. 승인 · 허가 및 등록 등에 관계되는 문서

② 전자문서의 간인은 면표시 또는 발급번호기재 등의 방법으로 갈음할 수 있다.

9) 문서의 생산등록

문서는 당해 문서에 대한 결재가 끝난 즉시 제14조 제2항의 규정에 따라 생산등록번호를 부여하고, 별지 제2호 서식 "생산등록대장"에 등록하여야 한다. 내부결재문서인 경우에는 생산등록대장의 수신자란에 "내부결재"를 표시하여야 한다.

10) 시행문의 작성

① 결재를 받은 문서 중 발신을 하여야 할 문서에 대하여는 별지 제1호 서식에 의하여 시행문으로 변환하여야 한다. 다만, 종이문서의 경우에는 수신자별로 시행문을 작성하여야 한다.
② 모사전송으로 발신하는 문서에 대하여는 시행문을 작성하지 아니한다.
③ 부서장이 소속 교직원 또는 팀(과)에 단순 업무에 대한 지시, 단순한 자료 요구 · 업무연락 · 통보, 공지사항, 일일명령 등의 시행문을 전자문서시스템의 전자게시판 또는 홈페이지 등에 게시한 때에는 당해 문서를 시행한 것으로 본다. 협조전을 시행하는 경우에도 또한 같다.

11) 문서심사

① 교내외 모든 발송문서는 반드시 심사 · 검토를 거쳐야 한다.
② 학교장 명의로 대외에 발신하는 문서(전자문서 및 종이문서, 서식 포함, 이하 같다)는 당해 문서를 시행하는 날 교감의 심사를 받아야 하고, 부장교사 명의로 발신하는 문서는 당해 문서를 시행하는 날 부서 교사의 심사를 받아야 한다.
③ 문서를 심사할 때에는 다음 각호와 같은 사항을 검토하여야 하며, 심사결과 미비한 사항이 있을 때에는 그 사항을 처리 부서에 통보하여 보완하도록 하여야 한다.
i) 결재권자의 결재 누락 여부
ii) 다른 문서와의 중복 · 저촉 여부

iii) 기안문과 시행문의 일치 여부
iv) 생산등록번호, 시행문상의 처리담당자 기재여부 등 정형화된 기재사항의 정확성 및 누락여부
v) 붙임서류의 누락 여부

12) 직인날인 및 직인생략

① 학교장 명의 또는 행정부서장 명의로 발송하는 문서와 임용장 · 상장 및 각종 증명서에 속하는 문서에는 본교 또는 당해부서의 직인(전자이미지직인을 포함)을 찍거나 서명한다.
② 전자문서인 경우에는 최종 결재권자의 결재 후 시행문 변환 시 전자이미지 관인이 자동적으로 생성되도록 하여야 한다.
③ 직인을 찍어야 할 문서로서 다수의 수신자에게 동시에 발신 또는 교부하는 문서에는 직인 날인에 갈음하여 직인의 인영을 인쇄하여 사용할 수 있다.
④ 단순한 자료요구 · 업무연락 · 통보 등을 위한 경미한 내용의 문서에는 직인을 생략할 수 있다.
⑤ 제4항의 규정에 의한 문서에는 기안문 및 시행문의 발신명의 표시의 오른쪽에 "직인생략" 표시를 하여야 한다.

13) 철인사용

문서작성 및 시행에 있어서 특별히 필요하다고 인정되는 경우에는 철인을 사용할 수 있다.

14) 문서의 발송

① 총장 명의로 대외에 발신하는 시행문은 제7조 제1항에서 규정한 문서관리부서에서 발송하여야 하며, 문서관리부서의 문서관리담당자는 발송할 문서와 생산등록대장의 기재사항을 확인한 후 발송하여야 한다.

② 제5조 제1항, 제2항에서 규정한 문서 및 모든 대내문서는 전자문서시스템에 의해 생산등록대장에 기록한 후 발송한다. 다만, 종이문서의 경우 처리부서에서 생산등록대장에 기재한 후 직접 발송한다.
③ 우편에 의하여 발송하는 때에는 본교에서 제작한 규격 행정봉투를 사용하여야 한다.
④ 인편에 의하여 문서를 발송하는 때에는 기안문의 적당한 여백에 수신기관의 수령자의 소속 및 수령일자를 표시하고 서명 또는 날인을 받아야 한다.
⑤ 종이문서를 발송할 경우 문서의 오른쪽 아랫부분 적당한 여백에 발송인을 날인하여야 한다.
⑥ 문서관리부서를 통해 발송되는 문서는 내용을 확인할 수 있도록 봉합하지 않은 채로 발송 의뢰하여야 한다.

15) 문서의 접수

① 모든 대외문서는 문서관리부서에서 접수함을 원칙으로 하며, 처리부서에서 직접받은 대외문서는 지체없이 문서관리부서에 인계하여야 한다.
② 대외문서는 문서관리부서의 문서관리담당자가 별지 제4호 서식 '접수등록대장'에 접수등록번호와 접수일자를 기재하여야 한다.
③ 대내문서는 처리부서에서 직접 접수함을 원칙으로 하며, 접수와 동시에 접수등록번호와 접수일자가 자동으로 전자문서에 표시되도록 하여야 한다.

5. 문서보관 및 보존, 폐기

1) 문서의 보관

① 전자문서의 보관은 부서 캐비닛 안의 폴더를 사용하며, 종이문서의 보관은

문서분류체계에 따라 편철 후 파일박스에 보관한다.

② 분류번호별로 편철된 문서는 문서철별로 파일박스에 넣어 부서단위로 지정된 문서함에 보관하고 파일박스에 분류번호, 파일명, 위치번호 및 부서명을 표기하여야 한다.

③ 파일박스 배열은 분류번호별로 좌에서 우로, 위에서 아래로 배열한다.

④ 보존연한이 3년 이하의 문서는 각 부서에서 보관 후 폐기 신청하고, 5년 이상의 문서는 부서에서 최소 3년 이상 보관 후 문서보존부서로 이관하거나 혹은 폐기 신청한다.(개정 2009.7.16)

⑤ 미결문서는 담당자별로 미결서류철에 철하여 완결될 때까지 진행문서 박스에 보관한다.

2) 보존

① 전자문서의 보존 관리는 컴퓨터 파일로 보존하거나 출력하여 보존할 수 있으며, 전자문서를 보존 관리함에 있어서 멸실, 분실, 도난, 유출, 변조 또는 훼손되지 않도록 안전한 저장매체(예: 대용량의 CD) 및 필요한 안전장치를 하여야 하고, 보존 10년 후에도 전자문서를 읽을 수 있는 장치와 프로그램을 확보 유지하여야 한다.

② 보존 관리를 위한 이관된 종이문서는 보존기간에 의한 폐기 시까지 분류번호별로 문서고에 집중 관리하고 문서보존부서에서 정한 보존목록을 전자적으로 데이터베이스화하여 검색 및 관리를 용의하게 해야 한다.(개정 2009.7.16)

③ 보존문서는 적당한 기온과 습도가 유지되는 문서고에 보관하고 연 1회 이상 보존상태를 확인하여야 하며, 보존문서의 변질, 충해를 방지하기 위하여 소독을 실시하여야 한다.

3) 보존연한

① 문서의 보존연한은 영구 · 10년 · 5년 · 3년 · 1년의 5종으로 구분한다.

② 보존연한의 기산점은 다음 학년도 개시일로 한다.

③ 학적사항이나 학교생활기록부는 영구보존하며 학생건강기록부는 10년간 보존한다. 나머지는 학교별 보존연한 규정에 따른다.

제 11장

학사업무 관리

1. 학생의 출결 관리
2. 학적관리
3. 학업성적 및 평가관리
4. 조기진급 및 조기졸업제 시행관리
5. 생활기록부의 작성법

1. 학생의 출결 관리

학교생활기록부 전산처리 및 관리지침(교육과학기술부 훈령 제616호)에 의거하여 학생의 출결 관리의 합리화와 공정화가 요구된다.

1) 수업일수

① 수업일수는 초 · 중등교육법시행령 제45조의 규정에 의하여 학교장이 정한 학년별 학생이 연간 총 출석해야 할 일수를 말한다.

② 전출 · 휴학 · 면제 · 유예 · 제적 · 자퇴 · 퇴(유)학일까지를 수업일수에 삽입한다.

③ 전출 · 휴학 · 면제 · 유예 · 제적 · 자퇴 · 퇴(유)학일과 재입 · 편입 · 전입 · 복학일이 동일한 경우는 재입 · 편입 · 전입 · 복학일만 수업일수로 산정한다.

④ 재입 · 편입 · 전입 · 복학생의 수업일수는 원적교의 수업일수와 합산하되, 중복되는 재학기간의 수업일수는 제외한다(예 : '98.4.15. 자퇴, '99.3.20. 편입일 경우, 원적교의 '98.3.2~'98.3.19까지의 수업일수는 합산하고 '98.3.20~'98.4.15까지의 수업일수는 제외).

⑤ 재입 · 편입 · 전입 · 복학생의 수업일수는 다른 학생의 수업일수와 같지 않을 수 있으나, 그 수업일수가 당해 학교 당해 학년 수업일수의 3분의 2 미만이 될 경우에는 당해 학년도 재입 · 편입 · 전입 · 복학이 불가능하다(초 · 중등교육법시행령 제50조 제2항 참조).

2) 결석

(1) 결석일수의 산정

① 교칙에 의거, 출석하여야 할 날짜에 출석하지 않았을 때에는 결석으로 처리

한다.

② 재입 · 편입 · 전입 · 복학생의 결석일수는 원적교의 결석일수와 합산하되, 중복되는 재학기간의 결석일수는 제외한다(예 : '98.4.15. 자퇴, '99.3.20. 편입일 경우, 원적교의 '98.3.2~'98.3.19까지의 결석일수는 합산하고 '98.3.20~'98.4.15까지의 결석일수는 제외).

(2) 출석처리

다음 각 항의 하나에 해당되는 경우에는 출석으로 처리한다.

① 천재지변, 법정 전염병 등 불가항력의 사유로 인하여 출석하지 못한 경우

② 병역관계 등 공적의무 또는 공권력의 행사로 인하여 출석하지 못한 경우

③ 학교장의 허가를 받아 학교를 대표한 경기, 경연대회 참가, 현장실습, 훈련참가, 교환학습, 현장(체험)학습, 대학진학관련 면접에 참가, 교육활동 중 교통사고 등으로 인하여 출석하지 못한 경우

④ 초 · 중등교육법시행령 제31조(학생의 징계 등) 제1항의 규정에 의한 학교 내의 봉사, 사회 봉사, 특별교육이수 기간

⑤ 다음 경조사로 인하여 출석하지 못한 경우(국가공무원복무규정 제20조 제1항 별표 2를 근거로 함)

구 분	대 상	일 수
결 혼	형제, 자매, 삼촌, 외삼촌, 고모, 이모	1
회 갑	부모 및 부모의 직계존속	1
	부모의 형제 · 자매 및 그의 배우자	
	형제 · 자매 및 그의 배우자	
사 망	부모 및 부모의 직계존속	7
	부모의 조부모 · 외조부모 · 증조부모 · 외증조부모	5
	부모의 형제 · 자매 및 그의 배우자	3
	형제 · 자매 및 그의 배우자	
	조부모 · 외조부모의 형제 · 자매 및 그의 배우자	

구 분	대 상	일 수
탈 상	부모 및 부모의 직계존속	2
	형제 · 자매 및 그의 배우자	1
	부모의 형제 · 자매와 그의 배우자	

※ 원격지일 경우 실제 필요한 왕복 소요일수를 학교장의 결재를 받아 가산할 수 있음.

⑥ 여학생의 생리로 인하여 출석하지 못한 경우

여학생의 생리로 인하여 결석한 경우에는 출석으로 인정하되, 인정기간 및 회수 · 생리결석 인정 방법 및 증빙서류는 다음과 같다.

- 출석인정 기간은 월 1일(지각, 조퇴, 결과 합산해 3회를 출석인정 1일과 동일하게 간주)로 하며, 월 1일 초과 시 생리결석은 일반 출결 규정대로 처리한다.
- 생리결석 확인은 다음과 같이 한다.
  - 시험기간 중 출석인정은 의사의 소견서와 결석원을 첨부하여 학교장의 결재를 받음
  - 시험기간 이외의 출석인정은 보호자 의견서나 담임 또는 보건교사의 확인서를 첨부하여 학교장의 결재를 받음
- 생리로 인하여 지필평가 및 수행평가에 참여하지 못한 학생(결시생)의 성적처리는 학업성적관리규정에 의거하여 처리한다.

⑦ 기타 부득이한 사유로 학교장의 허가를 받아 결석하는 경우

(3) 질병으로 인한 결석

① 결석한 날부터 3일 이내에 의사의 진단서를 첨부하여 결석계를 제출한 경우

② 부득이한 사정으로 결석한 날부터 3일 이내에 의사의 진단서 또는 의견서를 첨부하지 못했으나, 병으로 인한 결석임을 증명할 수 있는 증빙자료(담임교사의 확인의견서 등)를 첨부한 결석계를 3일 이내에 제출하여 학교장의 승인을 받은 경우

(4) 사고로 인한 결석

① 무단으로 결석한 경우(태만, 가출, 고의적인 출석 거부, 범법행위로 관련기관에 연행 및 도피 등)
② 결석계를 제출하더라도 위 '(3)'과 아래 '(5)'의 각 항과 같은 사유가 아닌 결석
③ 초 · 중등교육법시행령 제31조(학생의 징계 등) 제5항의 가정학습 기간

(5) 기타 결석

① 학교장이 인정하는 부모 및 가족 봉양, 가족 병간호, 가사 조력, 부득이한 개인사정 또는 공납금 미납으로 출석하지 못하는 경우
② 위 '(3)', '(4)'의 각 항과 같은 사유가 아닌 결석

3) 지각 · 조퇴 · 결과

① 지각은 소정의 등교시간에 출석하지 않는 경우, 조퇴는 소정의 하교시간 이전에 하교하는 경우, 결과는 소정의 교과 수업시간에 출석하지 않는 경우이다.
② 위 2), (2)의 각 항에 해당되는 사유로 인한 지각, 조퇴, 결과는 각각의 횟수에 포함하지 않는다.
③ 지각, 조퇴, 결과 중 위 2), (3)의 각 항에 해당되는 사유로 인한 것은 질병으로, 위 2), (4)의 사유로 인한 것은 사고로, 위 2), (5)의 각 항에 해당되는 사유로 인한 것은 기타로 각각 처리한다.
④ 같은 날짜에 지각, 조퇴, 결과가 발생된 경우에는 학교장이 판단하여 어느 한 가지 경우로만 처리한다.
⑤ 같은 날짜에 결과가 1회 이상이라도 1회로 처리한다.
⑥ 재입 · 편입 · 전입 · 복학생의 지각 · 조퇴 · 결과 횟수는 원적교의 각 횟수를

합산하되, 중복되는 재학기간의 각 횟수는 제외한다(예 : '98.4.15. 자퇴, '99.3.20. 편입일 경우, 원적교의 '98.3.2~'98.3.19까지의 각 횟수는 합산하고 '98.3.20~'98.4.15까지의 각 횟수는 제외).

4) 기타

① 조퇴나 외출을 해야 할 학생에게는 그 사유가 불가피하다고 인정될 때 담임은 허가증을 발급해야 한다.

② 제적자의 난에는 제적된 날짜에 그 재적 사유를 주서하고, 그 날짜 후부터는 주선을 그어 말소한다. 전입 및 복학자는 퇴학자 난에 입적시킬 것이 아니라 끝번 다음부터 차례로 번호를 부여하고 그 날짜에 전입 · 복학 구분 기재하고 그 전란은 흑선으로 말소한다.

③ 담임은 매일 매교시의 기재 누락 여부를 검사 보완하고 정정자는 반드시 정정 날인해야 한다.

④ 담임은 병결로 처리한 결석계를 일건 서류와 함께 교무부 출결담당자에게 제출하여 교무부에게 보관한다.

⑤ 담임교사는 토요일 주말 통계, 누계, 월말 통계를 정확히 기재하고 월 1회 결재를 받도록 하고 학생생활기록부에는 아래와 같이 정리한다.

학년	수업일수	결석일수			지각			조퇴			결과			특기사항
		질병	사고	기타	질병	사고	기타	질병	사고	기타	질병	사고	기타	
1														개근
2		15			1									맹장수술(10일), 감기(5일)
3				1							1			부모간병

특기사항란에는 개근인 경우에는 '개근'이라고 기입하고 질병, 사고 등으로 인한 장기결석, 기타 결석의 사유 등 입력한다.

예) 맹장 수술(질병으로 장기결석의 경우), 무단결석(사고로 장기결석의 경우)

2. 학적관리

1) 편입학의 개념과 요건

(1) 편입학의 개념

편입학이란 면제, 유예, 제적, 자퇴, 퇴학, 유학한 자가 당시 재학 학년 이하의 학년으로 다른 학교에 다시 입학함을 의미한다.

(2) 편입학의 요건

① 편입학할 수 있는 자는 편입학하고자 하는 학년의 전(前)학년까지의 과정을 수료한 자 및 이와 동등 이상의 학력이 있다고 인정되는 자이어야 하고, 퇴학한 자가 재입학할 수 있는 학년은 퇴학 당시 학년의 이하 학년에 한한다(초 · 중등교육법시행령 제74조).

② 중퇴자는 원칙적으로 원적교에 재입학하도록 한다.

③ 원적교에 중퇴자의 재입학이 어려울 경우, 학교장 간의 협의에 의하여 타교로 편입학 할 수 있다.

④ 학교장 간의 협의에 의한 타교 편입학이 안 될 때는 교육감이 편입학할 학교를 지정하여 배정할 수 있다.

⑤ 재 · 편입학의 시기는 교육과정 이수에 지장이 없는 범위(수업일수 2/3 이상 출석) 안에서 수시로 허용할 수 있다.

⑥ 자퇴 · 퇴학한 학생 중 원적교가 아닌 타 학교로의 편입학을 희망하는 경우 자퇴 · 퇴학한 학년도와 동일 학년도에는 편입학이 불가하다.

⑦ 학생의 교육환경을 바꾸어 줄 필요가 있는 경우엔 학교장 간의 협의에 의하여 동일지역 타교로 전학할 수 있으며 학교장 간의 협의에 의한 동일지역

타교 전학이 안 될 때는 교육감이 전학할 학교를 지정하여 배정할 수 있다.

⑧ 외국에서 귀국한 학생, 외국인 학생 또는 북한이탈주민의 보호 및 정착지원에 관한 법률 제2조 제2호의 규정에 의한 북한이탈주민의 자녀는 '귀국자 입학업무 처리요령 및 유의사항'에 준하여 학칙이 정하는 바에 따라 입학 · 전학 또는 편입학을 허용한다.

⑨ 전 가족이 이전한 후 구비서류를 완비하여 전입학을 신청하면 학교장은 학칙에 의거 결격사유가 없는 한 전입학을 허가해야 하며, 학생의 성적 부진이나 전 재적교의 결석 등 생활지도상의 문제를 이유로 전입학을 불허할 수 없다.

2) 전 · 편입학 및 재입학 허용범위(정원 외 학생수 인정 범위)

다음 각 항에 해당하는 자는 정원 외로 전 · 편 · 재입학을 허용하되 아래 ①~⑩ 항의 총합이 정원의 5%를 넘지 못한다(정원 외 허용 범위 : 초 · 중등교육법시행령 제51조, 제82조).

① 유급생 : 대상자 전원

② 재입학 또는 편입학하는 자 : 대상자 전원 (단, 재입학자는 정원 외 허용범위 5%를 넘더라도 재입학을 허용할 수 있으나, 정원 내 정원에 결원이 생기면 즉시 정원 내로 전환 관리함. 중등교육과-3947, 2006.03.06)

③ 수몰지구 주민의 자녀(초 · 중등교육법시행령 제51조 제5항) : 대상자 전원

④ 야간부 고등학교 휴학자, 자퇴자, 중도탈락자 중, 야간부고교 폐교로 재입학 할 수 없는 자 : 대상자 전원

⑤ 교육환경전환대상자(초 · 중등교육법시행령 제73조 5항, 제89조 제5항) : 해당 학년 정원의 3% 이내

⑥ 초 · 중등교육법시행령 제82조 제3항 제2호 및 제3호 해당자(특례귀국자) : 해당학년 정원의 2% 이내

⑦ 일반 귀국자 : 특례귀국자 인원을 포함하여 해당 학년 정원의 3% 이내

⑧ 국가유공자 등 예우 및 지원에 관한 법률에 의한 국가유공자의 자녀 중 교육보호대상자 (초 · 중등교육법시행령 제51조 제4항) : 해당학년 정원의 3% 이내

⑨ 북한이탈주민의 자녀(초 · 중등교육법시행령 제75조, 제82조) : 해당학년 정원의 2% 이내

⑩ 타 시 · 도 전입자 및 군인자녀(초 · 중등교육법시행령 제51조 제5항) : 해당학년 정원의 3% 이내

3) 편입학 절차

① 입학신청자는 입학 희망학교로 해당학기 시작 20일 전까지 '학년결정 입학신청서'와 '학교 외 학습경험' 증빙 자료를 제출한다(입학신청서는 해당학교 제공).

② '학교 외 학습경험' 증빙 자료는 재학(제적 · 자퇴)증명서, 이수(수료)증서 등을 활용한다.

③ 신청서를 접수한 학교에서는 '교과목별이수인정평가위원회'에서 '학교 외 학습경험'을 심의한다(미 통과자에게는 입학 불허를 통보한다).

④ '교과목별이수인정평가위원회'에서는 입학신청자에게 '교과목별 이수인정평가'를 실시한다.

⑤ '교과목별 이수인정평가'에 따라 학교장은 '입학 허가 여부'를 결정하여 학기 시작 후 20일 이내에 입학 신청자에게(허가하는 경우 허가 학년을 포함하여) 통보한다.

⑥ 고등학교 학년결정 입학 절차에 따라 '학년을 정하여 입학'한 경우 해당 학생의 학적은 편입학으로 간주하여 처리한다(NEIS 학적처리 포함).

4) 편입학 자격 심의기준

① 허용 범위는 해당학년의 정원 범위 내에서 허용한다. 다만, 학년결정 입학신청일 당시 존재하던 결원이 고등학교 학년결정 입학 허용 이전에 전입학 등으로 충원된 경우 정원 외 2% 범위 내에서 허용할 수 있다.

② 전 · 편입학이 상호 허용되는 학교(초 · 중등교육법시행령 제89조 제1항)에 재학 중인 학생은 적용대상에서 제외한다.

③ 고등학교 학력인정 교육시설에서 2학기(1년)에 해당하는 기간 동안 학습 시 고등학교 2학년 편입학 대상에 해당하는 '학교 외 학습경험'으로 인정한다.

④ 국내의 비정규 교육시설에서 학습학기 평균 13주 이상이며, 주 평균 20시수 이상에 해당하는 과정에서 학습 시 동일 기간에 해당하는 '학교 외 학습경험'으로 인정한다(학기당 13주 미만 또는 주 평균 20시수 미만인 경우는 해당 주, 시수를 합산하여 심의 가능함).

⑤ 해당학교의 '교과목별이수인정평가위원회'에서는 '교과목별 이수인정평가'의 과락기준 및 불합격 기준을 신청서 접수 이전에 결정하여 안내하여야 한다.

5) 교과목별 이수인정평가 실시기준

① '교과목별 이수인정평가' 실시 방법과 내용은 해당학교의 규정에 따라 실시한다(고등학교에서는 '교과목별이수인정평가위원회' 규정 정비).

※ 일반고 지필평가 예시 : 국어, 영어, 수학, 사회(또는 과학) 교과별로 1개 이상의 과목에 대하여 지필평가를 실시한다. 단, 특성화고의 경우 전문교과 과목을 포함하거나 전문교과 과목으로 대체 가능하며, 사회(또는 과학)에 대하여는 해당학교에서 편성 · 운영 중인 과목 중 입학신청자에게 선택기회를 부여한다.

② 지필평가 내용과 범위 및 난이도는 입학 신청 학년 직전 학기 해당학교 정기고사에 준한다.

③ 교과목별 이수인정평가에서 합격여부 등의 업무처리 규정은 단위학교의 학칙으로 정한다.

④ 고등학교별 학년결정 입학가능 학생수(특정일 기준) 등 입학신청자에 대한 사전 안내사항은 학교 홈페이지에 게재한다.

⑤ 문제지, 답안지 등 근거자료를 해당 학생 졸업 후 1년 이상 보관한다.

6) 전입학 허용기간

① 동일계열의 경우[일반고간, 특성화고(전문계고)간, 예 · 체능고간 등]

- 3학년 1학기 6월 25일까지[당해 학교 1학기 2차(기말) 고사 실시 전]

② 계열이 달라지는 경우(대안교육 실시 고에서 타 학교로의 전입학 포함)

- 2학년 1학기 6월 25일까지[당해 학교 1학기 2차(기말) 고사 실시 전]

③ 전입학은 교육과정 이수에 지장이 없는 경우에 한하여 위 기한 내에 허용할 수 있다.

7) 제출 서류

(1) 기본서류는 다음과 같다.

① 재학증명서(전 · 편입학용, 배정 전일로부터 1주일 이내) 1부

② 주민등록등본 2부(친권자 포함한 전가족 등재분)

③ 전가족 거주이전 전출학교장확인서 1부

(2) 초 · 중등교육법시행령 제82조 제3항 제2호 및 제3호 해당자 중 해외 교포 및 외교관의 자녀는 다음의 서류를 추가로 제출한다.

① 외국학교(재학기간 명시) 전학년 재학증명서 및 성적증명서 각 1부

② 국내 최종학교 재학(졸업)증명서 1부

③ 여권 사본 또는 출입국 사실 증명서 1부

④ 전 가족 주민등록등본 1부

⑤ 외국체류 기간 및 거주확인서 1부

8) 기타

제출 서류에 오류가 발생되는 경우에는 본인에게 수정 · 보완토록 통보하고 이를 이행치 않을 때는 전 · 편입학을 보류 또는 취소할 수 있다.

전입생을 접수받은 학교장은, 접수된 전입생의 학력 조회 등 결격사유 유무를 즉시 확인해야 하며, 결격사유가 발생하면 전 · 편입학을 취소할 수 있고, 결격사유가 발생하여 전 · 편입학을 취소할 경우 재적 학교와 학부모에게 즉시 이를 통보한다.

3. 학업성적 및 평가관리

1) 기본 방침

① 학업성적 평가 및 관리의 객관성, 공정성, 신뢰도를 높이기 위하여 학업성적 운영위원회를 구성하고, 그 기능을 강화한다.

② 학교장은 지역실정 및 학교의 특수성을 고려하여 교육부가 고시한 교육과정 편성 · 운영 지침에 따라 학교 수준의 교육과정을 편성 · 운영하고, 학업성취도를 포괄적으로 평가한다.

③ 교과학습 발달상황의 평가는 지필평가와 수행평가로 구분하여 실시한다.

④ 외부에서 제작한 평가도구의 활용은 지양하고, 선다형 일변도의 지필검사에서 서술형 · 논술형 등의 주관식 평가와 표현 및 태도의 관찰평가가 조화롭게 이루어지도록 한다.

⑤ 학교에서 가르치고 제시한 내용과 기능을 위주로 평가한다.

⑥ 체육, 음악, 미술 등과 같이 정의적, 기능적, 창의적인 면이 중요시되는 교과목의 평가는 표현, 기능 등의 타당한 평가 기준에 의거하여 실시한다.

⑦ 실험 · 실습, 실기 등의 수행평가는 교과의 성격을 고려하여 합리적인 세부 평가 계획을 수립한 후 평가하여 공정성과 객관성이 유지되도록 한다.

⑧ 선택 교과는 필수 교과와 같이 점수화하여 평가하되, 한 학년에 두 개 이상의 교과목이 개설되는 경우에는 선택 교과 점수의 균형이 이루어지도록 한다.

⑨ 성적 및 학생생활 평가 자료 및 학교생활기록부 입력 관련 보조 자료는 학생에는 열람할 수 있도록 한다.

⑩ 성적 평가 자료 및 학교생활기록부 기록 관련 자료는 당해 학년도 학년 말까지 1년간 보존한다.

2) 평가문제 출제

① 교과협의회를 통하여 과목별 교수목표에 맞는 출제 계획을 수립한 후 출제한다.

② 평가문제는 타당도, 신뢰도, 객관도 및 변별도가 높은 문항으로 출제하고 평가목표와 내용을 포함한 이원목적분류표를 작성하여 활용하되, 교사별로 문항수를 분담하여 출제하고 동일과목 담당교사 간 협의를 통한 공동출제로 학급간의 성적차를 최소화하도록 노력한다.

③ 모든 출제 원안에는 문항별 배점을 표시하되, 평가의 변별력을 최대한 높이고 가능한 가급적 100점 만점으로 출제하여 평가문항은 수준별 난이도의 배열에 유념한다.

④ 서술형 · 논술형 등 주관식 문제 채점 기준에는 문항별 배점을 포함시켜야 한다.

⑤ 출제 문항수는 주어진 시간 내에 풀 수 있는 적정 분량이어야 한다.

⑥ 평가 문항 출제에 있어 시판되는 참고서 등의 문제를 전재하거나 일부 변경 또는 전년도에 출제된 문제를 그대로 재출제하는 일, 객관성의 결여로 정답에 대한 논란이 일어나는 문제가 발생하는 일이 없도록 한다.

⑦ 컴퓨터를 이용하여 문제를 출제하는 경우, 출제 중 또는 출제 후 고사 원안 파일을 하드 디스크에 그대로 저장해서 관리하거나 파일을 공유하는 일이 없도록 한다.

⑧ 출제문제를 수업 시간이나 기타의 방법으로 고사 실시 전에 지도하거나 문제풀이를 연습하는 일이 없도록 한다.

3) 평가문제 인쇄 및 보안관리

① 과목담당교사가 출제한 고사 원안은 정하여진 결재 절차를 거친 후 인쇄를 한다.
② 평가업무담당 부장교사 및 출제담당교사는 고사 원안의 결재, 보관, 인쇄 및 보안관리를 철저히 한다.
③ 학교장은 평가문제 인쇄기간 중 인쇄실을 통제구역으로 관리하고, 보안을 철저히 한다.
④ 평가업무 담당교사는 고사 원안과 인쇄된 문제지를 인쇄실에서 인수한 후 원지와 파지를 별도 관리하여 고사 종료 후 파기한다.
⑤ 출제교사는 인쇄된 문제지를 지정된 장소에서 검토한 후 포장 · 봉인하여 지정된 장소에 보관한다.
⑥ 포장 · 봉인된 문제지는 평가업무 담당부장교사의 책임 하에 보관한다.

4) 채점 및 답안지 처리

① 정답은 빠른 시간 내에 공개하되, 서술형 · 논술형 주관식 문제는 채점 기준을 제시한다.
② 답안지 채점을 전산 처리하는 경우를 제외하고는 모든 주관식 문항에 정 · 오답을 구분하고 착오 유무를 점검 · 확인한다.
③ 서술형 · 논술형 주관식 문제 답안은 채점 기준의 일관성이 유지되도록 출제자가 여러 명인 경우 두 사람 이상의 채점자가 각각 별도로 채점하고, 채점 결과의 평균 점수로 부여함을 원칙으로 한다.
④ 주관식 답안 채점 시는 이미 정해진 문항별 배점과 채점기준표에 따라 채점한다.

5) 성취도 평정

① 성취도는 지필평가 및 수행평가의 반영비율환산점수의 합계(성취율)에 따라

다음과 같이 판정한다.

성취율(점수) 90% 이상 : 수, 80% 이상 ~ 90% 미만 : 우, 70% 이상 ~ 80% 미만 : 미, 70% 미만 : 양, 60% 미만 : 가

② 창의적 체험활동에 대한 평가는 활동영역 또는 주제에 대한 특기사항을 간략한 문장으로 기술한다.

6) 성적일람표 작성

① 과목별 성적일람표는 매 학기 말 과목담당교사가 작성하되, 단위수, 지필평가와 수행평가의 점수를 합산하고, 성취도와 석차를 산출한다. 전산 처리가 가능할 경우 전산 출력물로 대체할 수 있다.

② 과목담당교사는 채점 결과를 과목별 성적일람표에 기입(입력)한다.

③ 학급 담임교사는 교과담당교사로부터 인수한 자료에 의해 해당 과목명과 학생 개인별 성적을 과목 순으로 입력한다.

4. 조기진급 및 조기졸업제 시행관리

1) 기본 방침

① 초·중등학교에서 지적 학문적 분야에서 재능이 뛰어난 특수 재능아를 발굴, 그들이 잠재력을 최대한 계발할 수 있도록 한다.

② 교과목별 조기이수 대상자 판별의 타당성과 신뢰성을 확보한다.

③ 교과목별 이수인정 평가의 타당성, 공정성, 신뢰성을 확보한다.

④ 특수재능과 인성을 모두 고려하여 전인적 발달에 힘쓴다.

⑤ 특수재능교육 전담부서를 설치하여 효과적으로 업무를 추진한다.

2) 조기진급 · 조기졸업 및 상급학교 조기입학

(1) 조기진급(초 · 중등교육법 제27조)

교과목별 조기이수에 의한 각급 학교의 진급에 필요한 소정의 교육과정을 이수하고 조기진급 하고자 하는 경우

① 초등학교에서는 1학년에서 3학년으로, 2학년에서 4학년으로, 3학년에서 5학년으로, 4학년에서 6학년으로 진급할 수 있다. 단, 적용학년은 학교 여건과 실정에 따라 학교장이 결정한다.

② 중학교 또는 고등학교에서는 동일 학교급 내에서 1학년에서 3학년으로 진급할 수 있다.

(2) 조기졸업 및 상급학교 조기입학(초 · 중등교육법 제27조)

① 본 지침에서 조기졸업은 초등학교 5학년과 중학교 또는 고등학교 2학년에서 교과목별 조기이수에 의하여 졸업에 필요한 소정의 교육과정을 모두 이수하고 졸업하는 경우만을 의미한다.

② 초등학교 5학년에서 교과목별 조기이수에 의하여 졸업에 필요한 소정의 교육과정을 모두 이수한 자는 조기졸업을 할 수 있으며, 차상급 학교로 조기입학할 수 있다.

③ 중학교 또는 고등학교 동일 학교급 내 2학년에서 교과목별 조기이수에 의하여 졸업에 필요한 소정의 교육과정을 모두 이수한 자는 조기졸업할 수 있으며, 각각 차상급 학교로 조기 입학할 수 있다.

3) 조기진급 및 조기졸업자 선정 절차와 기준

(1) 선정절차

① 학생과 학부모의 신청에 의한(또는 학생과 학부모의 동의 후) 학급담임 교사의 추천

② 개인 지능검사 등 각종 검사 실시
③ 학교장이 정하는 교과목의 학업성취도 평가(정기고사 성적 활용 가능)
④ 학교장은 교과목의 학업성취도를 고려할 경우 모든 교과목 또는 필요 한 일부 교과목의 학업성취도를 고려할 수 있다. 단, 일부 교과목의 학업성취도를 고려할 경우에는 초등학교에서는 국어, 수학, 과학(초등학교 1, 2학년은 국어, 수학, 슬기로운 생활) 교과목을, 중등학교에서는 국어, 수학, 과학, 영어 교과목을 포함시켜야 한다.
⑤ 학교장은 학업성취도와 개인 지능검사 결과와 함께 적성검사, 창의성 검사, 흥미검사, 학습습관 검사 등의 결과를 고려할 수 있다.

(2) 선정 기준

1 초등학교 1, 2학년

심신발달과 건강상태가 양호하고, 사회 적응력이 양호하며, 창의적 문제해결력 검사(국어, 수학, 과학탐구)에서 우수한 능력을 발휘하는 자로서 언어능력, 수리능력, 조작능력이 뛰어나 조기진급 대상자로 적합하다고 판단되는 자

2 초등학교 3학년 이상

① 심신발달과 건강상태가 양호하고, 정서가 안정되고 사회 적응력이 양호하며, 창의적 문제해결력 검사(국어, 수학, 과학)에서 우수한 재능을 발휘하는 자
② 수학, 과학, 예 · 체능 각 분야에서 특별히 우수한 재능을 보이고 전 교과의 학업성취도가 우수한 자로서,
· 교육부 또는 서울특별시교육청에서 시행한 경시 · 경연대회 입상자
· 공인된 전국 규모의 경시 · 경연대회 입상자 등
③ 학교장이 조기진급 또는 조기졸업자로 적합하다고 판단한 자

3 중등학교

① 심신발달 및 건강상태가 양호하고, 정서가 안정되고 사회 적응력이 양호하며,

창의적 문제해결력 검사(국어, 수학, 과학)에서 우수한 재능을 발휘하는 자

② 국어, 수학, 과학, 영어교과의 학업성취도가 '수' 이거나 수학, 과학, 외국어, 예 · 체능 각 분야에서 특별히 우수한 재능을 보이고 전 교과의 학업성취도가 '우' 이상인 자로서,

· 교육부 또는 서울특별시교육청에서 시행한 경시 · 경연대회 입상자

· 공인된 전국 규모의 경시 · 경연대회 입상자 등

③ 학교장이 조기진급 또는 조기졸업자로 적합하다고 판단한 자

(3) 조기진급자의 환원 조치

① 조기진급 후에 부적응 현상이 심각한 경우에 학교장은, 학생 본인과 보호자의 원에 의하거나 동의를 받아 학년 초 60일 이내에 환원 조치하고, 환원조치 후 7일 이내에 보고한다.

② 학교장은 환원 조치 이전에 학급담임 및 교과 교사, 학생 본인, 보호자와 상담하고 부장 교사회의 자문을 받는다.

5. 생활기록부의 작성법

1) 생활기록부의 법적 성격과 작업의 기준

(1) 법적 성격

① 학교생활기록부는 법정 장부로서 반드시 작성해야 하는 문서(초 · 중등교육법 제25조)인 동시에, 작성하도록 되어 있는 사항은 반드시 작성해야 하는 작성의 강제성이 있다.

② 작성된 결과를 학생에 대한 교수-학습 지도 자료로 활용됨과 동시에, 학교에

서 이루어지고 있는 대부분의 학생활동 결과를 입력하여 학생을 총체적으로 이해하는 자료로서 상급학교의 진학, 취업 등의 자료로도 활용된다.

③ 학교에서 이루어지고 있는 전반적인 학생활동 결과를 작성 · 보존함으로써 학생의 학적에 대한 증명으로서의 성격을 갖는다.

(2) 활용

① 교과활동, 창의적 체험활동 등 학교생활 전반을 구체적으로 입력하여 학생을 총체적으로 이해하는 데 도움이 되도록 작성된 자료이므로 학생 · 학부모를 위한 정보제공, 교사와 카운슬러를 위한 정보제공, 학교 행정을 위한 정보제공 등으로 활용한다.

② 교과성적이나 행동발달 상황에 대한 정보는 학습 성취수준의 파악과 학생의 학습동기 유발 및 학습의욕을 높이는 자료로 활용한다.

③ 교사는 학생에 대한 충분한 정보를 기초로 수업계획을 세우고, 학습결손을 진단하며, 또 행동발달상의 문제점을 극복하는 자료로 활용한다.

④ 학생의 진급과 졸업을 결정하며, 특기 소지자 등을 선정하는 데 활용되고, 상급학교 진학시 입학전형 자료로 활용한다.

⑤ 다른 학교나 취업할 직장을 위한 학생의 정보를 제공한다.

(3) 작성의 기준

① 객관성 : 학생의 정보는 오랜 기간에 걸쳐서 다수의 사람들에 의한 관찰, 누가기록에 의해 작성 · 활용되기에 입력되는 모든 정보는 객관적 사실에 입각하여야 한다.

② 계속성 : 학생의 성장 · 발달은 그 자체가 계속적이고 점진적이기에 충실하게 입력되어야 한다.

③ 신뢰성 : 입력되는 정보의 신뢰도를 높이기 위해 측정의 신뢰도, 입력의 정확성을 기하여야 한다.

④ 타당성 : 학생의 학습지도와 생활지도, 진로지도 등에 유익하게 활용될 수

있도록 타당한 자료가 입력되어야 한다.

⑤ 해석 가능성 : 가급적 의미 있고 쉽게 해석할 수 있도록 입력되어야 한다.

⑥ 실용성 : 유용하게 활용될 수 있는 점도 고려되어야 한다.

⑦ 포괄성 : 학습지도, 생활지도, 상담 및 가정통신, 진학, 취업, 유학 등 필요한 각종 증명자료로 제공되므로, 학생에게 관련된 거의 모든 정보가 포괄적으로 입력되어야 한다.

2) 생활기록부 기록 및 입력사항

(1) 인적 사항

① '학생'란에는 성명, 주민등록번호와 입학 당시의 주소를 입력하되, 재학 중 주소가 변경된 경우에는 변경된 주소를 누가하여 입력한다.

② '가족상황'란에는 부모의 성명, 생년월일, 직업을 입력하고, '특기사항'란에는 부모 이외의 가족과 가족의 변동 상황을 입력한다.

· 학생의 성명 및 주민등록번호는 주민등록등본과 일치하여야 한다.

· 주민등록번호가 정확하지 않을 경우 동사무소에 이를 정정 요구하여 입력한다.

· 주소의 경우 '아파트'로 기록한다 : 충청남도 공주시 중동 2 공주아파트 101동 103호

· 외국국적 학생의 경우 주민등록번호는 앞 6자리는 생년월일, 뒤 7자리는 남자는 "1000000", 여자는 "2000000"으로 한다. '예시' : 890807-2000000, 880421-1000000

· 학생의 이름이 외자인 경우 성과 이름 사이에 공백을 넣지 않으며, 한자는 전산망에서 지원이 충분히 가능할 때까지 한글로만 입력한다.

· 주소를 누가기록하여 학생의 가족 거주 관계를 이해하는 자료로 활용한다.

· 부모 또는 그 중 1인이 이혼 · 사망 등으로 주민등록등본에 나타나지 않는 경우 부모 성명은 호적상의 부모 성명을 입력한다. 입학 전 부모 사망은 성명

란에 '(사망)'으로 입력하며, 재학 중 부모 등 가족의 변동사항은 '특기사항'란에 그 사실을 입력한다.

· 부 · 모의 직업이나 가족변동 사항 중에서 학생 · 학부모에 부정적 영향을 줄 수 있는 것은 입력하지 않을 수 있다.

〈특기사항 입력 '예시'〉

- 동거가족 : 조부, 형(1), 이모(1) - 1999. 5. 2 부친 사망
- 아버지가 미국에서 유학중임

(2) 학적 사항

① 초등학교의 '입학 전 교육경험'란은 유치원, 어린이집, 학원, 선교원 등의 기관명칭을 입력하고, ( ) 속에는 재적 기간을 입력한다.

② 중 · 고등학교에서는 입학 전 전적학교의 졸업연월일과 학교명을 입력하며, 검정고시 학격자는 합격 연월일과 '검정고시합격'이라고 입력한다.

③ 재학 중 학적 변동이 발생한 경우에는 전출교와 전입교에서 각각 학적 변동이 발생한 일자, 학교와 학년, 학적 변동 내용을 입력하되, 전출 · 휴학 · 면제 · 유예 · 제적 · 자퇴 · 퇴학은 입학(전입) 기록 줄 ( ) 속에 입력하며, 학적 변동 내용에 사용하는 용어는 별지 제4호와 같다.

④ '특기사항'란에는 학적 변동의 사유를 입력한다.

학적 변동에 사용되는 용어의 정의

① 입 학

- 입학이란 하급학교 졸업자 또는 법령에 의하여 이와 동등 이상의 학력이 있다고 인정된 자가 소정의 절차를 밟아 제1학년에 신 입학하는 것을 말함(시기 : 학년 초부터 30일 이내)

② 전입학

· 현재 재학하고 있는 학생이 다른 중 · 고등학교의 해당 학년으로 학적을 옮기는 것

- 일반적 사유 : 전가족의 거주지 이전
- 특별한 사유 : 거주지 이전과 무관, 학교장이 교육환경 전환을 위하여 전학을 추천한 학생

※ 초 · 중등교육법 시행령 제21조 제3항/제73조 제5항/제89조 제5항

③ 편입학

– 학업을 중단한 자가 중단 이전의 학교에 재학 당시 학년의 차상급 학년으로 다시 입학하거나, 다른 학교로 다시 입학함

④ 재입학 및 재취학

· 재입학이란 고등학교에서 학업을 중단한 자가 중단 이전의 학교에 재학 당시 학년 이하의 학년으로 다시 입학하는 것을 말함

· 재취학이란 초 · 중학교에서 '면제, 유예, 정원 외 학적관리' 중인 자(의무교육을 중단한 자)가 다시 의무교육을 받고자 초 · 중학교에 다니게 되는 것을 말함

⑤ 휴 학

· 고등학생이 질병 기타 부득이한 사정으로 인하여 학교장의 허가를 받아 일정 기간 동안 학교에 출석하지 않는 경우를 말함.

– 휴학을 허가할 때에는 기간을 명시해야 하며, 휴학생은 정원 내이고 학생 신분을 유지함

– 기타 특별한 규정이 없는 한 학칙이 정하는 바에 따라 학교장이 결정함

⑥ 복 학

고등학교에서 휴학자가 휴학사유 종료에 따라 당해 학교에 복귀하는 것을 말하며 휴학기간이 종료된 다음 날부터 복학함. 단, 휴학기간 종료 전에 휴학사유 소멸을 입증하면 휴학기간 종료 전에도 교육과정 이수에 지장이 없는 범위에서 복학이 가능함.

⑦ 퇴 학

학칙 위반 등의 사유로 인한 '징계'의 하나로서 학적을 박탈하는 '퇴학' 처분과 희망에 의하여 학적을 포기하는 '자퇴'가 있음(의무교육 단계인 초등학교, 중학교에서는 불가)

⑧ 진 급

· 해당 학년의 교육을 수료하여 상급 학년으로 올라가는 경우를 말함

– 조기진급 : 교칙에 의거 현 학년에서 다음 학년을 조기이수하고 그 다음 학년으로 진급

⑨ 유 급

· 해당 학년 교육과정 미수료에 의해 상급 학년으로 진급하지 못하고 해당 학년의 교육과정을 재이수하도록 하는 경우를 말함

– 현재 학업성취도 미달로 인한 유급 사례는 없으며, 다만 교육과정 이수를 인정하기 위한 출석일수가 규정되어 있음

⑩ 유 예

· 초 · 중학교에서 재학하여 계속 교육 받을 의무를 다음 학년도까지 보류(초 · 중등교육법 시행령 제29조에 의한 입학 이후 유예자 또는 3월 이상 장기결석 중인 학생)하는 것으로 학칙에 의거 '정원 외 학적관리'할 수 있음

⑪ 전 출

현 재학생이 다른 학교로 전학해 감

⑫ 면 제

초 · 중학교에서 초 · 중등교육법 시행령 제28조 의거 취학 및 교육의무를 면함

⑬ **의무교육 대상자의 진급 및 졸업**
의무교육 대상자도 진급 또는 졸업을 위해 해당 학년 수업일수의 2/3 이상 출석해야 함(시행 시기 : 2003학년도부터)
⑭ **제 적**
고등학교에서 학칙에 의거 재학생 자격을 박탈하여 학적에서 제외시킴(의무교육인 초등학교 및 중학교에서는 불가)
⑮ **자 퇴**
· 고등학교에서 개인 또는 가정사정으로 학생의 바람에 의하여 학적(재학생의 신분)을 박탈함 (의무교육인 초등학교 및 중학교에서는 불가)
⑯ **수 료**
· 해당 학년의 전 교육과정을 이수함
⑰ **졸 업**
· 전 학년 교육과정을 수료하여 해당 학교의 학업을 마침
⑱ **조기졸업**
· 학칙에 의한 수업 연한의 단축을 통해 해당 학교 전 교육과정을 조기에 수료하여 해당 학교의 전 과정을 마침

(3) 신체발달 상황

'학교신체검사규칙'(교육부령)에 따라 신체검사 결과를 다음 각 호와 같이 입력한다.

① 키와 몸무게는 소수 첫째 자리까지 입력한다.
② 체력급수는 체력검사에 의한 판정급수(1, 2, 3, 4, 5급)를 입력한다.
③ '특기사항'란에는 학생의 신체가 학습활동에 영향을 미치는 특별한 병력이나 기타 신체의 특징이 있을 때 그 사항을 간략하게 입력한다.
④ 키, 몸무게, 체력급수란에는 건강기록부에 기재한 내용을 그대로 입력한다.
⑤ 특기사항란에는 학생의 학습에 영향을 미치는 건강상태, 즉 지체부자유, 심장판막증, 빈혈증, 관절염, 뇌수술 등 학생 지도상 참고가 될 만한 사항을 입력하되, 학생에게 부정적 영향을 줄 만한 사항은 입력하지 않을 수 있다.

(4) 수상경력

① 재학 중 학생이 교내 · 외에서 수상한 상의 명칭, 등급(위), 수상연월일, 수여

기관명을 입력한다.

② 교외에서 수상한 상의 입력범위는 중앙행정기관(부 · 처 · 청 및 국)과 지방자치단체 및 그 산하기관, 대학교를 비롯한 각급학교, 언론기관에서 주최했거나 주관한 대회, 기타 학교장이 추천하여 참가한 대회에서 수상한 경우에 한하여, 표창장(선행, 효행, 모범상 등)의 경우도 위의 범위와 같다.

③ 동일한 작품이나 내용으로 수준이 다른 상을 여러 번 수상하였을 경우, 최고 수준의 수상 경력만을 입력한다.

· 생활기록부의 공신력을 높이고, 상의 남발 등 부작용을 예방하기 위하여 교외 상의 입력범위를 제한하였다.

· 단체상의 경우, 지역교육청 규모 이상일 경우에 한한다.

(5) 자격증 및 인증 취득 상황

① 학생이 취득한 자격증과 인증의 명칭 또는 종류, 번호 또는 내용, 취득연월일, 발급기관을 입력한다.

② 자격증은 국가기술자격법에 의한 국가자격증, 자격기본법에 의한 국가 공인을 받은 민간자격증에 한하며, 자격증과 인증은 원본을 대조한 후에 취득한 순서대로 입력한다.

③ 초등학교에서는 5 · 6학년, 중 · 고등학교에서는 각 학년별로 조사하여 입력하되, 진로희망란에는 자신의 특성(적성, 인성, 지능 등)을 정확히 이해하고, 주위의 환경을 충분히 고려해 자신의 능력에 맞는 직업을 구체적으로 선택하도록 하여 입력하며, 특기사항란에는 지도내용 및 소감 등을 간략하게 입력한다.

(6) 진로지도 상황

① 학년 초에 학생의 특기 또는 흥미, 학생과 학부모의 진로 희망 등을 조사하여 입력한다.

② '특기사항'란은 담임교사, 상담교사 및 그 외의 교사가 상담 · 권고한 내용을

종합하여 학년 말에 담임교사가 입력한다.

· 진로지도의 목표는 자기의 진로를 스스로 개척할 수 있는 진취적 능력을 기르도록 도와주는 데 있다. 진로지도에 임하는 교사는 인간의 희망과 욕구가 성장 과정에 따라 변하고, 직업의 종류 또한 다양화 · 고도화 · 전문화되고 있으므로, 직업의 세계에 대한 정보를 제공하여 학생들로 하여금 자신의 적성과 능력에 맞는 진로를 선택하는 데 올바른 판단을 할 수 있도록 이끌어 주어야 한다.

· 초등학교에서는 5 · 6학년, 중 · 고등학교에서는 각 학년별로 조사하여 입력하되, 진로희망란에는 자신의 특성(적성, 인성, 지능 등)을 정확히 이해하고, 주위의 환경을 충분히 고려해 자신의 능력에 맞는 직업을 구체적으로 선택하도록 하여 입력하며, 특기사항란에는 지도내용 및 소감 등을 간략하게 입력한다.

(7) 창의적 체험활동

① 봉사활동 영역 중에서 봉사활동의 구체적인 실적을 기록해야 할 필요가 있을 때에는 별도의 '봉사활동실적'란에 연간 실시한 봉사활동의 일자 또는 기간, 장소 또는 주관기관명, 활동내용, 시간, 누계시간을 실시일자 순으로 모두 입력하되, 평가는 특기사항이 있는 학생에 한하여 활동내용과 함께 간단하게 문장으로 입력한다. 그리고 봉사활동 영역 중 학교에서 실시한 봉사활동 교육(봉사정신, 필요성, 태도 등)의 내용 및 시간과 개인적으로 실시한 봉사활동의 구체적인 실적은 별도의 양식인 '봉사활동실적'란에 입력한다.

② 자율활동 영역 중 자치활동 영역에는 협의활동, 역할분담활동, 민주시민활동 등이, 적응활동 영역에는 기본생활습관형성활동, 친교활동, 정체성 확립활동 등을 입력한다.

③ 동아리활동 영역 중 보건체육활동, 실습노작활동, 여가문화활동, 정보통신활동, 청소년단체활동 등이 입력된다.

(8) 출결 상황

① '수업일수'는 초 · 중등교육법시행령 제45조의 규정에 의하여 학교장이 정한 학년별 학생이 연간 총 출석해야 할 일수를 입력한다.

② '결석일수', '지각', '조퇴', '결과'는 별지 제5호의 '출결상황관리'에 따라 질병 · 사고 · 기타로 구분하여 연간 총일수 또는 횟수를 각각 입력한다.

③ 재 · 전 · 편입학한 학생의 수업일수 및 출결상황은 원적교의 것과 재 · 전 · 편입학 이후의 것을 합산하여 입력한다.

④ '특기사항'란에는 장기결석생의 결석사유 등 출결상황의 특기사항에 대한 학급 담임교사의 의견을 입력한다.

특기사항란에는 질병, 사고 등으로 인한 장기결석, 기타 결석의 사유, 개근여부 등을 입력한다.

예) 맹장수술(질병으로 장기결석의 경우), 무단결석(사고로 장기결석의 경우)

초 · 중등교육법시행령 제45조(수업일수) 학교의 수업일수는 다음 각 호의 기준에 따라 학교의 장이 정한다.

- 유치원(특수학교 유치부를 포함한다) : 매학년 180일 이상
- 초등학교 · 중학교 · 고등학교 · 고등기술학교 및 특수학교(유치부를 제외한다) : 매학년 220일 이상. 다만, 학교의 장은 천재 · 지변이나 주 5일 규정에 의한 자율학교의 운영 등 교육과정의 운영상 필요한 경우에는 관할청(시 · 도 교육청)의 승인을 얻어 1/10 범위 안에서 수업일수를 감축할 수 있다.

출결상황 관리상의 유의점

1. 수업일수

가. 수업일수는 초 · 중등교육법시행령 제45조의 규정에 의하여 학교장이 정한 학년별 학생이 연간 총 출석해야 할 일수를 말한다.

나. 전출 · 휴학 · 면제 · 유예 · 자퇴 · 퇴(유)학일까지를 수업일수에 산입한다.

다. 전출 · 휴학 · 면제 · 유예 · 자퇴 · 퇴(유)학일과 재입 · 편입 · 전입 · 복학일이 동일한 경우는 재입 · 편입 · 전입 · 복학일만 수업일수로 산정한다.

라. 재입 · 편입 · 전입 · 복학생의 수업일수는 원적교의 수업일수와 합산하되, 중복되는 재학기간의 수업일수는 제외한다(예 : 2011. 4. 15. 자퇴, 2012. 3. 20. 편입일 경우, 원적교의 1998. 3. 2~1998. 3. 19까지의 수업일수는 합산하고 2011. 3. 20~2011. 4. 15까지의 수업일수는 제외).

마. 재입 · 편입 · 전입 · 복학생의 수업일수는 다른 학생의 수업일수와 같지 않을 수 있으나, 그 수업일수가 당해 학교 당해 학년 수업일수의 3분의 2미만이 될 경우에는 당해 학년도 재입 · 편입 · 전입 · 복학이 불가능하다(초 · 중등교육법시행령 제50조 제2항 참조).

(9) 교과학습 발달상황

① 교과학습 발달상황의 평가는 별지 제6호 '교과학습 발달상황 평가 및 관리'에 의거 시행한다.

② 중 · 고등학교는 제1항의 규정에 의하여 시행한 평가에 따라 '교과', '과목명', '단위수', '성취도', '석차/재적수'를 산출하여 각 학기 말에 입력한다.

③ '비고'란에는 학교간 통합 선택교과 이수, 학적 변동으로 인한 이수과목 상이 등 교육과정 운영에 따른 특기사항에 관한 내용을 간략하게 입력한다.

④ '세부능력 및 특기사항'란에는 과목과 관련된 세부능력 및 수행평가, 학습활동 참여도 및 태도 등을 특기할 만한 사항이 있는 과목 및 학생에 한하여 간략하게 입력한다.

⑤ 초등학교의 교과학습 발달상황은 각 교과의 학습활동 진보 정도, 수행평가 결과, 특징 등을 종합하여 '세부능력 및 특기사항'란에 과목별로 간략하게 문장으로 입력한다.

⑥ 고등학교의 일반선택 교양과목군(한문, 교련, 교양) 중 교양교과는 과목명, 이수단위 또는 이수여부를 입력하고 평가는 '세부능력 및 특기사항'란에 특기할 만한 사항이 있는 과목 및 학생에 한하여 입력한다.

· 단계형수준별교육과정의 과목은 과목명에 단계가 표시되도록 입력한다.
(예시) 수학 7-가, 영어 7-a

(10) 행동특성 및 종합의견

행동특성 및 종합의견은 수시로 관찰하여 누가기록된 행동특성은 물론 총체적으로 학생을 이해할 수 있는 종합의견을 문장으로 입력한다.

① 입력내용의 중복을 피하여 학교생활기록부 기재의 경제성을 제고하기 위하여 기존의 '행동발달 상황'란의 입력내용을 종합의견란에 같이 기록하도록 하였으며, '행동특성 및 종합의견'이라는 제목에 맞게 위치도 서식의 가장 마지막에 두었다.

② '행동특성 및 종합의견'란에는 행동발달상 황을 포함한 각 항목에 기록된 자료를 종합하여 학생을 총체적으로 이해할 수 있도록 문장으로 입력하여 학생에 대한 일종의 추천서 또는 지도자료가 되도록 작성한다.

〈행동특성 및 종합의견 입력 '예시'〉

- 학생회 회장으로서 우수한 지도성을 발휘하였으며, 매사에 적극적이고, 교과성적도 매우 우수하며 특히 영어회화 능력이 우수함
- 너그러운 성격으로 교우관계가 폭넓고 그림그리기에 소질이 있으며 봉사정신이 투철하나 국어, 영어, 수학 교과성적 향상을 위한 노력이 필요함

(11) 기타 사항

① '졸업대장번호'란은 졸업대장의 번호를 입력한다.

② '구분'란은 학생의 학과, 반, 번호 및 담임성명을 입력하며, 변경사항이 있을 경우에는 변경 전후의 내용을 함께 입력하며, '전공 · 과정'란에는 실업계 고등학교의 학기별 전공코스 이수, 산업체 실습과정 또는 일반계 및 기타계 고등학교의 개인별 과정선택 등 교육과정 이수에 따른 특기사항을 입력한다.

③ '사진'란에는 졸업시 최종 출력한 학교생활기록부 용지에 당시 촬영한 천연색 상반신 사진(3×4cm) 1매를 붙이거나 스캐너를 활용하여 전산 입력할 수 있다.

3) 생활기록부의 전산처리를 위한 교육행정 정보시스템의 활용

(1) NEIS의 의미와 역할

1 NEIS의 의미

NEIS(National Education Information System)는 전국 1만여 개의 초 · 중등학교, 16개 시 · 도교육청 및 산하기관, 교육과학기술부를 인터넷으로 연결하여 교육관련 정보를 공동으로 이용할 전산환경을 구축하는 수요자 중심의 새로운 전국단위 교육행정정보시스템이다.

2 NEIS의 추진배경

① 교육정보화인프라(교직선진화, 학내망)의 발전으로 시 · 도교육청별, 단위학교별, 단위 업무에 대한 단편적인 정보화를 극복하고 정보공유 등을 통한 시너지 효과의 증진, 이를 통한 질 높은 대국민서비스를 제공한다.

② 교육정보화를 통해 정보화시대를 살아갈 학생들의 언어와 문화를 이해하는 계기를 마련함으로써, 낙후된 공교육체제의 이미지를 극복하고 앞서가는 교육전문가로서의 정보화 역량을 높인다.

③ 교육정보화 기반구축 사업과 연계하여 초 · 중등교원의 순수 교육활동 외에 반복적으로 발생하는 학사, 교무, 행정 업무 등을 종합적으로 처리할 수 있는 학교종보관리시스템(이하 "학교정보시스템"이라 칭함)을 초 · 중등학교에 구축 · 운영함으로써 교원업무 경감 및 학교정보화를 촉진하여 21세기 지식 · 정보화 사회를 대비하는 토대를 마련하는데 있다.

3 NEIS의 역할

학교의 장은 학교생활기록을 초 · 중등교육법시행령 제30조 4항의 규정에 의한 교육정보시스템으로 작성 · 관리하도록 규정하고 있다.

① 교무업무지원 시스템

i) 교무업무지원 시스템은 학생 생활 자료 업무인 학생의 입학에서부터 졸업까지 모든 자료를 관리한다.

ii) 개개인의 성적 변화를 몇 번의 마우스 클릭으로 즉시 알게 되어 개별 교육과 지도가 가능하며 고사 결과 분석을 통해 교수 · 학습 방법이나 교과지도 수준을 조절할 수 있다.

iii) 교무업무에 해당하는 업무를 전산화하여 보다 쉽고 빠르게 처리하는 시스템이다.

② 교육정보 유통 시스템

i) 한글로 전자결재, 전자게시판, 전자우편, 문서수발까지 완벽하게 수행하는 교육기관용 인트라넷 그룹웨어로서 인터넷을 통한 정보 서비스가 가능하다.

ii) 각종 문서를 컴퓨터를 이용하여 유통함으로써 소요 시간 단축과 관련 경비 및 행정소모품(프린터 용지, 토너, 드럼) 등의 경비를 줄일 수 있다.

③ 학교경영업무지원 시스템

i) 인사, 예산, 회계, 급여, 수납, 물품 관리를 포함한 학교경영 업무를 전산관리한다.

ii) 학생지도와 관계되는 교무업무 이외의 학교경영업무를 전산화하여 정보를 효과적으로 관리하고 활용하는 선진학교 경영 환경이 구축될 수 있다.

④ 교육정보통합안내 시스템

i) 교사가 언제 어디서나 쉽게 교육 관련 정보를 얻을 수 있도록 주요 정보자료를 최신 상태로 유지하며, 이를 토대로 각종 분석 자료를 제공한다.

ii) 초 · 중 · 고등학교 학교정보시스템의 자료를 교육통계 시스템으로 전송하여 수요자 중심의 교육정보 서비스 체계를 구축한다.

(2) 전산처리 요령 및 관리

1 처리요령

① 학교생활기록부 전산처리를 위한 자료입력은 당해 업무를 담당하는 사용자가 행함을 원칙으로 한다.

② 모든 문자는 한글로, 숫자는 아라비아 숫자로 입력한다.

③ 학교생활기록부 작성에 필요한 보조부는 각 학교의 실정에 알맞게 계획을 수립하여 작성 · 활용하되, 전산 입력 후 그 출력물로 대신할 수 있다.

④ 학생이 전학할 때, 원적교에서는 재학 당시까지의 상황을 입력한 학교생활기록부 전산자료, 용지에 출력한 출력물 및 향후 학교생활기록부 작성에 필요한 각종 자료를 전 · 편입학하는 학교로 이송하고, 원적교에서는 그 사본을 보관한다.

⑤ 자료입력 업무를 직접 담당하는 사용자는 각 학급담임교사나 교과담당교사로 지정하는 것이 원칙이나 불가피한 경우 보조원을 둘 수 있다. 이 경우 학교장은 제19조 규정에 의한 사용자의 임명(학교 형편을 고려하여 정보부장을 임명하되, 가급적 동 업무관련 뛰어난 실무자로 임명), 제21조 규정에 의한 보안관리에 철저를 기하여야 한다.

⑥ 학교생활기록부 작성을 위해 필요한 보조부는 각 학교의 실정에 알맞게 그 종류와 서식을 정하여 활용하거나 학교생활기록부 전산입력 후 그 출력물로 대신한다.

2 프로그램 관리

① 학교생활기록부 전산처리에 사용되는 프로그램의 등록과 사용, 코드의 목록 · 내용 및 수정, 파일의 구조 변경 절차는 '사용설명서'에 의한다.

② 각급 학교의 학교생활기록부 전산처리 프로그램은 학교 또는 기관이나 개인이 임의로 변경하거나 개조할 수 없다.

③ 각 항목의 전산처리 코드목록과 번호, 각 교과목의 번호는 한국교육학술정보

원에서 대행하여 수행한다. 또한 새로운 항목이나 교과목의 번호를 부여할 때에는 한국교육학술정보원 담당 부서(02-3488-6271)와 협의하여 등록하고 번호를 부여받아야 한다.

3 보안관리

① 학교장은 학년 말 학교생활기록부 전산처리 후 출력물의 내용과 각종 보조부 내용과의 일치여부를 확인한 후 이상이 없을 때 전산담당자에게 자료확정 처리를 하도록 하여야 한다.
② 자료확정에 따른 보안조치는 사용 설명서에 명시된 방법으로 처리한다.
③ 학교장은 자료의 관리 및 보안을 위하여 학교생활기록부 전산자료 및 전산기기 등을 보관하는 별도의 장소를 설치하고 제한구역으로 설정하여 정 · 부 관리책임자를 임명하고 관계자 외 외부인의 출입을 통제하여야 한다.
④ 학교생활기록부 전산처리 사용자(보직교사, 학급 담임교사, 교과 담당교사, 보조원 등)의 컴퓨터 비밀번호의 갱신은 월별, 분기별, 학기별로 할 수 있으나 구체적 갱신시기는 학교 실정에 따라 정한다. 또한 학교장은 정보부장의 정기전보에 따른 인수인계가 철저히 이루어질 수 있도록 한다.

4 자료의 보관

① 각급 학교장은 학교생활기록부 전산매체(종전의 생활기록부를 포함한다)를 당해 학생이 졸업한 해로부터 50년간, 출력물은 10년간 당해 학교에 보관하여야 하며, 유사시를 대비해 부본 전산자료를 제작하여 이를 별도로 보관하여야 한다.
② 학교장은 졸업생의 학교생활기록부 전산매체 원본 및 종전의 모든 학생 생활기록부를 졸업 후 50년간 당해 학교에 보관하고, 열람 또는 활용 편의를 위하여 출력물을 졸업 후 10년간 당해 학교에 보관한다. 또한 유사시를 대비해 부본 전산자료를 제작하여 이를 별도로 원본과 같은 기간 동안 보관하여야 한다.
③ 보관기관 50년이 경과된 학교생활기록부(원본)라도 그 특수성을 감안하여

임의로 폐기되는 일은 없어야 할 것이다.

5 자료의 활용

① 학교생활기록부의 전산자료, 관련내용이 수록된 파일 및 그 출력물은 학교의 지도교원이 학생의 지도자료로 활용할 수 있다.
② 학교생활기록부의 전산자료 및 그 출력물은 학생의 전 · 편입학, 상급학교 진학 등 관련 업무에 제공할 수 있으며, "공공기관의 정보공개에 관한 법률" 및 "동법시행령"의 규정에 정한 절차에 따라 민원인에게 교부할 수 있다.
③ 학교의 교원은 학생의 교과지도, 생활지도, 상담지도, 특별활동 등 학생지도 필요시 학급담임을 통하여 해당 학생의 학교생활기록부 전산입력 내용을 열람하거나 그 출력물을 지도자료로 활용할 수 있다. 다만, 학교장의 허락 없이는 이를 외부로 반출 또는 유출할 수 없다.

참고 문헌

〈국내단행본〉

강봉규. 교육학개론. 서울 : 형설출판사. 2006.
강봉규 외. 새로운 교육과정. 서울 : 태영출판사. 2010.
강봉규 외. 새로운 교육평가. 서울 : 태영출판사. 2010.
강봉규. 상담이론과 실제. 서울 : 교육출판사. 2006.
강원근 외. 학급경영. 서울 : 교육과학사. 2008.
교육법전편찬회. 교육법전. 서울 : 교학사. 2008.
권이종. 학급경영의 길잡이. 서울 : 교육과학사. 2011.
김명수 외. 교직실무. 서울 : 학지사. 2011.
김재우. 교직교육론. 서울 : 양서원. 2004.
김정환 외. 교육학개론. 서울 : 박영사. 2005.
김종운 외. 예비교사를 위한 교직실무. 서울 : 동문사. 2010.
김태극. 사무관리이론. 서울 : 태영출판사. 2011.
김헌수 외. 교직실무. 서울 : 태영출판사. 2011.
박병량. 학급경영. 서울 : 학지사. 2003.
박세훈 외. 중등교직실무. 서울 : 교육과학사. 2011.
안창섭외 교사론. 서울 : 교육과학사. 2004.
이득기. 학교학급경영. 서울 : 동문사. 2010.
이병환. 교직실무. 서울 : 교육과학사. 2010.
이성은. 초등교직실무. 서울 : 교육과학사. 2011.
이종재 외. 교사론. 서울 : 동문사. 2009.
이칭찬. 교직실무이론. 서울 : 동문사. 2009.
임채식. 교직실무. 서울 : 태영출판사. 2011.

조돈섭 외. 새내기교사가 알아야 할 교직실무 100가지. 서울 : 교육과학사. 2011.

〈교육관련 법규〉

- 교육기본법
- 교육공무원법
- 국가공무원법
- 사립학교법
- 초 · 중등교육법시행령
- 헌법

저자 소개

✍ 강봉규

교육학박사(연세대학교)
연세대 교육대학원 전임강사
건국대 대학원, 고려대 대학원, 국민대 대학원, 단국대 대학원, 세종대 대학원, 연세대 대학원, 이화여대 대학원, 한양대 대학원 강사
경희대 교육대학원, 건국대 교육대학원, 국민대 교육대학원, 단국대 교육대학원, 덕성여대 교육대학원, 연세대 교육대학원, 이화여대 교육대학원, 한양대 교육대학원 강사
현, 가톨릭대학교(성의 교정) 명예교수

✍ 강명희

교육학박사(미국 Rochester Univ.)
현, 덕성여자대학교 교수

새로운 **교직실무**

초판발행 2011년 8월 25일
3판발행 2018년 8월 25일

2018. 8.

저 자 강봉규 · 강명희
발행인 김현태
발행처 태영출판사

주 소 (08301) 서울 구로구 구로동 104-10 동남오피스텔 201호
전 화 02 · 839-3757, 839-3752
팩 스 02 · 837-3754
등 록 2005년 5월 30일 제12-421호
http://www.taeyeongbook.co.kr
E-mail tys2005@hanmail.net
ISBN 978-89-6302-064-8 93370
정 가 18,000원

NAVER 태영출판사

* 잘못 만들어진 책은 교환해 드립니다.